2014
中国财政透明度报告

上海财经大学公共政策研究中心

上海财经大学出版社

图书在版编目(CIP)数据

2014 中国财政透明度报告/上海财经大学公共政策研究中心.
—上海:上海财经大学出版社,2014.11
ISBN 978-7-5642-2044-0/F·2044
Ⅰ.①2… Ⅱ.①上… Ⅲ.①地方财政-财政管理-研究报告-中国-2014 Ⅳ.①F812.7
中国版本图书馆 CIP 数据核字(2014)第 259747 号

□ 责任编辑 江 玉
□ 封面设计 张克瑶
□ 责任校对 卓 妍 赵 伟

2014 ZHONGGUO CAIZHENG TOUMINGDU BAOGAO
2014 中 国 财 政 透 明 度 报 告
上海财经大学公共政策研究中心

上海财经大学出版社出版发行
(上海市武东路 321 号乙 邮编 200434)
网 址:http://www.sufep.com
电子邮箱:webmaster @ sufep.com
全国新华书店经销
同济大学印刷厂印刷
上海景条印刷有限公司装订
2014 年 11 月第 1 版 2014 年 11 月第 1 次印刷

710mm×960mm 1/16 16 印张(插页:1) 291 千字
定价:42.00 元

2014 中国财政透明度报告

项目组组长：

    郑春荣　副教授　　上海财经大学公共政策与治理研究院

项目组副组长：

    蒋　洪　教　授　　上海财经大学公共政策研究中心

    彭　军　教　授　　美国亚利桑那大学(University of Arizona)

项目组成员(按姓氏笔画为序)：

    邓淑莲　教　授　　上海财经大学公共经济与管理学院

    刘小兵　教　授　　上海财经大学公共经济与管理学院

    杨丹芳　副教授　　上海财经大学公共经济与管理学院

    曾军平　副教授　　上海财经大学公共经济与管理学院

    温娇秀　副教授　　上海财经大学公共政策研究中心

序　言

当财政透明成为一种时尚
——从财政透明度调查的"18道工序"说起

笔者来自福建武夷山，家乡特产是武夷岩茶。家乡人邀请宾客品尝武夷岩茶，共有18道工序，从焚香、煮水，到展示茶具、浇烫茶壶，再到洗茶、储茶等，最后倒茶、品茶，整个过程非常讲究。笔者感觉，品茶的过程就是一个修身静心的过程，也是一个非常享受的时刻。笔者没有想到的是，作为一名教授财政学的教师，在进行中国省级财政透明度调查时，竟然也遭遇"18道工序"，纷繁复杂，当然感觉是非常糟糕的。

根据蒋洪教授、刘小兵教授等的课题调查设计，本课题组每年都要进行财政透明度调查，主要步骤有：

第一，最重要的是确认调查提纲，从财政预算的性质和功能，提出省级财政预算应该披露怎样的信息，应该披露到怎样的详细程度。

第二，要设计出让政府官员能够方便填报的调查提纲，这是因为，我国《政府信息公开条例》规定，政府部门不提供需要整理的信息。我们只能在财政预算已有报表中尽可能地查找我们需要的信息项，制作成调查提纲。然而，财政预算报表通常是不公开的，于是每年搜索财政预算报表就成了又一项重要任务。

第三，调查提纲调查出来以后，还不够，必须把调查提纲细化为一个个问题。有的省份提出必须"一事一申请"，一封申请信只能问一个问题，于是我们必须打印上百封申请信。

第四，请学生打印地址，帮助寄送几千封信件给列入调查范围的31个省（自治区、直辖市）的相关部门。为了防止有些部门推诿，我们只好以挂号信寄出，确保能够被收到。

第五，补寄材料。一些部门怀疑我们存在不良动机，要求提供科研项目的证明；有些部门要求提供电子化的表格，还要再发送邮件；有些部门要求提供传真件，我们只能把一大堆表格通过传真一张张发过去。

第六，各地相关部门收到邮件以后，不断来电来函回复我们的透明度申请。有些部门还打听兄弟省市的回复情况。我们课题组必须记清楚他们是不是通过电话、邮件或传真与我们联系过，因为透明度调查涉及回复态度的打分。

第七，在截止日期过后，我们开始统计各地政府的回复情况，包括信函、邮件和传真等。有些部门根据"一事一申请"的原则，采取"一事一回复"，一次性给我们寄来几十封邮件，我们拆信封都要花很多时间。

第八，有些部门虽然没有回复，但是如果其公布了相关财政数据，我们也应视作提供。于是，课题组要抽出大量时间先查各省政府、人大、财政、社保、国资、信息办、统计局的官方网站，由于网站的形式多样，数据不知道被藏在什么地方，我们还动用了"高科技"手段，对网站进行全面检索；再查各地的年鉴、财政年鉴、经济年鉴、统计年鉴、社保年鉴等，这些省级年鉴大多无法在正规书店购买到，因此把年鉴买齐也是非常不容易的。

第九，所有的资料齐了以后，课题组开始打分和复核。

第十，对于年度间财政透明度得分出现大变化的省（自治区、直辖市）进行电话核对。

第十一，最后，终于得出了每年的各省（自治区、直辖市）财政透明度得分。

第十二，对外公布得分，接受媒体采访，对年度各省（自治区、直辖市）得分情况进行解读。

对于我们课题组的几位老师以及每年自愿参与的几十位学生而言，工作辛苦而繁重，也面临着不少压力：有些同志认为我们不务正业；有些财政实务部门的同志埋怨我们给他们增加了许多额外的工作任务；有些同志认为财政透明度公开的阻力不在财政部门，却让财政部门"背黑锅"；还有些同志认为财政预算进一步透明公开缺乏技术条件或公开不公开一个样；等等。一件吃力不讨好的事情，为什么值得年复一年地坚持做呢？笔者认为至少有几个原因：

首先，财政预算透明公开是建设责任政府、落实公民参政权力的前提条件。人民需要的是一个对人民负责任的政府。责任政府是指能够按照公众意愿，有效率地使用公共资金，提供公共产品和服务的政府。然而，责任政府不是与生俱来的，它的建立需要公众的参与、约束和监督。正如原国务院总理温家宝同志2010年3月23日在第三次廉政工作会议的发言中所指出的，要"推进财政预算公开，政府公共支出、基本建设支出、行政经费支出预算和执行情况等都要公开,让老百姓清清楚楚地知道政府花了多少钱、办了什么事,能够有效监督政府"。

其次,财政预算透明公开是政府预算改革成功的唯一途径。作为政府的一项重要工作,政府预算涉及立法机构、预算管理部门、预算资金使用部门、利益集团和社会公众等各预算参与者之间利益的调整。政府预算是"力"与"理"的结合,一方面,在财政收支中需要力图体现社会公众的偏好、意志和要求,谓之为"力"的体现;另一方面,政府预算也寻求以成本效益、零基预算、绩效预算等方式,试图以科学、理性的方式进行公共资源配置。我国现阶段的预算改革尚处于技术层面,近年来的改革措施主要侧重于解决预算规则与程序层面的问题,而在社会公众无法确切了解财政预算运行情况、人大对部门预算的审批权缺位的情况下,仅仅由财政部门自我自发改革,那么这场改革是不彻底的。虽然许多发展中国家引入了西方市场经济发达国家较为先进的预算技术和国际组织推荐的预算方法,却未能取得满意的效果。这说明良好的预算程序和技术如不能同政府预算参与各方的利益协调机制实现整合,仍可能会产生不良的预算结果。

再次,预算透明公开也有利于缓解财政部门的信息不对称难题。在很多时候,部门预算是以部门为主的"被动"预算。财政与各部门之间存在着严重的信息不对称,财政难以准确了解部门的预算需求,在与各部门的博弈中往往处于劣势,只能根据财力状况,在部门上报预算的基础上酌情删减,最终汇总编制财政总预算。此外,基本支出与项目支出的界定还比较模糊,预算定额体系尚未完全建立,项目支出管理办法的操作性不强。因此,预算透明公开实际上也能够帮助财政部门与社会公众一起共同对各个部门预算进行有效监督。

总之,财政透明度的提高,是利国利民的好事。从 2009 年本课题组开始调查至今,本课题组及成果对我国省级财政透明工作起到了一些推动作用,各级政府领导也日益重视财政信息的公开工作,全国各省(自治区、直辖市)的得分也有所提高。但笔者认为,透明度提高的步伐还可以再快一些,对财政、社保和国资等涉及财政信息数据的行政部门,要把财政信息公开当作一项重要政绩来抓。中共十八届三中全会提出,要"完善发展成果考核评价体系,纠正单纯以经济增长速度评定政绩的偏向,加大资源消耗、环境损害、生态效益、产能过剩、科技创新、安全生产、新增债务等指标的权重,更加重视劳动就业、居民收入、社会保障、人民健康状况"。在新的政绩观的指引下,财政信息公开应成为各级政府官员完成上述考核目标的重要手段——财政信息公开既是财政资金使用效益最大化的保证,也是解决各种社会矛盾、提高社会公众满意度的重要手段。举个例子,自 2010 年 1 月四川省巴中市白庙乡在网上公开晒账本以来,该地的清廉名气大了,上级领导下来视察吃饭的人少了,倒是有很多商人来这里考察项目,不用招商,投资就主动找上门了。可见,一个廉洁的政府品牌是地方政府竞争的重要武器。

以往,财政透明度做得好的省份,都觉得不好意思,感觉是"木秀于林,风必摧之",第二年都不敢再多公开数据了。这几年,风气已经开始变化,中共十八届三中全会通过的《中共中央关于全面深化改革若干重大问题的决定》再次强调,要"实施全面规范、公开透明的预算制度"。实际上,任何有利于社会公众的事情,从长远来看,都有利于政府官员本人。我们期待,各级政府官员以财政公开为荣,以财政不公开为耻,在行动上主动自觉重视财政信息公开,形成良好的社会风尚,利人利己利社会。

预算公开一小步,政治文明一大步。在笔者看来,财政透明度的得分本身并不重要,重要的是各省(自治区、直辖市)信息公开办、财政、社保、国资等部门能通过本项课题研究成果以及在各省市的比较中发现差距,找到问题,积极提高信息公开工作,让老百姓的知情权得到保障,从而使财政资金的配置与管理更加有效率。2014年8月31日,全国人大常委会通过了《关于修改〈中华人民共和国预算法〉的决定》,其中第十四条规定:"经本级人民代表大会或者本级人民代表大会常务委员会批准的预算、预算调整、决算、预算执行情况的报告及报表,应当在批准后二十日内由本级政府财政部门向社会公开,并对本级政府财政转移支付安排、执行的情况以及举借债务的情况等重要事项作出说明。经本级政府财政部门批复的部门预算、决算及报表,应当在批复后二十日内由各部门向社会公开,并对部门预算、决算中机关运行经费的安排、使用情况等重要事项作出说明。各级政府、各部门、各单位应当将政府采购的情况及时向社会公开。本条前三款规定的公开事项,涉及国家秘密的除外。"无疑,我国《预算法》(修正案)的出台将为财政信息公开提供法制保障。

当然,以上的感想仅代表笔者本人的观点,不代表课题组全体成员的观点,不当之处,请批评指正。

郑春荣

2014年9月30日

目　录

Contents

中国省级财政透明度状况（2014）

中国省级财政透明度指数（2014）
概览

我国政府财政信息公开程度究竟如何？

中国省级财政透明度指数（2014）描述了我国各省（自治区、直辖市）2012年度的财政信息公开程度。项目组在财政部以及有关管理部门要求各地方财政或部门编制的决算报表中选择了50张代表性报表，加上本课题组设计的8张报表，共同作为本项目调查的问卷；通过网络搜索、公开出版物检索和向政府信息公开办公室、财政厅（局）、人力资源和社会保障厅（局）以及国有资产监督管理委员会申请等三种途径了解这些财政信息的公开情况。结合政府部门对信息申请回复的态度与责任心评价，项目组对各省（自治区、直辖市）的信息公开状况进行了综合评分。评分结果进行指数化处理后被绘制成右图，以便能直观地了解我国政府财政信息的公开程度和差距。项目组将满分情况指数化为100，各省（自治区、直辖市）的指数值为其实际得分与满分的比值乘以100。

分组说明

- 50~60
- 40~50
- 30~40
- 20~30
- 20以下

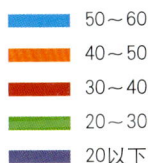

项目组根据各省（自治区、直辖市）财政透明度最终得分情况，将各被调查对象分为五组。其中，信息公开指数在50~60的，为第一组；信息公开指数在40~50的，为第二组；信息公开指数在30~40的，为第三组；信息公开指数在20~30的，为第四组；信息公开指数在20以下的，为第五组。

省（自治区、直辖市）	指数值
新疆	59.37
山东	56.16
福建	55.76
黑龙江	54.34
广西	46.81
山西	44.12
甘肃	42.56
辽宁	39.98
北京	38.51
吉林	35.22
湖北	33.58
重庆	32.98
内蒙古	32.93
平均	32.68
云南	32.49
广东	30.85
上海	30.06
浙江	29.70
河北	29.39
贵州	29.15
海南	28.30
湖南	27.41
四川	24.85
天津	24.33
安徽	23.85
青海	23.36
宁夏	21.89
河南	20.39
陕西	19.23
江苏	18.77
江西	15.36
西藏	11.52

财政透明度各信息要素的得分情况（2014）

信息要素	各省（自治区、直辖市）平均得分	权重
1.公共预算	39.85	25
2.政府性基金预算	37.81	8
3.财政专户预算	18.46	4
4.国有资本经营预算	25.63	2
5.政府部门资产负债	5.53	9
6.部门预算及相关信息	19.02	15
7.社会保险基金	32.58	19
8.国有企业	45.63	15
9.被调查者态度	68.70	3
合计	32.68	100

历年省级财政透明度得分的最高分、最低分和平均分

	2009年	2010年	2011年	2012年	2013年	2014年
最高分	62.66	50.41	43.65	45.20	77.70	59.37
最低分	14.79	15.37	15.74	14.19	14.00	11.52
平均分	21.71	21.87	23.14	25.33	31.40	32.68

1 总报告

为了了解我国省级财政透明度现状与问题,推进财政信息公开,实现"让权力在阳光下运行"的目标,《中国财政透明度评估》课题组依据《中华人民共和国政府信息公开条例》及国际规范,于 2009 年开始对中国财政透明度状况进行评估,到 2014 年已经第六年,形成第六份评估报告。

1.1 省级财政透明度评估的方法

本项目依然采取以前 5 年的调研方式,即通过向有关部门提出信息公开申请以及网络和文献检索这两种方式调查纳入项目范围的财政信息,但在调查问卷的形式上,作了一些改变。以往 5 年的调查问卷由 113 个问题组成,而本次调查的问卷由财政部统一颁发、要求编制的表格组成。本课题组在财政部以及有关管理部门要求各地方财政或部门编制的决算报表中选择了一些表格,作为本项目调查的问卷,在内容的覆盖面上与以往 5 年的调查提纲保持一致。

本课题组将所有财政信息要素按不同的性质分为 9 个部分,每个部分权重被列为一级权重,权重的设计以前 5 年评估项目各部分的权重为依据,具体的一级信息要素及一级权重如表 1—1 所示①。

---

① 如无特别注明,本文所述的得分,其满分均为 100 分。

表 1—1　　　　　　　　　　　　一级信息要素及一级权重

信息要素	权重
1. 公共预算	25
2. 政府性基金预算	8
3. 财政专户预算	4
4. 国有资本经营预算	2
5. 政府部门资产负债	9
6. 部门预算及相关信息	15
7. 社会保险基金	19
8. 国有企业	15
9. 被调查者态度	3
合　计	100

　　在一级信息要素下设二级信息要素及权重,以公共预算为例,可进一步细分为省总预算,省、地、县、乡四级政府的本级预算,如表 1—2 所示。其他的一级信息也有类似的分类,详见本书第三章。

表 1—2　　　　　　　　　　公共预算的信息要素及权重

分类	序号	信息要素	权重
省总预算收支	1	省总预算公共预算收支总额	2
	2	省总预算公共预算收入类级科目	2
	3	省总预算公共预算收入款级科目	2
	4	省总预算公共预算收入项级科目	2
	5	省总预算公共预算收入目级科目	2
	6	省总预算公共预算支出功能分类类级	2
	7	省总预算公共预算支出功能分类款级	2
	8	省总预算公共预算支出功能分类项级	2
	9	省总预算公共预算支出经济分类类级	2
	10	省总预算公共预算支出经济分类款级	2

分类		序号	信息要素	权重
各级政府本级预算	省本级	11	省本级公共预算收入类级科目	1
		12	省本级公共预算支出功能类级科目	1
		13	省本级公共预算支出经济类级科目	1
	地市本级	14	地市本级公共预算收入类级科目	1
		15	地市本级公共预算支出功能类级科目	1
		16	地市本级公共预算支出经济类级科目	1
	县本级	17	县本级公共预算收入类级科目	1
		18	县本级公共预算支出功能类级科目	1
		19	县本级公共预算支出经济类级科目	1
	乡本级	20	乡级公共预算收入类级科目	1
		21	乡级公共预算支出功能类级科目	1
		22	乡级公共预算支出经济类级科目	1
	各地级市本级	23	各地市本级公共预算收入类级科目	1
		24	各地市本级公共预算支出功能类级科目	1
		25	各地市本级公共预算支出经济类级科目	1
	各县本级	26	各县本级公共预算收入类级科目	1
		27	各县本级公共预算支出功能类级科目	1
		28	各县本级公共预算支出经济类级科目	1

1.2 省级财政透明度评估总体情况

依据上述评分规则,本课题组向各省(自治区、直辖市)的信息公开办、财政厅(局)、人社厅(局)以及其他相关部门寄送了信息公开申请函,并根据反馈情况、课题组自行搜集的网站公开资料、年鉴等,对各省(自治区、直辖市)的财政透明度进行评估。

本年度省级财政透明度调查结果显示(见表1—3):31个省份[①]的财政透

---

① 此处"省份"表示省级行政区划单位,具体包括省、自治区、直辖市,列入调查范围的仅指祖国大陆地区的31个省份,下同。

明度平均得分为 32.68 分,比上年度略高(2013 年度为 31.4 分)。如果我们把 31 个省份作为一个整体来看,则所有省份仅公开了其财政信息的不到 1/3 信息,不尽如人意。

表 1-3　　　　　　　中国省级财政透明度排行榜(2014)

排名	省份	得分	排名	省份	得分
1	新疆	59.37	17	浙江	29.70
2	山东	56.16	18	河北	29.39
3	福建	55.76	19	贵州	29.15
4	黑龙江	54.34	20	海南	28.30
5	广西	46.81	21	湖南	27.41
6	山西	44.12	22	四川	24.85
7	甘肃	42.56	23	天津	24.33
8	辽宁	39.98	24	安徽	23.85
9	北京	38.51	25	青海	23.36
10	吉林	35.22	26	宁夏	21.89
11	湖北	33.58	27	河南	20.39
12	重庆	32.98	28	陕西	19.23
13	内蒙古	32.93	29	江苏	18.77
14	云南	32.49	30	江西	15.36
15	广东	30.85	31	西藏	11.52
16	上海	30.06			
31 个省份平均得分:32.68 分					

说明:本项目以 2012 年省(自治区、直辖市)政府财政决算数据为调查对象;项目调查截止期为 2014 年 1 月 1 日,项目调查截止后,有些政府部门仍陆续寄来补充资料,但由于信息统计阶段已经结束,故未进行更新登记。

综观 2009 年以来的各年财政透明度得分情况(见图 1-1):平均分稳步提高,但升幅较小,从 2009 年的 21.71 分升至 2014 年的 32.68 分;各年的最高分都不算高,没有一年的最高分超过 80 分,在平均分稳步提高的背景下,最高分却仍在徘徊之中,反映了一些财政透明度较好的省份没有进一步提高公开度的积极性;各年的最低分基本上没有动过,2014 年还创下了历史最低成绩。总的来看,好的省份畏缩不前,差的省份不思进取,大多数省份略有提高,带动整个平均成绩缓慢提高。

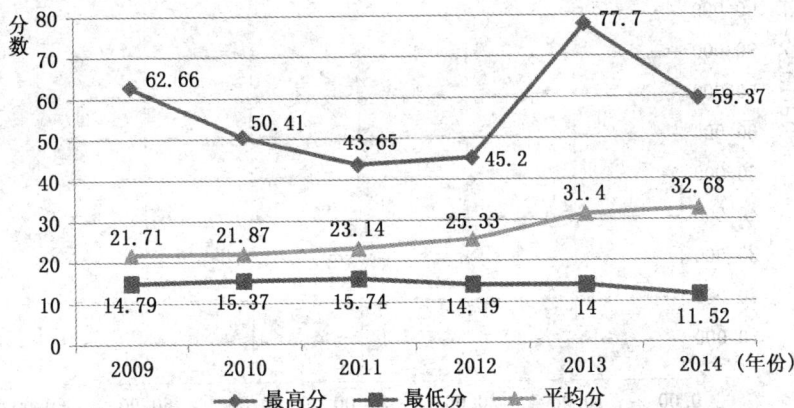

图 1—1　历年省级财政透明度得分的最高分、最低分和平均分

1.3　省级财政透明度评估分省分析

　　分析 2014 年及以往年度省级财政透明度评估得分情况,我们可以看出:

　　第一,省际之间透明度差异很大。如表 1-3 所示,各省份平均得分为 32.68 分,但各省份得分悬殊很大。得分较高的几个省份(新疆、山东、福建、黑龙江)的分数均超过了 50 分,但得分较低的几个省份(陕西、江苏、江西、西藏等)的分数则低于 20 分。最高分是最低分的 5.15 倍。

　　第二,各省份透明度情况与该省经济水平没有关联。如图 1-2 所示,横坐标表示 2014 年各省份财政透明度得分,纵坐标表示各省份 2013 年人均 GDP。从图中可以看出,财政透明度得分与经济发展水平没有关联:京、津、沪、苏、浙等省份的经济发展水平较高,但财政透明度水平也就是平均水平;财政透明度最高的几个省份和最低的几个省份相对经济发展水平都较低一些。

　　第三,各省份透明度得分名次不稳定。在各省份财政透明度平均得分每年小幅上升的总体趋势下,各省份的得分和名次却出现大变化。我们将 2009 —2013 年(5 年)各省份财政透明度的平均得分与 2014 年的得分进行比较,如图 1-3 所示,横坐标是按 2014 年的得分排名进行排列,依次为新疆、山东、福建等,我们看到今年排名与历史平均排名没有关联,例如前 5 年平均排名为第 10.6 名的江苏却在今年排到倒数第三名了。透明度得分名次不稳定,显示出财政透明公开缺乏法制保证,人为因素导致排名出现"过山车"的现象。

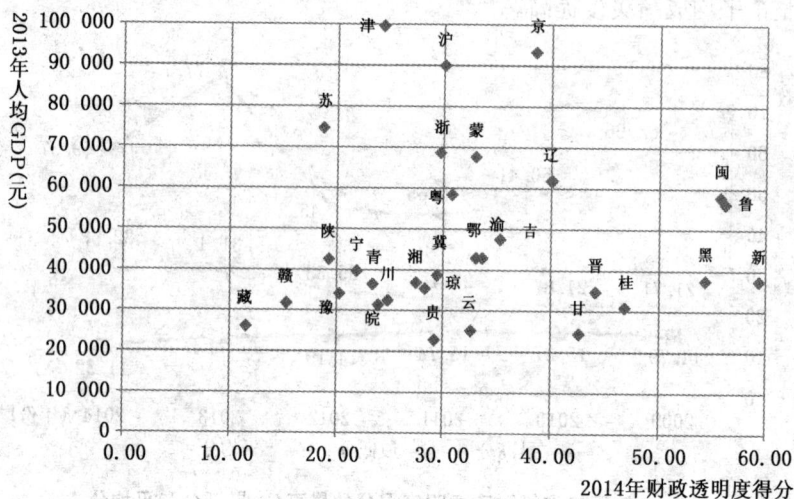

图1－2　2014年各省份财政透明度得分及2013年人均GDP

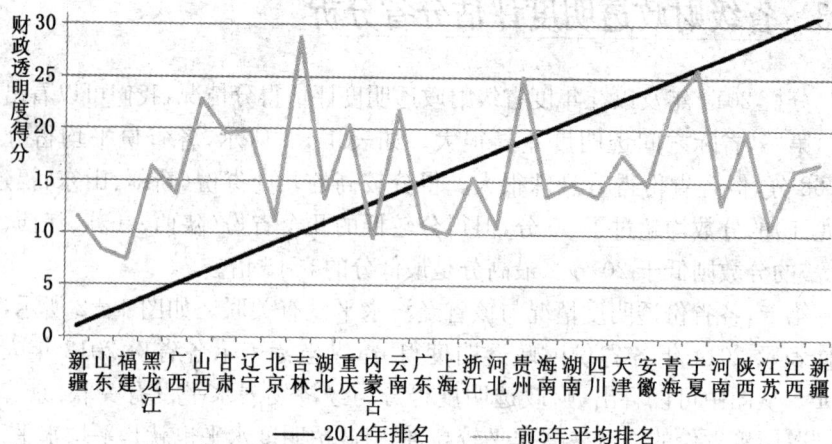

图1－3　各省份财政透明度得分：前5年平均排名与2014年排名的对比

第四，相邻省份没有出现趋同现象。得分最高的省份并没有连成一片，新疆、山东、福建和黑龙江等排名靠前的省份相隔很远，西藏、陕西、江苏和江西等排名靠后的省份也相隔很远，在地理位置接近的省份之间，并没有出现分数趋同的现象，这说明相邻省份攀比和串谋的可能性较低。

1.4 省级财政透明度评估分项分析

如前所述,省级财政透明度评估分为9项信息要素进行打分,各项得分情况如表1—4所示。在9项信息要素中,被调查者的态度得分较高,说明政府部门对本课题组的调查能够积极回应,得分为68.70分;公共预算、政府基金预算、社会保险基金、国有企业等传统的财政性资金透明度较高,得分均在30分以上;国有资本经营预算、部门预算及相关信息、财政专户预算等为设立时间较短的预算报表,规范性较差,透明度得分也较差,在10~30分;政府部门资产负债的得分最低,只有5.53分,反映了相关部门长期以来忽视了对资产负债方面的统计,报表框架不健全,缺失了许多信息。

表1—4 财政透明度各信息要素的得分情况(2014)

信息要素	各省份平均得分	权重
1. 公共预算	39.85	25
2. 政府性基金预算	37.81	8
3. 财政专户预算	18.46	4
4. 国有资本经营预算	25.63	2
5. 政府部门资产负债	5.53	9
6. 部门预算及相关信息	19.02	15
7. 社会保险基金	32.58	19
8. 国有企业	45.63	15
9. 被调查者态度	68.70	3
合 计	32.68	100

1.4.1 公共预算透明度评估

该项信息公开状况最好的省份是福建,得分高达84.21分,即福建在政府公共预算调查项目上公开了其中约84%的信息。紧随其后、并列第二名的分别是广西和甘肃,得分均为73.68分。透明度得分并列最低的省份有11个,分别是河北、江苏、江西、河南、湖北、湖南、海南、贵州、西藏、陕西、宁夏,得分均为21.05分,即在公共预算项目上,这10个省份均仅公开了调查项目中约21%的信息。

1.4.2　政府性基金预算透明度评估

政府性基金预算透明度并列最高的省份是福建、重庆和甘肃,得分高达72.22分,即福建、重庆与甘肃在政府性基金预算调查项目上公开了其中约72%的信息。政府性基金预算透明度最低的省份是西藏,其得分为零分,即我们通过现有渠道无法获取调查项目中的任何一项信息。政府性基金预算透明度并列次低的省份包括宁夏和湖北,得分仅为16.67分。比较政府性基金预算透明度排名表中信息公开最好省份的百分制得分与信息公开最差省份的百分制得分,首尾相差72.22分。这意味着最差的省份在政府性基金预算透明度调查项目上比最好的省份少公开了72.22%的信息。

1.4.3　财政专户预算透明度评估

根据各省份的得分情况,大致可将31个省份分成三类:

第一类是处于平均分以上的省份。在10个高于平均得分的省份中,甘肃得分最高,为66.67分,这也是唯一一个财政专户信息公开情况处于及格线以上的省份;山东和新疆并列第二,得分为55.56分;财政专户信息公开情况得分过半的还有重庆,得分刚好为50分;内蒙古、辽宁、黑龙江和海南并列第五,得分为38.89分;得分超过平均分的还有福建和江苏。

第二类是处于平均得分以下但非零分的省份。北京、河北、宁夏等9个省份的得分均在平均分以下,且全部为16.67分。

第三类是得分为零分的省份。天津、吉林等13个省份未公布任何关于财政专户管理资金的信息,得分为零,其中有上海、广东等经济发达省份,也有安徽、江西、河南等中部省份和贵州、陕西等西部欠发达省份。

1.4.4　国有资本经营预算透明度评估

根据各省份的得分情况,大致可将31个省份分成四类:

第一类是信息披露最好的省份:甘肃。甘肃除了未提供支出按经济分类类级和款级科目以外,提供了所有本课题组要求的信息,得到72.22分。

第二类是信息披露相对较好的省份:吉林、黑龙江、安徽、山东、重庆、新疆、北京、山西、内蒙古、辽宁、上海、广东、广西、云南、陕西15个省份。之所以称为“相对较好”,是因为这些省份虽然得分都不及格,但透明度情况明显高于排名较差的15个省份,“矮子里选高个”。

第三类是信息披露较差的省份:浙江、河南、海南、宁夏提供了少量信息,均得到22.22分;江苏、湖北、贵州等7个省份稍许公布了一些信息,均得到

5.56 分。

第四类是信息披露最差的省份:天津、河北、福建、江西、湖南、四川、西藏、青海。这 8 个省份未公开国有资本经营预算的任何信息,全部得零分。

1.4.5 政府部门资产负债透明度评估

黑龙江、福建、甘肃、新疆这 4 个省份通过"预算资金年终资产负债表"、"财政专户管理资金年终资产负债表"等形式提供了本项调查的部分信息,均得到了 42.86 分,并列第一。其余省份未提供信息,所以全部得零分。因此,31 个省份的平均得分低得可怜,仅为 5.53 分。

1.4.6 部门预算及相关信息透明度评估

部门预算及相关信息透明度评估主要调查每个省份 11 个省级部门的本部门经费预算(省政府、省人大、省政协、教育、财政、国税、地税、工商、卫生、交通、环保等单位)。部门预算及相关信息透明度得分最高的省份是福建,其得分是 37.8 分,而得分最低的重庆则仅为 2.4 分,前者为后者的近 16 倍,省际部门预算及相关信息透明度得分的差异比较大。与此同时,与上年的情况一样,在 2014 年,部门预算及相关信息透明度的省际差异有明显的缩小趋势。第一,在前几年的评估中,对于 31 个省份,总是有省份的得分为零。但在 2014 年与 2013 年的情况一样,没有得分为零的省份。第二,在相对得分水平方面,2013 年,得分最高省份(广东)的得分数为 25 分,而得分最低省份(西藏)的得分数仅仅为 0.3 分,前者是后者的 80 多倍。相对而言,2014 年的差距有所缩小。

1.4.7 社会保险基金透明度评估

根据统计结果,我们大致可以把各省份的分数分为四类:

第一类是得分较高的省份:黑龙江(84.62 分),是所有省份中唯一一个得分超过 80 分的省份。

第二类是得分相对较高的省份:得分在 60～80 分,分别是河北、山西、辽宁、山东、云南、新疆、贵州 7 个省份。值得注意的是,这些省份大多并非地处沿海发达地区。

第三类是略有得分的省份:这部分省份提供了少量的信息,虽然少,但毕竟提供了,分别是湖北、吉林、上海、甘肃、广东、内蒙古、重庆、浙江、广西和海南等 13 个省份。这 13 个省份的经济发展水平大多较高,但排名却不尽如人意。

第四类是几乎没有得分的省份：排名最后的 10 个省份得分完全相同，均为 7.69 分，并列最后一名。原因是这 10 个省份除了少量相关法律强制要求披露的信息以外，再也没有主动公开或向本课题组公开任何调查要求的数据。

1.4.8 国有企业透明度评估

山西、福建、山东、新疆并列第一，得分均为 87.5 分，接下来是得分在 60～80 分的 7 个省份（宁夏、广西、黑龙江、上海、湖北、湖南、广东）。剩下的省份都没有达到及格线。天津、河北、辽宁、吉林、江苏、安徽、江西、河南、四川、贵州、云南、西藏、陕西、甘肃、青海 15 个省份仅提供了少量信息（国有企业的收入、费用和利润总额、资产、负债及所有者权益总额），得分均为 25 分，并列最后一名。

1.4.9 被调查者态度评估

被调查者态度评估的信息要素分为两个层次：

一是掌握财政资金的部门（财政厅、人社厅、国资委、信息公开办）对本课题组的反馈情况。各省份回复情况较好，除了宁夏得 50 分、西藏得零分以外，其他各省份均得了满分。

二是 11 个省级部门（省政府、省人大、省政协、教育、财政、国税、地税、工商、卫生、交通、环保单位）对本课题组调查其本部门预算及相关信息的反馈情况。31 个省份的得分水平有很大的差异。比较好的省份，比如安徽、广西和江苏，它们中给予明确答复的单位数多达 9 个、8 个，相应地，其态度与责任心的得分均超过 70 分。但相对比较差的省份，比如西藏，11 个单位中没有一个单位给予回答，其态度与责任心的得分为零分。

1.5 研究结论

综上所述，我们认为：

第一，我国省级政府财政信息公开整体水平已在逐步提高，但目前的透明度水平仍然较低，仅为 32.68 分，相对于西方发达国家及我国香港地区的透明度状况，相对于公众的期待而言，尚有较大的距离。期待《预算法》（修正案）在 2015 年 1 月 1 日实施后，我国财政透明度状况能有所改观。

第二，省际之间透明度得分差异大，说明在现有财政预算体系下，许多省份只要把既有的预算报表公布，透明度得分就将有很大的提升。

第三，各项财政信息披露详细状况不均衡。举个例子，公共预算收入的科目从类到款、从款到项、从项到目分为四级,而公共预算支出的科目从类到款、从款到项分为三级。这与预算管理规范与否不无关系。在我国预算管理中,长期以来"重收入轻支出",公共预算收入的管理与支出相比较为规范,作为公共预算收入主体部分的税收,其制度是以颁布税法的形式建立起来的,有较好的法律基础。相比之下,公共预算支出的法律基础则较为欠缺。

第四,少数省份的预算报表公开程度较好,但本年度得分最高的省份也没有达到及格线,说明现在财政预算报表体系存在许多缺陷,未能有效披露重要的财政信息,仅仅依靠充分披露现有的报表是远远不够的。只有进一步完善预决算报表体系,透明度水平才会有更大的提升空间。例如,政府部门的资产负债信息是本次调查中得分最低的信息要素(得分仅为 5.53 分),原因就是各级政府刚刚开始试编资产负债表,拿不出数据。

第五,各省份财政透明度的各年得分及名次不稳定,反映了法制不健全,财政信息公开的随意性大。一些省份经济发展水平较高,行政效率也很高,但在财政透明度得分上较低,说明这些政府缺乏必要的监督和有效的激励。

第六,信息披露方式不科学。一些省份直接向本课题组提供了相关的资料和数据,透明度得分较高。然而,这种方式是不可取的——社会公众无法获得本课题组得到的资料和数据。另外,一些省份通过本省财政年鉴对外披露信息,但社会公众无法通过公开途径购买到这些财政年鉴。因此,本课题组提倡掌握预算信息的相关部门主动出版年鉴或在网站上公布数据,降低数据获得的社会成本。

第七,一些政府部门滥用关于信息保密的解释权。同一项财政信息,有些省份早已通过财政年鉴予以公开;有些省份也通过本课题组的依申请公开予以提供;另外一些省份却以涉密为由拒绝提供。

财政为庶政之母,只有财政透明了,社会公众才能有效监督,政府的运作才有可靠的基础。回顾 6 年来的财政透明度统计调查结果,我们观察到财政透明度得分是稳步上升的,但速度太慢。财政、社保、国资等部门存在"有心无力"(想公开但又怕上级政府责备)和"有力无心"(没有公开的积极性和动力)的问题。我们期待相关法制的进一步完善与健全,与此同时,也期待中央政府把财政透明度纳入考核指标,让财政透明公开成为官员的自觉行动,从而推动财政资金分配的优化、财政资金监督的强化。

此外,在本年度的报告中,我们还提出了政府财政信息公开的目标及框架体系,分为公共预算、政府性基金、部门预算、国有企业和社会保险基金等几大部分,限于篇幅,不再介绍,详见本报告第 13 章。

2　2013 年中国政府信息公开进程

　　5 年前的 2008 年,我国《政府信息公开条例》颁布并正式实施;5 年后的 2013 年,信息公开已成为举世关注的话题。中共"十八大"报告曾明确指出,"坚持用制度管权管事管人,保障人民知情权、参与权、表达权、监督权……让人民监督权力,让权力在阳光下运行"。此后,十八届三中全会又重申了这一点。在此背景下,2013 年,我国人大和各级政府部门在信息公开方面仍然进行了一些积极探索。与此同时,学术界为推动政府信息公开、提高政府透明度一直在进行不懈的努力。而社会公众与民间组织对财政信息、教育信息、环境信息以及食品安全等信息公开问题依然非常关注,他们已经越来越主动地参与到推动政府信息公开的工作中来。

2.1　"十八大"报告与十八届三中全会强调深化信息公开

　　2012 年 11 月 8 日,中共"十八大"在北京隆重开幕。时任国家主席胡锦涛同志在会上作报告。报告从建立健全权力运行制约和监督体系的视角强调了深化信息公开。报告指出,"坚持用制度管权管事管人,保障人民知情权、参与权、表达权、监督权,是权力正确运行的重要保证。要确保决策权、执行权、监督权既相互制约又相互协调,确保国家机关按照法定权限和程序行使权力。

坚持科学决策、民主决策、依法决策,健全决策机制和程序,发挥思想库作用,建立健全决策问责和纠错制度。凡是涉及群众切身利益的决策都要充分听取群众意见,凡是损害群众利益的做法都要坚决防止和纠正。推进权力运行公开化、规范化,完善党务公开、政务公开、司法公开和各领域办事公开制度,健全质询、问责、经济责任审计、引咎辞职、罢免等制度,加强党内监督、民主监督、法律监督、舆论监督,让人民监督权力,让权力在阳光下运行"。由此可见,"十八大"报告站在新的历史高度,以信息公开作为重要突破口,对公民权利的保障、行政权力的规范进行了新的部署。

1 年后的 2013 年 11 月,中共十八届三中全会召开。全会重申了"十八大"报告关于强调深化信息公开的内容,提出"坚持用制度管权管事管人,让人民监督权力,让权力在阳光下运行,是把权力关进制度笼子的根本之策……"此外,全会还明确提出实现"透明预算"。

2.2　政府部门的行动

2.2.1　国务院办公厅印发《当前政府信息公开重点工作安排》,列出信息公开工作重点

2013 年 7 月,国务院办公厅印发了《当前政府信息公开重点工作安排》(以下简称《工作安排》),对 2013 年政府信息公开重点工作进行了部署。《工作安排》要求推进 9 个方面的政府信息公开。

第一,"推进行政审批信息公开。加强行政审批项目调整信息公开,重点围绕投资审批、生产经营活动审批、资质资格许可、工商登记审批等方面,及时公开取消、下放以及实施机关变更的行政审批项目信息。推进审批过程和结果公开,重点做好涉及人民群众切身利益、需要社会公众广泛知晓或参与的行政审批项目审批过程、审批结果公开工作。推进行政许可信息公开,包括许可的事项、依据、条件、数量、程序、期限以及申请时需要提交的全部材料目录,重点做好行政许可办理情况的信息公开工作。"

第二,"推进财政预算决算和'三公'经费公开。要在继续做好财政预算决算和部门预算决算公开工作的同时,进一步加大'三公'经费、国有资本经营预算和财政审计信息公开力度。一是着力推进'三公'经费公开。在 2012 年工作基础上,2013 年要进一步细化公开中央部门'三公'经费,'三公'经费预算决算总额和分项数额增长的中央部门,要细化说明增长的原因。细化中央部门 2014 年预算编制,将公务用车购置和运行费细化公开为购置费和运行费。

各省(自治区、直辖市)政府要全面公开省本级'三公'经费,并指导督促省级以下政府加快'三公'经费公开步伐,争取 2015 年之前实现全国市、县级政府全面公开'三公'经费。二是推进国有资本经营预算公开。中央国有资本经营支出预算要在 2012 年按款级科目公开的基础上,进一步细化公开至项级科目。三是推进财政审计信息公开。在继续做好中央预算执行和其他财政收支审计查出问题公开工作的基础上,各部门各单位要全面主动公开整改情况,进一步提升中央预算执行和财政收支审计工作情况公开的透明度和全面性。"

第三,"推进保障性住房信息公开。深入推进保障性安居工程建设、分配和退出信息公开。在 2012 年工作基础上,2013 年所有市、县级政府都要按要求公开保障性安居工程建设、分配和退出信息。地级以上城市,要及时公开外来务工人员纳入当地住房保障范围的政策措施和实施情况。"

第四,"推进食品药品安全信息公开。切实做好食品药品安全热点问题信息公开工作,及时客观准确规范发布有关信息,同步公布已经采取的处理措施和进展情况。加大食品药品行政审批、执法检查、案件处理、查缉走私等政府信息公开力度,建立食品药品违法违规企业'黑名单'公开制度。做好重点整治工作信息公开,围绕婴幼儿配方乳粉、乳制品、保健食品等公众尤其关注的问题,公开重点治理整顿的相关信息。"

第五,"推进环境保护信息公开。一是推进空气质量和水质环境信息公开。扩大公开细颗粒物(PM2.5)、臭氧等空气质量新标准监测信息的城市数量,在继续做好目前 74 个城市监测信息发布的基础上,新增 116 个城市公开空气质量新标准监测信息,公布重点城市空气质量排名。继续做好重点流域断面水质数据、地表水水质自动监测数据等信息公开工作,加大集中式饮用水水源地水质状况等信息的公开力度。二是推进建设项目环境影响评价信息公开。主管部门要明确相关要求,指导全国环保部门实行环评受理、审批和验收全过程公开。三是推进环境污染治理政策措施和治理效果信息公开。加大地方政府环境污染治理政策措施的信息公开力度,及时公开排污单位环境监管信息,督促排污单位公开污染治理效果。强制公开重污染行业企业环境信息。四是推进减排信息公开。继续做好重点减排工程建设和进展情况信息公开工作,加强全国主要污染物排放情况信息公开,及时发布总量减排核查结果。"

第六,"推进安全生产信息公开。各级政府负责处置的生产安全事故,都要进一步加大信息公开力度。一是加强调查处理信息公开。除依法应当保密的内容外,在继续做好特别重大事故调查报告公开工作的基础上,重点推进重大事故调查报告公开工作,进一步提高较大事故调查处理结果和调查报告的公开比例。2014 年,要实现重大事故调查报告全面公开。二是加大生产安全事故应对处置信息公开力度。负责组织事故处置、救援的有关地方人民政府要及时准确发布本级政府处置的生产安全事故抢险救援进展等信息。三是加大安全生产预警和预防信息公开力度。及时发布可能引发事故灾难的自然灾害风险信息和重大隐患预警信息,着力提高信息发布的时效。"

第七,"推进价格和收费信息公开。要在继续做好政府管理价格和行政事业性收费调整信息公开的同时,进一步加大价格和收费信息公开力度。一是着力做好政府定价目录和行政事业性收费目录公开工作。加强全国性及中央部门和单位行政事业性收费项目目录公开,督促地方政府全面公开本地区政府定价目录和行政事业性收费目录。二是加大价格和收费监管信息公开力度。重点做好涉及教育、交通运输、农民负担、医疗、房地产市场、旅游市场等民生领域价格和收费监管信息的公开工作,对社会影响大、公众反映强烈的价格违法案件,要及时公布查办情况。"

第八,"推进征地拆迁信息公开。一是推进征地信息公开。在依法依规做好征地报批前告知、确认、听证,征地批准后征地公告、征地补偿登记和征地补偿安置方案公告的基础上,重点推行征地信息查询制度,方便公众查询征地批复、范围、补偿、安置等相关信息。二是进一步加强房屋征收与补偿信息公开。在继续做好房屋征收补偿方案、补偿标准、补偿结果信息公开的基础上,重点做好房屋征收决定、补助奖励政策和标准在征收范围内公布,征收房屋调查结果、初步评估结果、补偿情况在征收范围内向被征收人公布工作,实行阳光征收。"

第九,"推动以教育为重点的公共企事业单位信息公开。一是进一步扩大高校招生信息公开范围。重点加强招收保送生、具有自主选拔录取资格考生、高水平运动员、艺术特长生等有关政策和信息的公开工作,加大对考生资格及录取结果的公开公示力度。二是加大高校财务信息公开力度。推动各高校公开预算决算信息,并细化公开至项级科目。三是逐步扩展公共企事业单位信息公开范围。重点做好推进医疗卫生机构、科研机构、文化机构和国有企业信息公开的研究工作。"

2.2.2 国务院召开常务会议,研究部署进一步加强政府信息公开工作

2013 年 9 月 18 日,李克强总理主持召开国务院常务会议,研究部署进一步加强政府信息公开工作。会议提出,依法实施政府信息公开是人民政府密切联系人民群众、转变政风的内在要求,是建设现代政府、提高政府公信力和保障公众知情权、参与权、监督权的重要举措。李克强总理特别强调,要采取配套措施,加强相关制度和平台建设,让政府政策透明,让权力运行透明,让群

众看得到、听得懂、信得过;要主动回应社会关切,把人民群众的期待融入政府的决策和工作之中,努力增强提升政府公信力、社会凝聚力的软实力。

2.2.3 国务院办公厅印发了《关于进一步加强政府信息公开回应社会关切提升政府公信力的意见》,突出建设政府信息公开平台、提高信息公开实效

继印发了《当前政府信息公开重点工作安排》后,2013年10月,国务院办公厅又印发了《关于进一步加强政府信息公开回应社会关切提升政府公信力的意见》(以下简称《意见》),将建设政府信息公开平台、提高信息公开实效置于更加突出的位置。

《意见》指出,与公众期望相比,一些地方和部门仍然存在政府信息公开不主动、不及时,面对公众关切不回应、不发声等问题。《意见》要求,政府部门必须及时、敏锐地捕捉外界对政府工作的疑虑、误解,甚至歪曲和谣言,及时予以回应,消除谣言,确保在应对重大突发事件以及社会热点事件时不失声、不缺位。值得注意的是,《意见》首次提出:各地区、各部门要加强与新闻宣传部门、互联网信息内容主管部门以及有关新闻媒体的沟通联系,建立重大政务舆情会商联席会议制度,建立政务信息发布和舆情处置联动机制。

2.2.4 国务院总理李克强发表讲话,强调管好政府钱财与政务公开

2013年3月26日,国务院召开第一次廉政工作会议,中共中央政治局常委、国务院总理李克强发表讲话。他强调,要全面贯彻落实中共"十八大"精神和中央关于反腐倡廉建设的决策部署,贯彻落实习近平总书记在中央纪委二次全会上的讲话精神,转变政府职能,依法规范权力运行,着力建设廉洁政府。

李克强总理从六个方面对2013年政府反腐倡廉工作提出了要求,其中涉及管好政府钱财和强调政务公开方面,他指出:"要管好钱财。筑牢预算约束力的防线。财政资金、公共资产都是纳税人的钱,任何人都没有贪污浪费的权力。建立公开、透明、规范、完整的预算制度,把政府所有收入和支出都纳入预算,逐步做到所有政府开支都要事先编制预算,让人民能有效进行监督。取消不合法、不合理的行政事业性收费和政府性基金项目。"此外,还要"政务公开。让权力公开透明,也是最有效的防腐剂。要及时主动公开涉及群众切身利益的环境污染、食品药品安全、安全生产等信息,向人民群众说真话、交实底。深化细化预算决算公开和'三公'经费公开,从今年开始,要逐步实现县级以上政府公务接待经费公开。公开的形式要通俗,要让老百姓看得懂,可以有效地监督政府"。

2.2.5 中央部门公开部门预决算及"三公"经费

2013 年,超过 80 个中央部门公布了本部门 2012 年决算与 2013 年部门预算信息,同时还公布了本部门的"三公"经费。与往年不同的是,此次中央部门"三公"经费公布不仅包括了支出总额等信息,同时对因公出国(境)团组数及人数、公车购置数和保有量、公务接待有关情况及增减变化原因也进行了公开。

2.2.6 地方政府部门推动财政信息公开

2013 年,各级地方政府部门在推动财政决算信息、"三公"经费以及行政经费收支等信息公开方面仍然进行着积极的尝试,其中广州市的一项举动非常令人期待。

《广州市人民代表大会审查批准监督预算办法》(以下简称《办法》)(草案)提出:"部门决算草案应当按照经济分类编报支出。"这是该草案最引人注目的一项,若此《办法》能够被通过,意味着政府各项开支将更加清晰可查。

目前政府公开支出信息普遍采用的是按"功能分类"的方式,未公开按"经济分类"的信息。按照功能分类,可以了解国家在不同社会功能大类方面的资金分配,如有多少资金用于教育,有多少用于卫生,有多少用于环保等。但是,此种分类只是一个大致的脉络,社会公众无从知晓这些资金具体是怎么分配和使用的,也无法判断是否合理。而按照"经济分类"公开支出,即可以分为人员经费和办公经费等,而人员经费又可以分为基本工资、津贴补贴、奖金、退休费、医疗费等。政府预算公开增加按"经济性质"分类的信息,可以使社会公众更容易看得懂,也更容易判断政府支出是否合理。

此外,根据国务院的部署,从 2013 年起,县级以上政府要逐步实现公务接待经费公开。

2.3 人大与司法部门的行动

2.3.1 《预算法》修订三次审议延迟

2013 年 8 月 30 日闭幕的十二届全国人大常委会四次会议原定三审的《预算法》修正案草案并未出现在会议议程中,这意味着《预算法》修订三次审议延迟。现行《预算法》于 1994 年制定,修订工作启动于 2004 年,两度成立起草小组,至今已跨越三届人大。2011 年 11 月,国务院常务会讨论通过《预算法》修正案(草案),当年 12 月,十一届全国人大常委会一审该草案。2012 年 6 月,十一届全国人大常委会二审《预算法》修正案(草案),随后在中国人大网公布草案二次审议稿,向社会公开征集意见。原定于 2013 年 8 月进行三次审议,但后又延迟。据悉,《预算法》修正案在此前十一届全国人大常委会两次审议过程中的争议很大,而争议的核心在于二审草案未能强化人大的作用,流露出明显的"部门立法"色彩,因此,修订计划被搁置。

尽管《预算法》修订三审延后,但其中反映的审慎未必不值得欢迎。全国人大预算工委的一位官员就表示,"修改后的部分法条甚至是倒退的,一项法律通过后需要稳定一段时间,如果通过了又将耽误很多年,这种修法停下来是好事"。然而,鉴于《预算法》作为"经济宪法"的重要地位,将《预算法》的修订无限期搁置肯定也是不可取的。

2.3.2 最高人民法院发布《关于推进司法公开三大平台建设的若干意见》和《关于人民法院在互联网公布裁判文书的规定》,在全国范围内全面推进司法公开

2013 年,最高人民法院贯彻十八届三中全会关于司法改革的精神,同时发布了《关于推进司法公开三大平台建设的若干意见》(以下简称《若干意见》)和《关于人民法院在互联网公布裁判文书的规定》,在全国范围内全面推进司法公开。具体包括:

首先,全面推进审判流程公开。一方面,《若干意见》要求法院通过审判流程公开平台,向公众公开法院机构、人员、诉讼指南、审判指导文件以及名册等各类指南性信息,将法院包括办案流程、依据、机构和人员分工等在内的所有信息都向公众进行展示,时刻接受监督;另一方面,《若干意见》要求法院整合立案、审判过程中的各类流程节点信息,供当事人自案件受理之日起凭密码获取。

其次,全面推进裁判文书公开。除全面推进审判流程公开外,最高人民法院还要求全面推进裁判文书公开,使每一个法院的每一名法官的"司法产品"直接面临包括人大代表、专家学者、律师、普通公众等所有人的检验和审视。

再次,全面推进执行信息公开。建立执行信息公开平台,一是可以实现上下级法院之间,异地法院之间,同一法院的立案、审判与执行部门之间的执行信息共享,优化资源配置,提升执行效率;二是通过向社会公开执行程序、执行措施、财产处置等信息,让公众和当事人及时了解法院为实现当事人的胜诉权益所进行的执行活动。

2.4 学术界的努力

学术界是推动政府信息公开的一支重要的力量。近年来,围绕着财政透明度、政府信息公开案件审理以及政府透明度等问题,学术界广泛呼吁并付诸实践,其中包括上海财经大学公共政策研究中心、清华大学公共管理学院、北京大学公众参与研究与支持中心、宪法与行政法研究中心和中国社会科学院法学研究所等。

2.4.1 上海财经大学积极推动财政信息公开

上海财经大学公共政策研究中心连续 5 年对我国财政透明度状况进行跟踪研究。他们开展了《中国财政透明度调查》项目 2013 年度的调查研究工作,对我国 31 个省级政府财政透明度、341 个省级行政单位行政收支及相关信息公开状况以及 930 个省级政府部门预算透明度进行了调查、分析、评分和排序,此外,还对 930 个省级政府部门"三公"经费透明度进行了特别评估,并出版了《2013 中国财政透明度报告》(以下称《报告》),其中,"省级政府部门预算透明度评估"与"省级政府部门三公经费透明度特别评估"是 2013 年报告新增的内容。他们的研究结果与结论主要包括:

第一,与往年相比,我国省级财政透明度状况有明显改善,但水平仍然较低,且省际之间差异较大,呈现出一定的梯度。2013 年,31 个省份财政透明度平均得分仅为 370.56 分,换算为按百分制计算的得分仅为 31.40 分,这意味着 31 个省份作为一个整体来看的话,只公开了全部调查信息中约 1/3 的信息。其中,透明度状况最好的省份是海南,其综合得分为 916.89 分,按百分制计算的得分为 77.7 分;紧随其后的福建,其综合得分为 807.77 分,按百分制计算的得分为 68.46 分。这是该项目组自 2009 年进行省级财政透明度评估以来的最高分和次高分。得分最低的省份是吉林,综合得分为 165.19 分,按百分制计算仅为 14 分,比海南低了 63.7 分。另外,省际之间透明度差异呈现一定的梯度,各省份财政信息公开程度以百分数计算的话,公开程度在 10%以上至 20%之间的省份有 3 个,在 31 个省份中占比为 9.68%;公开程度在 20%以上至 30%之间的省份有 15 个,占比为 48.39%;公开程度在 30%以上至 40%之间的省份有 6 个,占比为 19.35%;公开程度在 40%以上至 50%之间的省份有 3 个,占比为 9.68%;公开程度在 50%以上至 60%之间的省份有 2 个,占比为 6.45%;公开程度在 60%以上的省份有 2 个,占比为 6.45%。从得分分布来看,信息公开程度在 20%以上至 30%之间的省份最多,公开程度在 30% 以上至 40% 之间的省份其次。从总体上来看,大多数省份仍然集中在信息公开程度较低的层次。此外,不同项目信息公开的程度差异较大,具体、详细信息项目的透明度状况较差。

第二,从整体上来看,尽管省级行政收支及相关信息的透明度水平还比较低,但与往年相比,2013 年的透明度水平有阶段性的提升。2013 年,341 个省级单位透明度的平均得分为 10.89 分(百分制得分),是上年 4.77 分的 2.28 倍。在客体结构方面,2013 年的透明度评估与以往的评估情况具有相似性:态度与责任心的评分要好于实质信息公开的评分。2013 年,态度责任心的得分为 43.8 分,而实质信息公开水平的得分仅为 9.5 分。在主体结构方面,依然有 115 个单位的评分为零,占全部单位的 33.7%;在得分为正的单位中,得分最少的单位,其百分制得分仅为 0.29 分,而得分最高的单位(广西壮族自治区政府办公厅),其百分制得分为 96.3 分,最高分是最低分的 332 倍。2013年,部分省份的人大和政协(共 10 个单位)公开了部门预算的信息,这是历史性的进步。但是,从整体上来说,与以往的情况一样,人大、政协与其他 9 类单位之间的差异还很明显。至于省际结构方面,相比前几年的情况,2013 年省际之间的差异有一定的缩小。

第三,省级政府部门预算透明度较低,不仅与国际发达国家相应级别的政府部门预算透明度相比有很大的差距,就是与国内中央政府及其他地方政府的部门预算透明度相比,差距也较大。我国省级政府部门预算透明度平均得分仅为 16.31 分,即平均来看,各省份只公布了全部调查信息的 16% 左右。省际、区际间得分存在较大差异。首先是省际间政府部门预算透明度得分差异大。省级政府部门预算透明度得分在 0~40 分延展分布,最高分是海南的39.15 分,最低分则为零分,有 5 个省份。其次是省级政府部门预算透明度得分在区际间也存在较大差异。经济越发达的地区,部门预算透明度越高;而经济越落后的地区,部门预算透明度越低。不同部门之间预算透明度存在较大差异。30 个部门预算透明度高低不一,在 4~22 分延展分布。教育厅的部门预算透明度得分最高,为 21.53 分;得分最低者为省政协,得分仅为 4.18 分。从信息项目来看,支出的经济分类信息是省级政府部门预算信息公开中缺失最为严重的信息。

第四,"三公"经费公开情况整体不理想,且省际间、部门间公开情况差异很大。从调查结果来看,有近一半的省份没有公开"三公"经费。即使是公开了的省份,也只有少数几个省份的大部分政府部门做到了公开"三公"经费。31 个省份中,15 个省份没有一个部门公开"三公"经费,16 个省份不同程度地公开了"三公"经费。公开部门最多的是上海,查找的 30 个部门中有 29 个部门公开了"三公"经费;最少的是山西和宁夏,只有1个部门公开了"三公"经费。从部门情况来看,"三公"经费公开最多的部门是建设厅、文化厅、卫生厅和商务厅系统,分别有10个省份的该部门公开了"三公"经费。公开最少的部门是人大、政协和物价局,分别只有1个省份的该部门公开了"三公"经费。

《2013中国财政透明度报告》自发布后受到了广泛关注。据不完全统计,全国有包括改革内参、南方周末、中国青年报、中国经济周刊等在内的数十家报刊以及包括人民网、新华网、中国新闻网、中国经济网、新浪网、搜狐网等在内的网络媒体对该项成果进行了报道和转载。

2.4.2 清华大学关注市级政府财政透明度

清华大学公共管理学院则关注市级政府的财政透明度状况。该项研究的调查对象由2012年的81个城市增加至2013年的285个地级市政府和4个直辖市共计289个城市。在2012年基础上,项目组新建了中国全口径财政透明指标体系,把政府收支的各方面都纳入了评估范围。该指标体系包括四大部分:一是纳入预算机构和部门,二是一般性预决算收支情况,三是财政专户与政府债务情况,四是国有资本经营与国有企业收支情况。这四部分均为100分,总分值为400分。在调查、评分和排序的基础上,项目组发布了《2013年中国市级政府财政透明度研究报告》(以下简称《报告》)。《报告》的主要研究结果如下:

第一,城市财政透明度整体水平较低,且存在着市际差异。该项调查结果显示:我国289个城市政府财政透明度总体很低,即便是排在前30位的市级政府的财政公开情况也远未达到良好披露的水平,得分超过100分的城市仅有46个,并且有5个城市的得分为个位数,其中,最后三名(白城、铜仁、定西)的得分为零。从不同城市来看,直辖市政府的财政透明度情况居前,计划单列市政府次之,省会城市政府弱于计划单列市,但好于其他地级市政府的总体水平。前30名中,广东占据10个席位,安徽占据5个席位,山西、贵州、广西各有3个城市上榜;若按区域来划分,东部沿海省份和中西部省份刚好各占一半。基于此,该《报告》认为,公共治理改革与经济发展水平之间并不存在直接的相关关系,而可能与社会环境和政治决心相关。

第二,不同评价指标体系的公开情况存在差异。在"纳入预算机构和部门"部分,市级政府结构及职能公开情况较好,但国有企业和本级财政结构图公布情况较差,企事业单位、群众团体、民主党派与工商联、市委党委的公开情况有待加强。在"一般性预决算收支情况"部分,比较全面与完整地公布一般性预决算收支情况的市级政府仅占少数,而且公布中也存在着口径、方式以及公布时间缺乏规范性等问题。相当一部分地市政府未能主动公布此类信息。

在"财政专户与政府债务情况"部分,仅有极少数城市公布了财政专户的相关信息,而且并非完整与全面披露该项内容,该项工作亟待增强。在"国有资本经营与国有企业收支情况"部分,除了北京、上海、贵阳、淮南、青岛等城市公开了部分国有资本经营预算收支总表中的内容之外,绝大多数城市的国有企业财务信息均没有公开。

2.4.3 北京大学发布政府信息公开案件审理调研报告

2013年10月,北京大学宪法与行政法研究中心和北京大学公众参与研究与支持中心共同发布了《中国政府信息公开案件司法审查调研报告》(以下简称《报告》)。该《报告》对《政府信息公开条例》实施以来申请政府信息公开的案件审理情况进行了调研。调研结果发现:

第一,政府信息公开案件数量快速增加,且绝大多数案件涉及民生问题。《报告》显示,自《政府信息公开条例》颁布实施至今,政府信息公开案件数量呈现出快速增长趋势:如北京市各级法院审理政府信息公开案件的数量由2008年的10件增加到2012年的551件;深圳市2012年各级法院共审理政府信息公开案件224件,比2011年增加了578.8%。《报告》还发现,在近5年法院受理的政府信息公开案件中,绝大多数案件涉及征地补偿、工商执法、城乡改造、教育资源、残疾人保障和环境保护等基本民生问题。以广州市为例,2008年,广州各级法院共审理信息公开案件9件,主要涉及道路建设情况、产权历史信息、房屋售价成本构成等方面;2009年,共审理政府信息公开案件3件,案由为对行政处罚、劳动保障、产权历史资料等信息申请公开不满意;2010年共审理6件,仍然是产权历史资料、城乡改造等内容;2012年审理的17件案件,主要涉及征地补偿、工商执法、城乡改造、环境保护等民生问题。

第二,在政府信息公开案件的司法实践中,法院"裁定驳回起诉"的情况居多、支持原告数量的案件较少,政府信息公开诉讼对纠纷的实质性解决帮助不大。近5年,虽然政府信息公开案件数量快速增多,但从法院裁判结果来看,裁定驳回起诉的情形最多。2010年,北京各级法院共审结政府信息公开一审案件264件,其中裁定驳回起诉的达234件,占比高达88.6%;2012年,审结一审案件336件,裁定驳回起诉案件131件,占比39%,在各类裁判结果中数量仍属最多。此外,在司法实践中,政府信息公开案件原告胜诉的比例较小。《报告》显示,北京市2008年一审审结的案件中均没有一例得到法院的支持;2010年审结的264件案件中,14件判决支持原告,占比约为5.3%;2012年审结的336件案件中59件支持原判,仅占总数的17.6%。最后,《报告》还指出了政府信息公开诉讼作用不大的主要原因,即原告向法院提起政府信息公开诉讼的目的,往往并非单纯是为了满足知情权,而是把政府信息公开诉讼视为一种"工具",用以达到诸如维护拆迁补偿权益、揭露行政机关其他违法行为等实质性目的。

2.4.4 中国社会科学院发布 2013 年度《法治蓝皮书》

2013 年 2 月 25 日,中国社会科学院法学研究所、社会科学文献出版社联合发布了 2013 年《法治蓝皮书》。该书围绕着司法透明度、政府透明度、政府采购等进行了专题调研,并提出相应的制度完善建议,其具体内容包括:

第一,在司法透明度方面,对法院和检察院的信息公开状况进行了测评,发布了《中国司法透明度报告(2012)》(简称《司法报告》)和《中国检务透明度年度报告(2012)》(简称《检务报告》)。《司法报告》显示,总分排前五的高级人民法院依次是:上海、江苏、广东、海南和浙江。总分排前十的中级人民法院依次为:海口、杭州、深圳、厦门、宁波、长沙、徐州、成都、沈阳、无锡。

对检务公开状况的测评为首次,测评结果显示:各地区、各级别检察院在检务公开方面差距非常明显。在省级检察院测评中,广东排名第一;在较大市检察院测评中,珠海市排名首位。从检务公开的渠道来看,门户网站已经成为检务公开的重要平台。在 26 个省级人民检察院中,已有 22 个建有网站,网站建设率达到 84.6%;在 43 个较大的市人民检察院中,有 32 个建有网站,网站建设率达到 74.4%。从公开的信息情况来看,"三公"经费、检察机关工作人员及联系电话等信息开始公开,如广东省检察院和北京市检察院提供了 2012 年的"三公"经费信息,山东和甘肃等地检察院提供了部门办公电话信息。此外,《检务报告》认为,检务公开的体制、机制对于检务透明度的深化有着关键作用,因此,应加强检务公开领导体制构建,建立检务公开定期评议机制、考核体系和奖惩机制。

第二,对政府信息公开制度的实施进展情况进行了测评,发布了《中国政府透明度年度报告(2012)》(以下简称《透明度报告》)。《透明度报告》以 59 个国务院部门、26 个省级行政单位和 43 个较大市作为观察对象,对它们在 2012 年度政府信息公开制度的实施进展情况进行了测评。结果显示,在关于信息公开目录、年度报告等《政府信息公开条例》规定的基本考核指标方面,除了抚顺市在年报测评中得零分外,其他行政机关在上述指标考核中均没有出现零分记录,这说明政府信息公开工作越来越受到重视;但一些行政机关在信息公开方面的"懒政"思维应引起警惕,如有关部门将未经加工汇总的信息排除在政府信息公开范围之外。

此外,《透明度报告》还对政府采购的透明度进行了专题调查,调查结果显示:第一,政府采购特别是协议采购的透明度普遍不高。在调查对象中,中央部委及21个省份在其政府采购网站上主动公开了协议供货商品目录,有20个省份在其政府采购网站上主动公开了协议供货最高限价,但仅有2个省份在其政府采购网站上主动公开了协议供货有效成交记录。第二,政府采购信息的依申请公开阻力重重,如违法设置申请条件,申请不能得到按期答复,而且拒绝公开的比例较高。在向24家未主动公开协议供货成交记录的地方政府财政部门提交了信息公开申请后,有13家地方政府在反馈中明确表示拒绝。

综上所述,学术界在推动财政信息公开、提高司法透明度、政府透明度与政府采购透明度等方面一直进行着不懈的努力。

2.5 社会公众与民间组织对政府信息公开的关注

社会公众和民间组织也是推动政府信息公开的重要力量。2013年,他们对"三公"经费、政府收费、公共定价以及农产品安全等方面的信息公开表现出了强烈的关注。

2.5.1 对"三公"经费公开的关注

"三公"经费信息公开仍是社会公众关注的重点。2013年1月,公益人士雷闯向全国113所高校提交了"三公"经费信息公开申请,最终雷闯共收到40所高校的回复,浙江大学等28所高校表示2012年度决算待主管部门批复之后将主动公开,但最终公开的仅有11所,另有4所高校在回复中明确拒绝公开"三公"经费。针对该回复情况,雷闯考虑通过行政复议或行政诉讼等方式,督促清华大学、北京大学等高校公开"三公"经费。

残疾公益人士朱明建也向广东省内各地残联申请"三公"信息公开,具体内容为2012年该机构"三公"经费的总开支与具体开支以及2013年"三公"经费预算及各项开支预算。据介绍,朱明建共收到回复17份,其中,珠海等5地书面公开具体数据,中山等3市残联和广东省残联已在各自官网上公开,佛山等3地回复称申请信息用途为个人生活需要,须提供关联性证明。河源等4地称将按市政府相关部门统一要求和时间公开,深圳则明确表示不公开。此后,朱明建向佛山市政府申请了行政复议。

2.5.2 对政府性收费及使用信息的关注

治污费、停车费与社会抚养费等政府性收费及使用信息日益引发社会公众和公益人士的关注。在雾霾弥漫大江南北的 2013 年 12 月,来自上海、江苏、浙江、安徽四地共 4 名律师陆续向全国 31 个省级环保机构,发函要求公开空气治污收费信息及其使用状况。

陕西省知本律师事务所的 3 位律师分别向西安市政府、公安局、物价局、城市管理综合行政执法局、财政局及城乡建设委员会 6 个部门发出《道路机动车停车费信息公开申请》,申请公开西安市 2001—2011 年停车费收费金额、去向及依据等。在 15 个工作日内,事务所收到了 4 个部门的回复,西安市财政局与公安局未作回复,其中城市管理综合行政执法局对收取的停车费用作出了具体统计,但对于这些费用的使用情况,回复函并没有具体涉及。

在社会抚养费方面,浙江碧剑律师事务所律师吴有水分别向 31 个省级计生、财政部门共 62 家申请公开 2012 年度社会抚养费征收总额、2012 年度社会抚养费预算与实际开支和 2012 年度社会抚养费使用情况的审计情况。据介绍,在申请后 1 个月,有 31 家机关根本未答复。在答复的 31 家中,有 4 家告知延期答复,有 11 家仅仅提供社会抚养费总额,还有 14 家则连总额也未提供。另有广东和江苏的计生委答复称属于内部掌握,不能公开。此后,吴有水律师就 19 家省级计生委、12 家财政厅未在法定期限公开社会抚养费信息提起了行政复议[①],并就江苏、广东两省不予公开社会抚养费相关信息提起行政诉讼,状告两省卫计委[②]。此外,由于没有一个省份公开社会抚养费用的预算情况或用途,因此,吴有水律师已经向财政部申请公开该部 2012 年针对全国各省市"社会抚养费"相关情况展开的专项调查结果。

2.5.3 对公共定价信息的关注

公共定价相关信息也频频引发社会公众和公益人士的关注。2013 年 10 月,北京市两高律师事务所律师董正伟向信息化部和国家发改委申请公开移动电话 3G 通话和上网等资费的定价依据与程序信息。国家发改委政府信息公开办随后给予的回复称没有制作和保存这些资费的定价依据、程序的信息。董正伟认为这一回复不合理,故向国家发改委提起行政复议。2014 年 1 月 7日,董正伟收到了国家发改委行政复议决定书,该决定书撤销了之前给予他的答复,并要求国家发改委在法定期限内重新作出信息公开答复。

水价调整也一直是市民关注的热点。2013 年 7 月底,珠海律师林叔权向当地物价部门申请公开近 3 年的供水成本明细表、审计报告,在逾期未收到回

---

① 当年 11 月,国家卫生和人口计划生育委员会点名责令山西等 7 个省份的卫计委限期答复。

② 广东省财政厅和卫生计生委后来分别公布了这一数据,但两个数据相差 11.57 亿元。

复后,他向香洲区法院提起诉讼,要求物价部门将水价监审依据予以公开。在香洲区法院已立案后,市物价部门给予了回应:先前是由于电脑系统故障导致申请信息转至物价部门已滞后,并非故意不答复;对林叔权申请的信息不反对公开,并已分别发函至国资委、海洋农渔和水务局及水务集团,以督促信息尽快公开。

此外,大学生张纯也向铁道部寄出了《政府信息公开申请表》,申请公开现行火车票定价依据,以及站票和坐票价格一样的原因;研究生赵东海向国家发改委申请公开提高成品油价格的法律依据;并且广东有多位大学生向省物价局申请公开广珠城轨大幅涨价的依据。

2.5.4 对农产品安全信息的关注

进口转基因农产品的审批和进入市场的情况是目前舆论关注的热点问题之一。2013年6月,民间机构北京义联劳动法援助与研究中心主任黄乐平向农业部申请公开转基因生物进口的相关情况与数据。申请公开的内容包括五方面:一是农业转基因生物进口的种类以及每一种类在2011年和2012年的进口数量;二是3种进口用作加工原料的转基因大豆的安全评价结果和安全评价报告;三是农业部未批准转基因粮食作物商业化种植的原因,是否拟在国内进行转基因粮食作物商业化种植,是否有具体计划及计划内容;四是保护本土农业和农民利益免受进口转基因农产品冲击已采取及拟采取的措施,有哪些数字可以说明;五是落实农业转基因生物标识制度的具体措施和落实情况,以及开展了哪些监督工作和违法处罚情况。农业部除了对3种转基因大豆的安全评价结果以及农业转基因生物标识管理办法进行回复外,其余内容并未回复。针对这一回复情况,黄乐平向农业部提请了行政复议申请,当年10月,他收到了农业部驳回其转基因信息公开申请行政复议决定书,为此,黄乐平向农业部提起行政诉讼。另有来自山东、安徽、广东、湖北的12名律师向国家食品药品监督管理局和农业部申请公开农业转基因生物安全性评价的材料和审批程序等信息,由于对答复情况不满意,其中10名律师已向两部门申请了行政复议。

此外,针对广州大米抽检四成镉超标、市食药监局却称不便透露超标大米品牌的情况,女大学生陈晓岸向广州市食品药品监督管理局寄出信息公开申请函,要求公开镉含量超标的大米品牌、厂家、处置措施等相关信息。最后,广州食药监局公布了涉及大米镉含量超标的4家餐饮单位。

综合上述资料看出,我国社会公众和民间组织已经越来越多地主动参与到推动政府信息公开的工作中来。

3 2014 年中国省级财政透明度调查的评分标准

为了保持与以往 5 年调查结果的可比性,2014 年中国省级财政透明度调查的评分标准在大的框架上与以往基本保持一致,但作了较大的完善,力求在评分标准方面设计更加全面、细致,也更具操作性,使各年间的评分结果更具可比性。

本章阐述两个相关的主题。一是构建一个财政信息框架,用以表明要全面、系统地了解政府财政应该从哪些方面去观察,需要获得哪些基本信息,并为我国财政的公开透明勾画一个蓝图。二是阐明本研究项目的调查评估范围、方式和评分标准。本项目的调查并没有包含财政信息框架的所有方面。更准确地说,它只涉及这个信息框架中的某些部分。阐明本研究项目的调查范围,说明其局限性、调研方法和评分标准,有助于读者更客观地看待本项目的研究结论。

一个国家的政府财政通常是一个庞大而复杂的体系,因而需要一个系统化的信息框架来反映政府财政的情况。本章 3.1 节至 3.6 节从财政过程、政府层级、基金类型、收支与权益、政府组织以及信息细化等几个方面来勾画财政信息框架,并说明本项目调查和评估的范围。3.7 节对本项目的调研方式和评分标准做了必要的说明。

3.1 财政过程

财政活动是一个过程。在现代国家治理机制中,公共收支、资产和举债都会经历提出方案,立法部门审议、批准,然后实施和事后进行评估的过程。这个过程中的每一阶段都会有大量的财政信息,每一个阶段的信息对于保证公共资金和资产的合理使用都具有独立的、特殊的意义,因此,完整的财政信息体系应该覆盖财政活动的全过程。政府预算是财政活动的一个重要组成部分。它通常分为预算编制、预算审批、预算执行和决算四个阶段。

从行政部门下达编制预算的指令到预算草案提交立法部门,这个阶段就是预算的编制阶段。在预算的编制阶段中,显然有很多信息是值得社会公众和公众的代表机构关注的:政府在年度财政的基本方针是什么? 政策取向是什么? 哪些方面被强调? 采取的具体措施是什么? 打算筹集多少收入? 支出具体如何安排? 打算选择怎样的项目? 提交立法部门的预算草案是怎样的?等等。公众及其代表机构了解这些信息,可以及时地对政府拟采取的财政活动表达自己的诉求和建议,从而使预算编制过程的活动较为符合社会公众的愿望和要求。

立法部门审议预算草案一直到批准通过预算,就是预算的审批过程。在这个过程中,立法部门对预算草案有什么意见,有哪些不同意见,各种不同意见来源于哪些社会群体,各方面有哪些共识,分歧有哪些,以及最后由立法部门通过的预算是怎样的,等等,这些都是预算审批阶段的重要信息。这些信息的交流和沟通有助于社会在如何筹集和使用公共资金和资产方面促进相互的了解和理解,兼顾各方利益和要求,取得共识,使预算决策最大程度地符合社会的需要。

整个预算年度都属于预算执行阶段。在这个阶段中,社会公众及其代表机构会密切注意公共资金和资产是否按照立法部门通过的预算规定在使用和运作以及预算执行的进度情况。由于实际发生的情况与事先预计的情况或多或少会有一些不同,因此预算的调整总是难免的。如何调整,减少哪些支出,增加哪些支出,哪些项目要压缩支出,哪些项目要增加支出,以及围绕这些问题的决策过程,等等,都是预算执行中的财政信息。

决算是对预算执行结果的认定和评估过程。在一个预算年度中,政府究竟获得了多少收入、花了多少钱,用于哪些具体的用途,是否与立法部门审批过的预算和调整预算的方案相符,实施的效果如何,等等,都是决算阶段的重要信息。它有助于社会公众及其代表机构了解预算实际执行的结果,并对其合法性和有效性作出判断。

从财政预算过程来看,一个完整的财政信息系统应包括预算编制阶段的信息、预算审批阶段的信息、预算执行阶段的信息、决算阶段的信息(如图3-1所示)。其中每一个阶段都有大量的信息,这些信息会集中地在一些文件中体现出来。例如,预算编制阶段的信息主要通过行政部门的预算编制方针以及提交立法部门的预算草案来反映,审批阶段的信息主要通过立法部门批准通过的正式预算来反映,执行阶段的信息主要通过月度、季度、半年度财政报告来反映,决算阶段的信息主要通过政府提交并经立法部门审批的决算报告来反映。国际预算合作组织自2002年开始对世界各国进行透明度评估,调查的政府财政文件包括预算前报告、预算报告摘要、政府预算草案、支持性预算文件、公民预算、立法通过的预算、预算执行的年内报告、预算半年报告、预算年终报告以及预算审计报告,这些文件覆盖了财政预算四阶段的全过程。

本项目对财政信息的调查和透明度评估的范围仅涉及上述四个阶段的最后阶段,即决算阶段信息,它只涉及财政信息系统的一小部分,而不是全部(如图3-1所示)。本项目之所以将调查评估局限在决算阶段,主要是考虑到我国财政信息公开的现状。在财政全过程的四个阶段中,相对而言,决算阶段信息的可获得性较高,对这一阶段财政信息的公开透明作为评估的目标比较具有可操作性,同时也与我国改革的进程有较好的衔接。

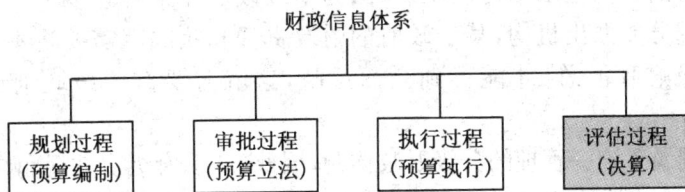

说明:背景为白色的文字框为本评估项目未涉及部分,背景为灰色的文字框为本评估项目覆盖部分。

图3-1 过程视角的财政信息框架

本项目强调决算阶段的财政信息公开,并不意味着我们认为其他阶段的财政信息公开不重要,或者重要性相对来说弱一些。从管理和监督的角度来说,决算是事后结果,而对它的评判则取决于编制和审批过程产生的预算,因此,预算编制和审批过程的信息公开是财政透明度的核心。我们想提请读者注意到财政信息系统的总体框架,意识到本评估项目的局限性,不是单纯从评分来看待我国财政透明度状况,而是以更为全面的视野来认识和思考这一问题。

3.2 政府层级

一个国家的政府通常会分成若干个层级,例如中央政府和中央以下各级政府,财政也相应分成若干层级。从一国财政来说,任何一级政府或某个政府的财政信息只是财政信息系统的一个部分、一个局部,而不是全部。完整的财政信息需要从完整的政府层级视角来考察。

我国的政府分为中央、省(直辖市、自治区)、地、县、乡五级政府。每一级政府要履行自身的职能,都要有一定的收入和支出,都要占用一定的资产。该级政府直接责任范围的收支和资产负债状况就是一级政府的财政状况,通常通过本级政府的财政报告来反映。

在联邦制情况下,各级政府具有很大的独立性,上下级政府之间没有隶属关系,本级政府财政报告表明各个政府的责任范围和财政状况,能完整地体现一个政府的财政信息。上下级政府财政信息的汇总只具有统计上的意义,而不具有权责上的意义。然而,在统一领导体制即上下级政府有隶属关系的体制中,上级政府在很大程度上对下级政府负有责任,下级政府在很大程度上是对上级政府负责,在这种情况下,政府的本级财政报告就不足以反映该政府的责任范围和财政状况,因为下级政府在某种程度上是上级政府的组成部分或派出机构,某个政府的财政责任和状况就需要将本级财政与所属下级财政汇总,才能得到全面反映,这就需要有一级政府的总财政报告。

我国属于统一管理的分级财政体制,因此,从政府级次的视角来考察,完整的财政信息由中央、省、地、县、乡五级政府的总财政报告和本级财政报告组成(如图3-2所示)。

本研究项目没有覆盖所有的政府级次,只是以省级政府总财政报告为主要调查内容,中央政府的财政透明度状况不在考察的范围内,省以下级政府的财政透明度状况只是简单涉及(如图3-2所示)。这是出于项目研究能力的考虑。要评价中央政府的财政透明度状况,需要与世界各国中央政府的相应资料进行比较,需要的工作量和研究能力对本项目而言有所不及。省以下各级政府数量众多,调研的强度也超出本项目的能力。将财政透明度的评估集中在省级政府层面,工作量比较适中,而且可以在各省之间进行比较,有助于

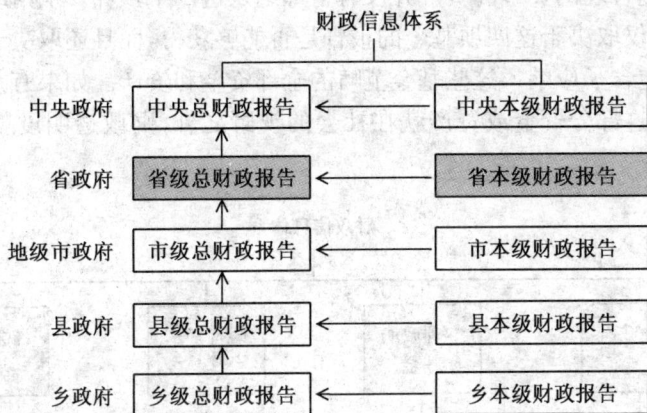

財政信息体系

中央政府　中央总财政报告　←　中央本级财政报告

省政府　　省级总财政报告　←　省本级财政报告

地级市政府　市级总财政报告　←　市本级财政报告

县政府　　县级总财政报告　←　县本级财政报告

乡政府　　乡级总财政报告　←　乡本级财政报告

说明:背景为白色的文字框为本评估项目未涉及或只是略有涉及的部分,背景为灰色的文字框为本评估项目重点关注的部分。

图 3—2　政府级次视角的财政信息框架

对我国各级政府的财政透明产生全面的影响。这里我们提请读者注意本项目研究的局限性。

3.3　各类基金

不论是哪一级政府,也不论是总财政报告还是本级财政报告,从内容上来说都要覆盖该政府所负责的各类基金。

政府拥有和管理的财政资源用于各种不同的用途,通常通过不同的基金来进行核算。从总体上来看,政府财政可以分为三类不同性质的基金:政府基金、国有资本经营基金和社会保险信托基金。政府基金是满足政府行政事业单位自身运转和履行其公共服务职能的资金和资产。国有资本经营基金是政府用于经营性运作的资金和资产。社会保险信托基金是社会公众委托政府管理的用于各项保险事业的资金和资产。政府基金可以再细分为一般政府基金和专项政府基金,前者用于一般公共用途,后者则是用于某些规定的用途。

我国现行财政管理办法对基金的分类与上述概念基本相似,与之相应地设四个预算:一般公共预算、政府性基金预算、国有资本经营预算和社会保险基金预算。本项目的调研评估涵盖上述所有基金(如图 3—3 所示)。虽然这四个预算与前述四项基金在概念上相似,但在覆盖范围上有差别,一些应当纳入相关基金管理的资金和资产并没有全部纳入这四个预算。从财政的透明度来看,这不仅取决于这四项基金的报告是否能够获得,而且还取决于所获得的信息是否包含了应纳入这些基金范畴的全部资金和资产。如果有某些部分未包含的话,这部分资金或资产就在社会的视野之外,财政透明度就会受到影响。

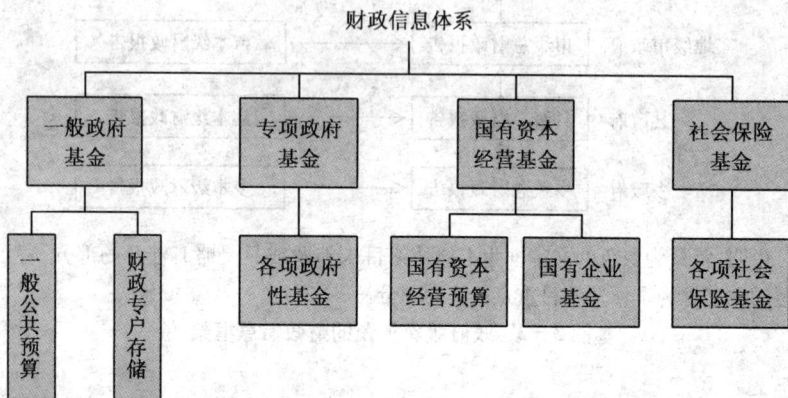

说明:背景为灰色的文字框为本评估项目调查覆盖的部分。

图 3—3　基金视角的财政信息框架

我国的一般公共预算目前只涵盖国库集中的收入以及用这一收入进行的支出,还有一部分被称为"财政专户存储"未包含在内,因此,本项目不仅调查一般公共预算,同时也将财政专户存储的信息纳入了调查范围(如图 3—3 所示)。

我国的国有资本经营预算目前反映国有企业上缴政府行政部门的利润。这部分利润目前只占国有资本经营利润总额的不到 10%,还有 90% 以上的利润在各个国有企业的账户上,这部分资金的数量、分配以及使用都没有反映在现有的国有资本经营预算中。因此,本项目对于国有资本经营基金的调查不仅涉及政府的国有资本经营预算,而且还涉及未纳入这一预算的其余部分(如图 3—3 所示)。

3.4　收支与权益

政府的财政活动不论是在政府层面还是在基金层面,都可以从两个方面来进行考察。一个是从收入和支出,从资金的流入和流出的角度来进行考察;

另一个是从资产和负债,从政府所拥有的权益的角度来进行考察。

政府或基金的收支报告反映一定时期内资金流入或流出量及其分类信息。狭义的预算或决算就是指财政收支报告及其相关资料和表格。从收支流量来考察,可以了解政府或者某项基金资金的来龙去脉以及它的使用情况。政府或基金的财务报告反映在一定时点上其所占用的资产、承担的负债以及净资产状况。它从所有者权益和责任的角度反映了政府或者基金的财政状况(如图3－4所示)。这两个方面是考察政府财政状况的必要视角,而且相互之间不可替代,缺少一个视角就不能全面地了解政府的财政状况(如图3－4所示)。我国以往的财政报告只是收支报告,而不包含政府财务报告,这在很大程度上影响了人们对我国财政状况的认识。

从收支和权益这两个视角来看,政府层面的财政报告应有两个部分:一个部分是政府的综合收支报告,即反映政府所有基金收入和支出状况的报告;另一个部分是政府的综合财务报告,即反映政府所有基金资产负债状况的报告。我国目前系统地反映政府层面的综合收支报告和财务报告尚未建立相关制度,信息不可获得,因而不在本项目的考察范围内(如图3－4所示)。

从基金层面上来说也是这样。每一个基金的报告也应有两个部分组成:一个是反映该基金收入和支出状况的收支报告,另一个是反映该基金资产和负债状况的财务报告。

我国一般政府基金、专项政府基金、社会保险基金以及国有资本经营基金的收支报告都在本项目的调查范围之内(如图3－4所示),尽管各项基金在报告的完善和详尽程度上有所不同,但仍具备基本的调查条件。

我国各项基金的财务报告制度建立情况很不相同。从现有的资料来看,一般政府基金、专项政府基金、国有资本经营预算基金都没有单独的财务报告,一些信息可能"不存在"。但这几项基金汇总在一起,本项目将之称为政府部门财务报告,某些信息仍在一定程度上可以获得。对这一部分,本项目只是在"政府部门财务报告"这个层面上对它的信息公开情况进行评估,而不是在每一个基金层面上对它的情况进行评估。从社会保险基金和国有企业基金的财务报告来看,目前没有"相关信息不存在"的问题,而只存在这些信息是否可为社会公众知晓的问题,因此我们对这两个基金的财务报告进行调查评估(如图3－4所示)。

财政信息体系

政府综合收支报告 — 一般政府基金收支报告 | 专项政府基金收支报告 | 社会保险基金收支报告 | 国有资本经营基金收支报告

政府综合财务报告 — 一般政府基金财务报告 | 专项政府基金财务报告 | 国有资本经营预算财务报告 | 社会保险基金财务报告 | 国有企业基金财务报告

政府部门财务报告

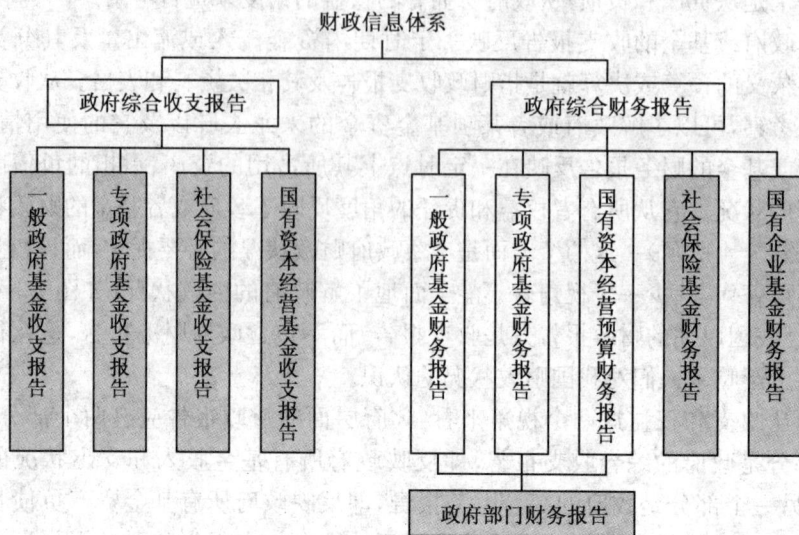

说明:背景为白色的文字框为本评估项目未涉及的部分,背景为灰色的文字框为本评估项目涉及的部分。

图3—4　收支和权益视角的财政信息框架

3.5　政府组织

政府是一个有组织的系统,因此,财政信息可以从政府组织的视角来考察。政府作为一个组织,我们可以将其视为一个整体,从政府整体的层面上来了解财政情况,因而需要有反映一个政府整体状况的财政信息。前面所说的政府财政报告,以及按基金来反映的财政报告,不论是收支报告还是财务报告,都是从政府整体层面上反映了政府的财政状况。

政府作为一个整体,是由政府所属的各个机构组成的,它们各自履行着不同的公共职能,发挥不同的社会作用。当人们需要知道政府财政的具体情况,了解这些收入是从哪个政府机构获得,谁对资金和资产的使用负有责任时,势必要从政府的组织构架上来考察政府财政。政府作为一个整体可以划分为各个部门,财政活动由各个部门去进行。各个部门又是由所属的各个单位组成,后者的财政活动是部门财政活动的具体化和明细化。

政府组织可以分为多种类型。一类是非经营性的,主要通过税收方式来维持自身运作的机构,典型的是政府行政机关;另一类是经营性的,通过自身的销售取得收入的机构,典型的是国有企业;还有一类是介于二者之间的机构,例如一些事业机构或者信托基金。从政府组织的视角来考察,我们可以将财政信息分为三个层面:政府、部门和单位(如图3—5所示)。

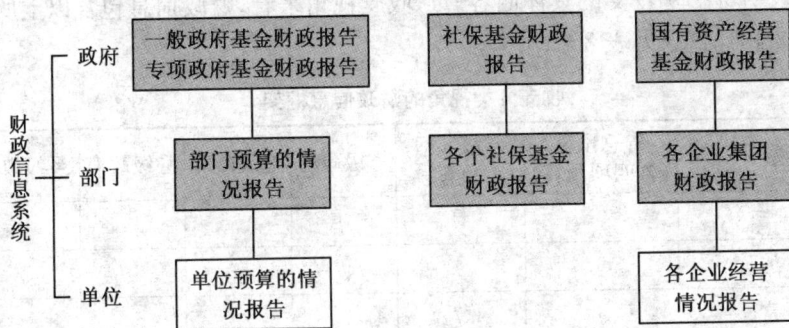

说明:背景为白色的文字框为本评估项目未涉及的部分,背景为灰色的文字框为本评估项目涉及的部分。

图3—5 政府组织视角的财政信息框架

在这三个层面中,本项目的调查评估主要涉及政府和部门层面。3.1—3.4节所述的各类报告都是针对政府层面。在部门层面上,各部门纳入了调查的范围,但组成部门的各单位的财政信息基本上未涉及。社会保险基金中的各基金,如养老、医疗、失业等,作为社会保险基金的组成部分,也都纳入了调查范围。对于国有企业,本项目将调查延伸到省级直属的企业集团层面,而对组成企业集团的各个企业的收支和财务信息则只是简略涉及(如图3—5所示)。

3.6 信息细化度

前面3.1—3.4节所阐述的视角都与财政信息的完整性有关,所展现的信息框架是为了保证财政信息系统能够涵盖所有的属于政府所有或由政府负责管理的公共资金和资产。3.5节和本节所阐述的视角则关系到信息的明细程度。透明就是要能够看到细节,从政府组织的视角可以获得较为具体的信息。更具体的信息获得有赖于收入、支出、资产、负债以及相关统计信息的分类和细化程度。财政信息的细化度为财政信息框架提供了一个视角。

财政收入的分类表明收入的各种不同性质和不同来源。在我国,财政收入分为类、款、项、目四级,反映的信息依次从粗到细。财政支出有两种分类方式:一种是功能分类,根据我国现行的规定,分为类、款、项三级;另一种是经济分类,我国分为类、款两级。比这些分类更具体的财政信息是具体的会计事项,它表明每一笔收支的具体内容。从收支视角来看,财政信息包含以上所有从粗到细的信息(见表3—1)。

表3—1 收支分类视角的财政信息框架

		省总预算 (含四项预算)	省级部门 预算	省级政府	地级政府	县级政府	乡级政府
收入							
	类	√	√	√	√	√	√
	款	√	√				
	项	√	√				
	目	√	√				
支出(功能分类)							
	类	√	√	√	√	√	√
	款	√	√				
	项	√	√				
支出(经济分类)							
	类	√	√				√
	款	√	√				

本项目并未覆盖这个框架的全部。在省总预算(包括一般公共预算、政府性基金预算、社会保险基金预算、国有资本经营预算)以及省级部门预算层面,除了具体的会计事项不在本项目的范围内,收入的四级分类、支出按功能的三级分类以及按经济性质的二级分类信息都是本项目调研评估的对象。但对省、地、市、乡的本级预算,本项目只考察了收入和支出的类级科目信息。国有企业的收支信息则按规范的企业会计报表进行考察。

政府的资产负债信息同样需要细化。由于在这方面我国尚没有明确的关于政府资产和负债分类的系统化规定,各国的具体情况也有所不同,本项目结合会计基本原理,根据我国有关部门制定的报表设定了分类体系,以作为评价透明度的一个框架(见表3—2)。各级分类信息的定义将在后文说明。

表 3—2　　　　　　　　　资产负债视角的财政信息框架

	政府部门	社会保险基金	国有企业
资产			
一级分类	√	√	√
二级分类	√	√	√
负债			
一级分类	√	√	√
二级分类	√	√	√

　　财政信息不仅涉及收入、支出、资产、负债这些会计信息,而且与一些统计信息相关。该花多少钱的问题往往与有多少人、需要干多少事有关,后者就需要通过统计信息来反映。本项目还涉及机构、人员以及其他一些基本数字的调查,这里就不赘述了。

3.7　本项目的调查设计

3.7.1　调研范围

　　前面几节描绘了一个完整、系统、详尽的财政信息系统的框架,并且以此为背景描述了本项目调查评估的信息范围。这个范围的确定考虑到以下几个方面:

　　第一,尽可能全面系统地来考察我国财政透明度状况,具有一定的超前性,使得本项目对我国财政透明度的提高起到鞭策和促进作用。

　　第二,与项目的研究能力相适应。全面系统的评估需要投入大量的精力,而我们的团队能力有限,因此调研的范围需要有所选择。本项目将调研集中在省总财政信息层面,调查样本的数量比较适中,而且能够通过相互比较,得出一些有意义的分析结论,对上下左右都有带动性影响。

　　第三,与我国财政透明度的发展水平相适应。在财政全过程中,本项目只涵盖决算阶段,就是出于这样的考虑。对政府财务报告的考察考虑到我国目前在这方面还刚起步,因此项目的有关调研评估还是相当初步的。在有些领域,由于技术方面的原因,信息可能还不存在,这些都已排除在项目的调查范围之外。

　　第四,与以往 5 年的财政透明度评估范围相匹配。本项目自 2009 年起已经连续 5 年发表了研究成果,并取得了一定的社会影响。新一期的研究是以往的继续,在调研范围上与以往保持相对一致有助于各年度之间可比,以从各年度的项目研究成果中看到发展趋势和变化。

3.7.2 调研方式

本项目依然采取以往 5 年的调研方式,即通过向有关部门提出信息公开申请以及网络和文献检索这两种方式调查纳入项目范围的财政信息,但在调查问卷的形式上作了一些改变。以往 5 年的调查问卷由 113 个问题组成,而本次调查的问卷是由财政部统一颁发、要求编制的表格组成。本课题组在财政部以及有关管理部门要求各地方财政或部门编制的决算报表中选择了一些表格,作为本项目调查的问卷,在内容的覆盖面上与以往 5 年的调查提纲保持一致。这一改变出于下述考虑:

第一,由报表式问卷代替问题式问卷可以使得调查更具系统性。一个问题往往只触及信息的某一个点,所获得的信息未必具有典型性。而一个表格则可以全面涉及某一方面的比较完整系统的信息。一个问题往往带有抽样的性质,而一个报表则可以使调查更加全面系统,从而使调查结果更具客观性。

第二,问题式问卷往往需要对某些指标的口径进行描述和规定,不同的人可能会有不同的理解,从而造成指标口径的不一致。政府行政部门制定和要求编制的报表所涉及的各种指标的口径会有明确的、详尽的技术规定,有关人员在这方面也会受到有针对性的培训,从而大大减少调查过程中的沟通成本和差错,保证调查结果的质量。

第三,问题式问卷所涉及的信息有可能由于会计、统计或管理方面的原因而不存在,在以往 5 年的调查中有些信息不可获得的理由就是信息不存在。政府管理部门制定和要求编报的报表必定以相关信息的存在为基本条件,因而不会存在这一问题。

第四,采用报表式问卷的另一个明显好处是使得信息公开的申请简便化。有关部门规定,政府信息公开的申请需要"一事一申请"。在问题式问卷的情况下,每一个问题都成为"一事",每个问题都要进行一次申请,以往的 113 个调查问题被告知需要做 113 个信息公开申请。由于一个报表包含着大量的信息,而一个报表可作为"一事"来看待,这样就简化了申请,不论对信息公开的申请方还是对提供相关信息的政府部门而言,都会因此而减少不必要的麻烦。

本项调查所涉及的报表见本书附录一、附录二。

3.8 本项目的评分标准

财政透明度的评分应该是客观公正的。本项目对评分标准作出了明确的规定,并公布于众。透明度的评估本身应该也是透明的。我们很难有一个公认的评分标准。为什么某种透明度状态是 30 分而不是 50 分或者是 80 分呢？显然会有某些主观因素在起作用。然而,不论是公尺还是英尺,都能很好地测量长度,尽管尺的概念有所不同。因为它们都符合一些评分的基本观念。

评分标准应能有一定的分辨率,不同的状态应该有不同的评分。针对不同的情况,评分该不同到什么程度呢？什么情况能够得满分呢？怎样的情况能够定为及格呢？这要取决于评估的目的。为什么要透明？透明是为了让社会公众及其代表机构能够有效地监督公共资金和资产的使用。能够大致上达到这个目标的情况可以视为及格,能够很好地达到这一目标的情况就是优秀。就我国目前的情况来说,财政信息的公开是否已经在某种程度上实现了这个目标？我们的基本判断是:还有很大距离。

评分标准应具有可比性,相同的情况应该有相同的评分。这是考虑评分标准的一个关键技术问题。特别是课题组已经进行了 5 年的评估,由于调查形式发生了一些调整,为了使今年以及以后年度的评分与往年的评分具有可比性,本项目在设计评分标准时采取了以下方法:

第一,将所有的调查目标信息列为信息要素。收支信息要素全部由财政部统一编制的收支科目来定义。列入信息要素的资产、负债以及企业财务相关信息定义将在下文中阐明。

第二,将所有信息要素按不同的性质分为 9 个部分,每个部分权重被列为一级权重,权重的设计以前 5 年评估项目各部分的权重为依据。换言之,这 9 个部分的评分与前 5 年的对应部分的评分权重大体保持一致。

第三,每个信息要素的权重,即二级权重,基本上采取了等值的原则。考虑到本调查项目的重点是省级总财政报告,与此相关的信息要素的权重高于其他领域(部门预算、省、地、市乡本级预算)的信息要素权重。

3.8.1 一级信息要素及一级权重

如上所述,所有信息要素按不同的性质分为 9 个部分,每个部分权重被列为一级权重,权重的设计以前 5 年评估项目各部分的权重为依据。具体的信息要素及权重如表 3—3 所示。

表3-3 一级信息要素及一级权重

信息要素	权重
1. 公共预算	25
2. 政府性基金预算	8
3. 财政专户预算	4
4. 国有资本经营预算	2
5. 政府部门资产负债	9
6. 部门预算及相关信息	15
7. 社会保险基金	19
8. 国有企业	15
9. 被调查者态度	3
合　计	100

3.8.2　二级信息要素及二级权重

（1）公共预算的信息要素及权重（如表3-4所示）

表3-4 公共预算的信息要素及权重

序号	信息要素	权重
1	省总预算公共预算收支总额	2
2	省总预算公共预算收入类级科目	2
3	省总预算公共预算收入款级科目	2
4	省总预算公共预算收入项级科目	2
5	省总预算公共预算收入目级科目	2
6	省总预算公共预算支出功能分类类级	2
7	省总预算公共预算支出功能分类款级	2
8	省总预算公共预算支出功能分类项级	2
9	省总预算公共预算支出经济分类类级	2
10	省总预算公共预算支出经济分类款级	2

序号	信息要素	权重
11	省本级公共预算收入类级科目	1
12	省本级公共预算支出功能类级科目	1
13	省本级公共预算支出经济类级科目	1
14	地市本级公共预算收入类级科目	1
15	地市本级公共预算支出功能类级科目	1
16	地市本级公共预算支出经济类级科目	1
17	县本级公共预算收入类级科目	1
18	县本级公共预算支出功能类级科目	1
19	县本级公共预算支出经济类级科目	1
20	乡级公共预算收入类级科目	1
21	乡级公共预算支出功能类级科目	1
22	乡级公共预算支出经济类级科目	1
23	各地市本级公共预算收入类级科目	1
24	各地市本级公共预算支出功能类级科目	1
25	各地市本级公共预算支出经济类级科目	1
26	各县本级公共预算收入类级科目	1
27	各县本级公共预算支出功能类级科目	1
28	各县本级公共预算支出经济类级科目	1

（2）政府性基金预算的信息要素及权重（如表3—5所示）

表3—5　　　　政府性基金预算的信息要素及权重

序号	信息要素	权重
1	省总预算政府性基金预算收支总额	2
2	省总预算政府性基金预算收入款级	2
3	省总预算政府性基金预算收入项级	2
4	省总预算政府性基金预算收入目级	2
5	省总预算政府性基金预算支出功能分类类级	2

2014中国财政透明度报告

序号	信息要素	权重
6	省总预算政府性基金预算支出功能分类款级	2
7	省总预算政府性基金预算支出功能分类项级	2
8	省总预算政府性基金预算支出经济分类类级	2
9	省总预算政府性基金预算支出经济分类款级	2
10	省本级政府性基金预算收入类级科目	1
11	省本级政府性基金预算支出功能类级科目	1
12	省本级政府性基金预算支出经济类级科目	1
13	地市本级政府性基金预算收入类级科目	1
14	地市本级政府性基金预算支出功能类级科目	1
15	地市本级政府性基金预算支出经济类级科目	1
16	县级本级政府性基金预算收入类级科目	1
17	县级本级政府性基金预算支出功能类级科目	1
18	县级本级政府性基金预算支出经济类级科目	1
19	乡级政府性基金收入类级科目	1
20	乡级政府性基金支出功能类级科目	1
21	乡级政府性基金支出经济类级科目	1
22	各地市本级政府性基金收入类级科目	1
23	各地市本级政府性基金支出功能类级科目	1
24	各地市本级政府性基金支出经济类级科目	1
25	各县本级政府性基金收入类级科目	1
26	各县本级政府性基金支出功能类级科目	1
27	各县本级政府性基金支出经济类级科目	1

(3)财政专户预算的信息要素及权重(如表3-6所示)

表3-6　　　　　　　财政专户预算的信息要素及权重

序号	信息要素	权重
1	省总预算财政专户收支总额	2

序号	信息要素	权重
2	省总预算财政专户收入款级科目	2
3	省总预算财政专户收入项级科目	2
4	省总预算财政专户收入目级科目	2
5	省总预算财政专户支出功能类级科目	2
6	省总预算财政专户支出功能款级科目	2
7	省总预算财政专户支出功能项级科目	2
8	省总预算财政专户支出经济类级科目	2
9	省总预算财政专户支出经济款级科目	2
10	省本级财政专户收入类级科目	1
11	省本级财政专户支出功能类级科目	1
12	省本级财政专户支出经济类级科目	1
13	地市本级财政专户收入类级科目	1
14	地市本级财政专户支出功能类级科目	1
15	地市本级财政专户支出经济类级科	1
16	县本级财政专户收入类级科目	1
17	县本级财政专户支出功能类级科目	1
18	县本级财政专户支出经济类级科目	1
19	乡级财政专户收入类级科目	1
20	乡级财政专户支出功能类级科目	1
21	乡级财政专户支出经济类级科目	1
22	各地市本级财政专户收入类级科目	1
23	各地市本级财政专户支出功能类级科目	1
24	各地市本级财政专户支出经济类级科目	1
25	各县级本级财政专户收入类级科目	1
26	各县级本级财政专户支出功能类级科目	1
27	各县级本级财政专户支出经济类级科目	1

(4)国有资本经营预算的信息要素及权重(如表 3—7 所示)

表 3-7　　　　　　　　　　　国有资本经营预算的信息要素及权重

序号	信息要素	权重
1	国有资本经营预算收支总额	2
2	国有资本经营预算收入款级科目	2
3	国有资本经营预算收入项级科目	2
4	国有资本经营预算收入目级科目	2
5	国有资本经营预算支出按功能分类类级科目	2
6	国有资本经营预算支出按功能分类款级科目	2
7	国有资本经营预算支出按功能分类项级科目	2
8	国有资本经营预算支出按经济分类类级科目	2
9	国有资本经营预算支出按经济分类款级科目	2
10	省本级国有资本经营预算收入类级科目	1
11	省本级国有资本经营预算支出功能类级科目	1
12	省本级国有资本经营预算支出经济类级科目	1
13	地市级国有资产经营预算收入类级科目	1
14	地市级国有资产经营预算支出功能类级科目	1
15	地市级国有资产经营预算支出经济类级科目	1
16	县级国有资本经营预算收入类级科目	1
17	县级国有资本经营预算支出功能类级科目	1
18	县级国有资本经营预算支出经济类级科目	1
19	乡级国有资本经营预算收入类级科目	1
20	乡级国有资本经营预算支出功能类级科目	1
21	乡级国有资本经营预算支出经济类级科目	1
22	各地市本级国有资本经营预算收入类级科目	1
23	各地市本级国有资本经营预算支出功能类级科目	1
24	各地市本级国有资本经营预算支出经济类级科目	1
25	各县本级国有资产经营预算收入类级科目	1
26	各县本级国有资产经营预算支出功能类级科目	1
27	各县本级国有资产经营预算支出经济类级科目	1

(5)政府部门资产负债的信息要素及权重

政府部门资产负债涵盖除社会保险基金和国有企业基金之外的所有政府资产与负债,包括公共预算、政府性基金预算、国有资本经营预算、财政专户存储预算所形成的资产和负债(见表3—8和表3—9)。

表3—8　　　　　　　　　　　　资产负债表框架

资产	负债
金融资产 　　存款 　　有价证券 　　在途款 　　暂付款 　固定资产 　　地产 　　房产建筑 　　设备	短期负债 　　暂存款 　　应付款 　　短期借款 　长期负债 　　1~3年 　　3~5年 　　5年以上
	净资产 　　金融净资产 　　预算结余 　　基金预算结余 　　国有资本经营预算结余 　　专用基金结余 　　财政专户管理资金结余 　　预算稳定调节基金 　　预算周转金 　非金融净资产

表3—9　　　　　　　　　政府部门资产负债的信息要素及权重

序号	信息要素	权重
1	政府资产负债总额	1
2	政府资产一级分类信息	1
3	政府资产二级分类信息	1
4	政府负债一级分类信息	1
5	政府负债二级分类信息	1
6	政府净资产一级分类信息	1
7	政府净资产二级分类信息	1

(6)部门预算的信息要素及权重

关于2014年部门预算及相关信息的透明度评估,从表3—10所给出的评估标准来看,此次所评估的信息共涉及三大类型:一是关于财的信息,二是关于人的信息,三是关于机构的信息。对于各类信息评估的内容及其具体方式,大致如下:

首先,关于财的信息,包括流量方面的部门收支信息以及部门资产信息。此方面所涉及的问题共有20个。其中,关于收入方面的信息涉及1个问题,主要是考察部门收入的分类信息(财政拨款、上级补助收入、事业收入、经营收入、附属单位缴款与其他收入6类)。关于支出方面的信息涉及15个问题,涉及部门支出按功能分类和按经济性质两大类:按功能分类的信息首先是整体支出按功能分类的类、款、项三个科目,涉及3个问题,其次是基本支出和项目支出各自的类、款、项科目,涉及6个问题,共计9个问题;按经济信息分类的信息首先是整体支出按经济性质分类的类、款两个科目,涉及2个问题,其次是基本支出和项目支出各自的类、款项目,涉及4个问题,共计6个问题。关于部门资产的信息涉及4个问题,包括单位的流动资产、固定资产信息及其相关的补充信息。各问题具体涉及的内容见表3—10。

其次,关于人的信息,主要是部门人员编制和实有人员的信息,涉及3个,分别是人员综述及各类人员数(行政编制与事业编制等)、实有人员总数及各类人员数(在职人员、离休人员与退休人员等)以及按经费来源的各类人员数(公共财政拨款开支人数、公共预算财政补助开支人数、经费自理人数等)。

最后,关于机构的信息,涉及三个层次的问题:一是机构总数,二是行政与事业的机构数,三是共产党机关等方面的机构数。相应地,所涉及的问题为3个。

表3—10　　　　　　　　　　部门预算及相关信息评估框架

信息要素	信息要素明细	权重	说明
部门收入分类	部门收入分类	1	财政拨款等6个信息项
部门支出功能分类	部门支出功能分类类级科目	1	一般公共服务等23个信息项
	部门支出功能分类款级科目	1	如教育的教育管理
	部门支出功能分类项级科目	1	如高等教育
部门支出经济分类	部门支出经济分类类级科目	1	工资福利支出等13个信息项
	部门支出经济分类款级科目	1	基本工资等98个信息项

信息要素	信息要素明细	权重	说明
基本支出功能分类	基本支出功能分类类级科目	1	一般公共服务等
	基本支出功能分类款级科目	1	如教育的教育管理
	基本支出功能分类项级科目	1	如高等教育
基本支出经济分类	基本支出经济分类类级科目	1	工资福利支出等13个信息项
	基本支出经济分类款级科目	1	基本工资等98个信息项
项目支出功能分类	项目支出功能分类类级科目	1	一般公共服务等
	项目支出功能分类款级科目	1	如教育的教育管理
	项目支出功能分类项级科目	1	如高等教育
项目支出经济分类	项目支出经济分类类级科目	1	工资福利支出等13个信息项
	项目支出经济分类款级科目	1	基本工资等98个信息项
部门资产信息	一级分类信息	1	流动资产、固定资产等5类
	二级分类信息	1	房屋、汽车等4类
	三级分类信息	1	办公用房等11类
	补充资产信息	1	占地面积等
部门人员情况	人员编制总数及各类人员数	1	行政编制与事业编制
	实有人员总数及各类人员数	1	在职人员、离休人员、退休人员
	按经费来源划分的各类人员数	1	公共财政预算拨款开支、公共预算财政补助开支、经费自理
部门机构设置	一级信息	1	机构总数
	二级分类信息	1	行政、事业与其他
	三级分类信息	1	共产党机关等10类

(7)社会保险基金的信息要素及权重

社会保险基金的信息要素主要涉及各项社会保险基金的收支信息、资产负债信息以及分级信息(社会保基金在各个层级政府之间的分布情况),详见表3—11。此外,由于养老基金涉及未来政府的养老负担,因此,政府有必要提供长期精算报告①。

---

① 详见本报告第13章第5节。

表 3—11   社会保险基金的信息要素及权重

序号	信息要素	权重
1	各项社会保险基金的收支总额	1
2	各项保险基金的收入类级科目	1
3	各项社会保险基金的收入款级科目	1
4	各项保险基金的支出类级科目	1
5	各项社会保险基金的支出款级科目	1
6	各项保险基金收支分级信息(类级科目)	1
7	各项社会保险基金的基本数字(类级科目)	1
8	各项社会保险基金资产的类级科目	1
9	各项社会保险基金资产的款级科目	1
10	各项社会保险基金资产的项级科目	1
11	各项社会保险基金负债的类级科目	1
12	各项社会保险基金负债的款级科目	1
13	各项社会保险基金负债的项级科目	1
14	养老基金的长期收支预测	1

(8)国有企业的信息要素及权重

国有企业的信息要素主要包括以下内容(见表 3—12):

一是本级政府国有企业的总量指标(国有企业的收入、费用、利润总额、资产、负债及所有者权益总额共 6 项指标)。

二是本级政府国有企业的总量四张表(资产负债表、利润表、现金流量表、所有者权益变动表)。

三是本级政府直属国有企业按户列示的 8 项指标(资产总额、负债总额、所有者权益总额、国有资本及权益总额、营业总收入、利润总额、净利润总额、归属母公司所有者权益的净利润)。

四是本级政府直属国有企业是否按照中国上市公司的信息披露要求公布企业运营状况。参照《上市公司信息披露管理办法》(中国证券监督管理委员会令第 40 号)的要求,对省级和省以下政府(或各级国资委)直属企业的信息披露情况进行调查。

表 3—12   国有企业的信息要素及权重

序号	调查项	权重
1	本级政府国有企业的收入、费用和利润总额	1
2	本级政府国有企业的资产、负债及所有者权益总额	1
3	本级政府国有企业资产负债表	1
4	本级政府国有企业利润表	1
5	本级政府国有企业现金流量表	1
6	本级政府国有企业所有者权益变动表	1
7	本级政府直属企业主要指标表	1
8	达到与国内上市公司同等信息披露要求	1

注：①本级政府直属企业主要指标表是指政府直属企业按户公布的 8 项指标,即资产总额、负债总额、所有者权益总额、国有资本及权益总额、营业总收入、利润总额、净利润总额、归属母公司所有者权益的净利润。

②达到与国内上市公司同等信息披露要求,是指省级政府出资成立的企业,信息公开要求与沪、深证券交易所对上市公司信息披露的要求完全一致。

(9)被调查者态度的信息要素及权重

被调查者态度的信息要素包括政府和部门两个层次(见表 3—13)。政府层次的主要是指负责总体财政资金管理的部门,包括财政、人社、国资和信息公开办;部门层次的主要是指本课题组重点调查的 11 个省级部门,包括省政府、省人大、省政协、教育、财政、国税、地税、工商、卫生、交通、环保部门。

表 3—13   被调查者态度的信息要素及权重

序号	信息要素	权重
1	政府	1
2	部门	

4　省级政府公共预算透明度评估

《中国省级政府公共预算透明度评估》项目是《中国财政透明度评估》项目的一个组成部分,主要对我国大陆地区 31 个省级政府公共预算的信息公开状况进行考察,考察部门涉及 31 个省份的政府信息公开办公室和财政厅。该项目始于 2009 年,今年已是第六年。

4.1　公共预算透明度调查提纲说明

与往年不同,今年课题组依据新的政府收支分类科目,在尽可能保持原有调查框架的前提下,对调查信息形式作了较大的调整:由原先按照调查提纲提出的若干问题来调查信息公开状况,改为按照调查提纲要求提供的预算表格来调查信息公开状况。在公共预算部分,今年的调查提纲要求 31 个省份提供 6 张公共预算表格。它们分别是:公共财政收支决算总表(决算 01 表)、公共财政收入决算明细表(决算 04 表)、公共财政支出决算功能分类明细表(决算 05 表)、公共财政支出决算经济分类明细表(补充 01 表)、公共财政收支决算分级表(决算 06 表)、公共财政收支及平衡情况表(决算 08 表)。

通过 6 张表格,课题组在公共预算信息公开方面着重考察两大部分:一是 31 个省份的政府总预算信息公开状况,包括按照政府收支分类科目逐级展开的公共预算收入、公共预算支出信息公开状况。二是31个省份的政府分级预算信息公开状况,包括省级政府本级及其下辖的地市级、区县级、乡镇级政府本级汇总公共预算信息公开状况,以及地市级和区县级政府本级分地区的明细公共预算信息公开状况。

为此,课题组根据6张表格所应包含的基本信息量,为公共预算透明度调查提纲设置了28项信息要素,涵盖总预算和分级预算两部分。

其中,在总预算部分,共有10个信息调查要素,分别是:省总预算公共预算收支总额、省总预算公共预算收入类级科目、省总预算公共预算收入款级科目、省总预算公共预算收入项级科目、省总预算公共预算收入目级科目、省总预算公共预算支出功能分类类级科目、省总预算公共预算支出功能分类款级科目、省总预算公共预算支出功能分类项级科目、省总预算公共预算支出经济分类类级科目、省总预算公共预算支出经济分类款级科目,每个信息调查要素的权重(或分值)为2。若某省份在总预算的10个信息调查要素中均得满分的话,则总预算部分的得分为20分。

在分级预算部分,共有18个信息调查要素,分别是:省本级公共预算收入类级科目、省本级公共预算支出功能类级科目、省本级公共预算支出经济类级科目、地市本级公共预算收入类级科目、地市本级公共预算支出功能类级科目、地市本级公共预算支出经济类级科目、区县本级公共预算收入类级科目、区县本级公共预算支出功能类级科目、区县本级公共预算支出经济类级科目、乡镇级公共预算收入类级科目、乡镇级公共预算支出功能类级科目、乡镇级公共预算支出经济类级科目、各地市本级公共预算收入类级科目、各地市本级公共预算支出功能类级科目、各地市本级公共预算支出经济类级科目、各县本级公共预算收入类级科目、各县本级公共预算支出功能类级科目、各县本级公共预算支出经济类级科目,每个信息调查要素的权重(或分值)为1。若某省份在分级预算的18个信息调查要素中均得满分的话,则分级预算部分的得分为18分。

因此,若某省份在总预算和分级预算两部分均提供了所有的调查要素信息,那么,该省份在公共预算部分的透明度将获得满分38分,按百分制计算的满分为100分。

4.2 公共预算透明度概况

课题组以2012年省级政府公共预算决算数为调查对象,采用网上搜索、出版物检索、信息申请等方法,对31个省份政府公共预算的透明度状况进行了调查。调查结果显示:

第一，我国省级政府公共预算信息公开整体水平相对较低。

在 31 个省份公共预算透明度调查项目中，平均每个省份获得了 15.14 分，换算为按百分制计算的透明度平均得分为 39.85 分(见表 4—1)。这意味着 31 个省份作为一个整体来看的话，公开了省级政府公共预算调查项目中近 40%的信息。从调查对象的整体水平上来看，我国省级政府公共预算透明度状况相较往年有所改进，①但相较西方发达国家及我国香港等地区的透明度状况、相较公众的期待、相较我国政府信息公开进程的要求尚有较大的距离。

表 4—1　　　　　各省份公共预算调查项目透明度得分及排名(2014)

省份	百分制得分	排名	省份	百分制得分	排名
福建	84.21	1	安徽	31.58	17
广西	73.68	2	云南	31.58	17
甘肃	73.68	2	上海	29.47	19
北京	63.16	4	广东	26.32	20
山东	63.16	4	河北	21.05	21
新疆	63.16	4	江苏	21.05	21
黑龙江	57.89	7	江西	21.05	21
天津	52.63	8	河南	21.05	21
重庆	52.63	8	湖北	21.05	21
辽宁	47.37	10	湖南	21.05	21
吉林	47.37	10	海南	21.05	21
四川	47.37	10	贵州	21.05	21
浙江	44.74	13	西藏	21.05	21
内蒙古	42.11	14	陕西	21.05	21
青海	36.84	15	宁夏	21.05	21
山西	34.74	16	平均分		
31 个省份平均得分:39.85 分					

---

① 由于 2014 年公共预算透明度评估指标体系有很大调整，因此，很难与前 5 年的评估结果作直接比较。这里仅就 31 个省份公共预算调查项目的透明度得分而言。即便如此，仍需说明的是，这种简单比较是不够严谨的。

第二,我国省级政府公共预算信息公开水平存在省际差异。

在整体水平较差的情况下,进一步分省份考察公共预算透明度状况,可以发现,省际之间在信息公开方面存在较大的差异。

在今年省级公共预算透明度评估中,信息公开状况最好的省份是福建,其28个信息要素得分高达32分,换算为按百分制计算的得分高达84.21分(见表4-1),即福建在政府公共预算调查项目上公开了其中约84%的信息,信息公开程度远超31个省份的平均水平,在公共预算透明度排行榜上高居榜首。紧随其后、并列第二名的分别是广西和甘肃,它们的公共预算透明度得分均为28分,换算为按百分制计算的得分均为73.68分(见表4-1),其信息公开状况也明显好于大多数省份。

在今年省级公共预算透明度评估中,透明度得分并列最低的省份有11个,分别是河北、江苏、江西、河南、湖北、湖南、海南、贵州、西藏、陕西、宁夏。其28个透明度调查信息要素得分均只有8分,换算为按百分制计算的透明度得分均为21.05分(见表4-1),即在公共预算项目上,这10个省份均只公开了调查项目中约21%的信息。

比较公共预算调查项目透明度排名表上信息公开最好省份的百分制得分与信息公开最差省份的百分制得分,首尾相差63.16分。这意味着最差的省份在公共预算透明度调查项目上比最好的省份少公开了约63%的信息。

因此,在省级政府公共预算透明度调查项目上,省际之间在信息公开程度上存在着较大的差异。

第三,我国省级政府公共预算信息公开水平存在项目差异。

在整体水平较差的情况下,进一步分项目考察公共预算透明度状况,可以发现,项目之间在信息公开方面也存在较大的差异(见图4-1)。

图4-1 公共预算调查信息完全公开、部分公开、没有公开项目占比(2014)

在 28 个公共预算调查信息要素中,有 4 个信息要素获得了满分,这意味着 31 个省份在这些要素上均完整公开了信息。这 4 个信息要素分别是:省总预算公共预算收支总额、省总预算公共预算收入类级科目、省总预算公共预算收入款级科目、省总预算公共预算支出功能分类类级科目。这 4 个要素在 28 个公共预算调查信息要素中占比 14.29%。

与此相反,有 6 个信息要素得了零分,这意味着 31 个省份在这些信息要素上均未公开任何信息。这 6 个信息要素分别是:省本级公共预算支出经济类级科目、地市本级公共预算支出经济类级科目、县本级公共预算支出经济类级科目、乡级公共预算支出经济类级科目、各地市本级公共预算支出经济类级科目、各县本级公共预算支出经济类级科目。这 6 个信息要素在 28 个公共预算调查信息要素中占比 21.43%。

另有 18 个信息要素部分公开了信息,这 18 个信息要素在 28 个公共预算调查信息要素中占比 64.29%。

因此,在省级政府公共预算透明度调查项目中,项目之间在信息公开程度上同样存在着较大的差异。

4.3 公共预算分省份透明度状况

如上所述,在省级政府公共预算透明度整体水平较低的情况下,31 个省份信息公开状况是有差异的。为了更好地呈现这种差异,并了解差异中共性的东西,笔者着重从 31 个省份的信息公开分组情况、信息公开稳定情况、信息公开来源情况几方面进行了考察。结果显示,公共预算分省份观察的信息公开状况有如下特点:

第一,信息公开差异主要反映在透明度最好一组省份与其他省份之间,大多数省份信息公开程度差异不是很大。

笔者首先根据透明度得分进一步对 31 个省份公共预算信息公开程度进行了分组,具体分为 30 分以下、30~60 分、60 分以上三组(见图 4—2)。分组显示,60 分以上组有 6 个省份,分别是(按高分到低分排序)福建、广西、甘肃、北京、山东、新疆,在全部 31 个省份中的占比为 19.35%。30~60 分组有 12 个省份,分别是(按高分到低分排序)黑龙江、天津、重庆、辽宁、吉林、四川、浙江、内蒙古、青海、山西、安徽、云南,在全部 31 个省份中的占比为 38.71%。30 分以下组有 13 个省份,分别是(按高分到低分排序)上海、广东、河北、江苏、江西、河南、湖北、湖南、海南、贵州、西藏、陕西、宁夏,在全部 31 个省份中的占比为 41.94%。

由分组情况可以看到,在省级政府公共预算透明度调查项目上,约有81%的省份公开的信息不足调查项目的 60%,其中,约 42%的省份公开的信息更是不足调查项目的 30%。当然,值得欣慰的是,约有 19%的省份公开了公共预算调查项目中至少 60%以上的信息,其中,福建公开的调查信息更是高达 84%(见表 4—1)。

　　上述情况说明,省际间在公共预算调查项目上的信息公开差异主要是信息公开最好一组省份和其他省份之间的差异,大多数省份信息公开程度还相对较低,因此,大多数省份在公共预算调查项目上的信息公开状况差异并不是很大。

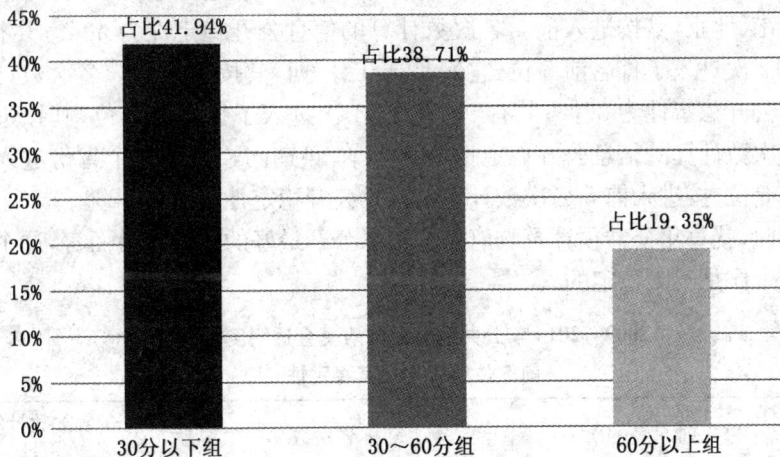

图 4—2　各省份公共预算调查项目透明度得分分组及占比(2014)

　　第二,就信息公开最好与最差两组省份而言,其群体中的个体是不稳定的,即部分省份信息公开状况不太稳定。

　　尽管省际之间信息公开有差异,并且差异主要发生在公开状况最好省份与其他省份之间,但是,每年排行榜上信息公开最好的一组省份[1]往往是新面孔。2009—2013 年公共预算及政府基金透明度 5 年排名显示,[2]每年排行榜上前 5 名的省份走马灯似的换来换去。2009 年公共预算及政府基金调查项

　　① 这里所说的"信息公开最好的一组省份"和"信息公开最差的一组省份"是指每年透明度排行榜上的前 5 名和最后 5 名(包括并列情况)。

　　② 上海财经大学公共政策研究中心:《中国财政透明度报告》(2009—2013),上海财经大学出版社 2009—2013 年版。

目信息公开最好的5个省份分别是福建、北京、安徽、山西、辽宁,2010年上述信息公开最好的5个省份分别是福建、山东、浙江、海南、广东,2011年上述信息公开最好的5个省份分别是江西、新疆、河北、浙江、陕西,2012年上述信息公开最好的5个省份分别是海南、山东、广西、新疆、北京,2013年上述信息公开最好的5个省份分别是海南、福建、西藏、新疆、山东。2014年公共预算调查项目①信息公开排名前5位的省份分别是福建、广西、甘肃、北京、山东、新疆(见表4-1)。

综合6年省级公共预算及政府基金透明度前5位排名,共有3个省份4次进入了排名前5位,它们是福建、山东、新疆,其按进入前5名次数计算的信息公开稳定性为67%(见表4-2);共有2个省份3次进入了排名前5位,它们是海南、北京,其按进入前5名次数计算的信息公开稳定性为50%;共有2个省份2次进入了排名前5位,它们是浙江、广西,其按进入前5名次数计算的信息公开稳定性为33%;共有9个省份1次进入了排名前5位,其按进入前5名次数计算的信息公开稳定性为17%;6年期间,共有16个省份进入过排名前5位,按进入前5名次数计算的信息公开稳定性平均为32%。

因此,就每年公共预算及政府基金信息公开最好的一组省份而言,这个群体中的个体是不太稳定的。

表4-2　　　　2009-2014年公共预算及政府基金透明度排名
前5位的省份及其稳定性

省份	进入前5名的次数	透明度排名次数	按进入前5名次数计算的透明度稳定性
福建	4	6	67%
山东	4	6	67%
新疆	4	6	67%
海南	3	6	50%
北京	3	6	50%
浙江	2	6	33%
广西	2	6	33%
安徽	1	6	17%

---

① 在2014年财政透明度调查提纲调整后,原先的"一般政府基金"(或称"公共预算及政府基金")调查项目已拆分为"公共预算"和"政府基金"两部分。鉴于资料的局限,2014年的统计口径相比前4年稍小(在前4年的"一般政府基金"中,"政府基金"调查项目占比比较小)。

省份	进入前 5 名的次数	透明度排名次数	按进入前 5 名次数计算的透明度稳定性
山西	1	6	17%
辽宁	1	6	17%
江西	1	6	17%
广东	1	6	17%
河北	1	6	17%
陕西	1	6	17%
西藏	1	6	17%
甘肃	1	6	17%
平均	1.94	6	32%

说明:2014 年的数据因调查提纲的调整,未包含政府基金。

与此类似,综合 2009—2014 年省级公共预算及政府基金透明度最后 5 位排名,共有 3 个省份 4 次进入了排名最后 5 位,它们是贵州、宁夏、西藏,其按进入最后 5 名次数计算的信息公开稳定性为 67%(见表 4—3);共有 2 个省份 3 次进入了排名最后 5 位,它们是吉林、江西,其按进入最后 5 名次数计算的信息公开稳定性为 50%;共有 8 个省份 2 次进入了排名最后 5 位,其按进入最后 5 名次数计算的信息公开稳定性为 33%;共有 9 个省份 1 次进入了排名最后 5 位,其按进入最后 5 名次数计算的信息公开稳定性为 17%;6 年期间,共有 22 个省份进入过排名最后 5 位,按进入最后 5 名次数计算的信息公开稳定性平均为 33%。

因此,就每年公共预算及政府基金信息公开最差的一组省份而言,这个群体中的个体同样是不太稳定的。

表 4—3　　　　2009—2014 年公共预算及政府基金透明度排名
最后 5 位的省份及其稳定性

省份	进入最后 5 名的次数	透明度排名次数	按进入最后 5 名次数计算的透明度稳定性
贵州	4	6	67%
宁夏	4	6	67%
西藏	4	6	67%

省级政府公共预算透明度评估

57

2014中国财政透明度报告

省份	进入最后5名的次数	透明度排名次数	按进入最后5名次数计算的透明度稳定性
吉林	3	6	50%
江西	3	6	50%
辽宁	2	6	33%
陕西	2	6	33%
湖北	2	6	33%
浙江	2	6	33%
重庆	2	6	33%
新疆	2	6	33%
甘肃	2	6	33%
上海	2	6	33%
海南	1	6	17%
湖南	1	6	17%
河南	1	6	17%
江苏	1	6	17%
河北	1	6	17%
广东	1	6	17%
青海	1	6	17%
山东	1	6	17%
天津	1	6	17%
平均	1.95	6	33%

说明:2014年的数据因调查提纲的调整,未包含政府基金。

名列前茅的省份和排名垫底的省份为什么不稳定？这是否反映了一些省份既不愿冒尖也不甘落后的心理,并在行动上选择了一种通过相互观望尽量使自身保持中游状态的策略,从而导致了部分省份信息公开的不稳定？这是一个值得深思的问题,尚待进一步研究。

第三,出版物和依申请方式公开的信息在调查项目中占比较大。

上述31个省份公共预算调查项目透明度分组情况显示,约有19%的省份公开了公共预算调查项目中至少60%以上的信息(见图4—3),而从31个省份的平均水平来看,公共预算调查项目信息公开程度近40%(见表4-1)。那么,这些公开的调查信息主要来自什么样的渠道呢? 为此,作者对31个份省政府公共预算调查信息来源进行了统计。

省级政府公共预算透明度调查表格共6张,分别为:决算01表、决算04表、决算05表、决算06表、决算08表、补充01表。根据事先确定的信息调查要素统一评分标准,若某个省份在所有信息调查要素上均得满分的话,总分为38分。在总分38分中,决算01表的分值为8,决算04表的分值为4,决算05表的分值为4,决算06表的分值为12,决算08表的分值为6,补充01表的分值为4。若31个省份均公开了6张公共预算表格,那么,31个省份在政府公共预算项目上的总分值为1 178分。①

统计结果显示,按表格分值计算的31个省份直接信息来源分值为230分,占31个省份全部调查信息总分值1 178分的20%(见图4-3);按表格分值计算的31个省份政府官方网站信息来源分值为66分,占31个省份全部调查信息总分值1 178分的6%(见图4-3);按表格分值计算的31个省份政府官方出版物信息来源分值为374分,占31个省份全部调查信息总分值1 178分的32%(见图4-3);按表格分值计算的31个省份未提供信息分值为508分,占31个省份全部调查信息总分值1 178分的43%(见图4-3)。

上述统计结果表明:第一,在31个省份公共预算6张调查表格的信息公开中,有四成多按表格分值计算的调查信息未予公开。第二,就公开的公共预算调查表格而言,在本课题组所调查的依申请、官方出版物、官方网站三种信息公开渠道中,通过政府官方出版物公开的公共预算表格所占比重最大,为55.82%②,通过依申请方式直接公开的公共预算表格所占比重其次,为34.33%③,通过政府官方网站公开的公共预算表格所占比重最低,为9.85%④。

因此,本课题中省级政府公共预算透明度的调查信息主要来自官方出版物⑤和依申请渠道。

---

① 需要说明的是,通常来说,按要素计算31个省份政府公共预算透明度信息来源分值较为精确。然而,受信息收集的局限,这里采用了较为简单的处理方式,即用按表格计算分值来取代按要素计算分值,并假设不考虑表格的完整性、真实性。

② 由图4-3计算所得。

③ 同上。

④ 同上。

⑤ 需要说明的是,本课题组搜索、查阅的部分官方出版物尚属内部资料。

省级政府公共预算透明度评估

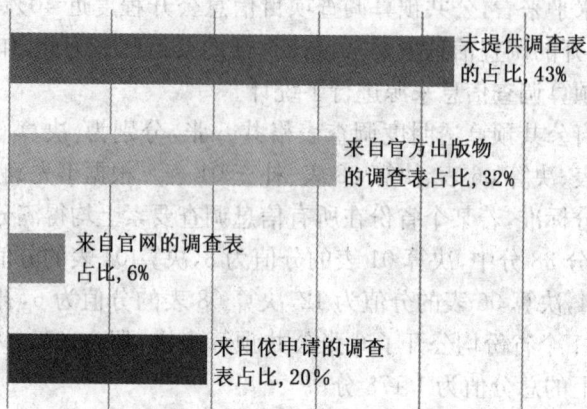

图4-3 公共预算调查信息来源情况(2014)

4.4 公共预算分项目透明度状况

如上所述,在公共预算透明度整体水平较低的情况下,28个信息调查要素公开状况是有差异的。为了更好地呈现这种差异,并了解这种差异中共性的东西,笔者依据调查资料,制作了如下表格:公共预算调查项目按收支分类统计的透明度情况表(2014)(见表4-4)、公共预算调查项目按科目分级统计的透明度情况表一(2014)(见表4-5)、公共预算调查项目按科目分级统计的透明度情况表二(2014)(见表4-6)、公共预算调查项目按政府分级统计的透明度情况表(2014)(见表4-7)。

从这些统计表格及相关资料来看,省级政府公共预算分项目观察的信息公开状况有如下特点:

第一,预算科目越不规范,其透明度状况越差。

项目之间在信息公开状况上是有差异的,这种差异在省级政府公共预算按收支及其属性分类的不同调查项目之间表现比较明显。

公共预算按收支进行分类,可以分为公共预算收入和公共预算支出两大部分。其中,在省总预算部分,公共预算收入项目中包含了4个信息调查要素(见表4-4),分别为省总预算公共预算收入类级科目、省总预算公共预算收入款级科目、省总预算公共预算收入项级科目、省总预算公共预算收入目级科目。综合4个信息调查要素得分情况,省级政府公共预算收入调查项目透明度平均得分为66.13分(见表4-4),即就省总预算部分的公共预算收入调查项目而言,其信息公开程度约为调查项目的 66%。

公共预算支出项目中包含了 5 个信息调查要素(见表 4—4),分别为省总预算公共预算支出功能分类类级科目、省总预算公共预算支出功能分类款级科目、省总预算公共预算支出功能分类项级科目、省总预算公共预算支出经济分类类级科目、省总预算公共预算支出经济分类款级科目。综合 5 个信息调查要素得分情况,省级政府公共预算支出调查项目透明度平均得分为 42 分(见表 4—4),即就省总预算部分的公共预算支出调查项目而言,其信息公开程度约为调查项目的 42%。

显然,省总预算部分的公共预算收入调查项目的信息公开状况好于支出调查项目。

省总预算部分的公共预算支出进一步按属性进行分类,又可以分为公共预算功能类支出和公共预算经济类支出两类。其中,功能类支出项目中包含了 3 个信息调查要素(见表 4—4)。综合 3 个信息调查要素的得分情况,省级政府公共预算功能类支出调查项目透明度平均得分为 65.70 分(见表 4—4),即就省总预算部分的公共预算功能类支出调查项目而言,其信息公开程度约为调查项目的 66%。

公共预算经济类支出中包含了 2 个信息调查要素(见表 4—4)。综合 2 个信息调查要素的得分情况,省级政府公共预算经济类支出调查项目透明度平均得分为 0.13 分(见表 4—4),即就省总预算部分的公共预算经济类支出调查项目而言,其信息公开程度不足调查项目的 1%。

显然,省级政府公共预算功能类支出调查项目的信息公开状况远超经济类支出调查项目,换言之,省级政府经济类支出项目公开的调查信息几近空白。

表 4—4　　　公共预算调查项目按收支分类统计的透明度情况表(2014)

信息调查要素		各调查项目平均得分			
		实得分	百分数	百分数	百分数
收入调查项目	省总预算公共预算收入类级科目	2.00	100.00	66.13	66.13
	省总预算公共预算收入款级科目	2.00	100.00		
	省总预算公共预算收入项级科目	0.65	32.26		
	省总预算公共预算收入目级科目	0.65	32.26		

信息调查要素			各调查项目平均得分			
			实得分	百分数	百分数	百分数
支出调查项目	功能类支出调查项目	省总预算公共预算支出功能分类类级科目	2.00	100.00	65.70	42.00
		省总预算公共预算支出功能分类款级科目	1.05	52.58		
		省总预算公共预算支出功能分类项级科目	0.89	44.52		
	经济类支出调查项目	省总预算公共预算支出经济分类类级科目	0.13	6.45	0.13	
		省总预算公共预算支出经济分类款级科目	0.13	6.45		
本调查项目平均得分			1.05	52.72		

说明:该表中省级政府公共预算收支项目仅限于透明度调查提纲中的总预算部分。

究其原因,与预算管理规范与否不无关系。在我国预算管理中,公共预算收入的管理相比支出比较规范,其表现形式之一是,公共预算收入的科目从类到款、从款到项、从项到目分为四级,而公共预算支出的科目从类到款、从款到项分为三级。其表现形式之二是,作为公共预算收入主体部分的税收,其制度是以颁布税法的形式建立起来的,有较好的法律基础。相比之下,公共预算支出的法律法规基础则较为欠缺。

就公共预算支出而言,在按属性分类的两类支出中,经济类支出的预算管理规范相比功能类支出要差得多。2007 年我国实行了政府收支分类改革,政府预算支出开始由原先主要采用功能分类转为采用功能分类和经济分类两套体系,以便更好地反映财政支出具体情况,加强预算管理。目前,按功能分类的预算支出科目分为类、款、项三级,而按经济分类的预算支出科目正经历一个从无到有的过程,虽然框架搭起来了,但是,在预算科目上只有类、款两级,体系设计比较含糊、科目设置尚不完善、预算编制不够规范。因此,尽管从理论上来说预算编制应同时采用两套体系,但是从实践中来看按经济分类的预算编制才刚刚起步,而且主要停留在部门层面,远没有达到预算管理规范要求。正因为如此,目前从省级层面来看,按功能分类的项目,其信息公开较多,而按经济分类的项目,其信息公开则很少。

上述政府收支分类项目比较结果表明,预算管理比较规范项目的信息公开状况远好于不够规范项目。因此,不同项目信息公开状况存在差异与预算管理规范与否有关。

第二,预算科目越是明细,其透明度状况越差。

项目之间在信息公开状况上是有差异的,这种差异在公共预算按科目分级的不同调查项目之间同样表现得比较明显。

公共预算收入和支出按科目逐级展开,理论上可以分为类、款、项、目四级。但在实践中,我国公共预算收入科目分为类、款、项、目四级,公共预算功能类支出科目分为类、款、项三级,公共预算经济类支出科目仅分为类、款两级。在省级政府公共预算透明度调查中,预算科目的信息调查要素是按我国目前公共预算所设的科目层级设计的,即公共预算收入项目的信息调查要素设置为四级科目,公共预算功能类支出项目的信息调查要素设置为三级科目,公共预算经济类支出项目的信息调查要素设置为两级科目。

仍然以 31 个省份的总预算为例。在省级政府公共预算透明度调查中,首先调查的一个信息要素是省级政府公共预算收支总额。综合 31 个省份总预算部分的该项目信息公开状况,其按百分制计算的平均得分为 100 分(见表4—5)。然后,在公共预算类级科目透明度调查中,信息调查要素包含三个,分别为省总预算公共预算收入类级科目、省总预算公共预算支出功能分类类级科目、省总预算公共预算支出经济分类类级科目。综合 31 个省份总预算部分的三项公共预算类级科目的信息公开状况,其按百分制计算的平均得分为 68.82 分(见表4—5)。在省级政府公共预算款级科目透明度调查中,信息调查要素也包含三个,分别为省总预算公共预算收入款级科目、省总预算公共预算支出功能分类款级科目、省总预算公共预算支出经济分类款级科目。综合 31 个省份总预算部分的三项公共预算款级科目的信息公开状况,其按百分制计算的平均得分为 53.01 分(见表4—5)。在省级政府公共预算项级科目透明度调查中,信息调查要素减少为两个,分别为省总预算公共预算收入项级科目、省总预算公共预算支出功能分类项级科目。综合 31 个省份总预算部分的两项公共预算项级科目的信息公开状况,其按百分制计算的平均得分为 38.39 分(见表4—5)。在省级政府公共预算目级科目透明度调查中,信息调查要素仅为一个:省总预算公共预算收入目级科目。综合 31 个省份总预算部分的该项公共预算目级科目的信息公开状况,其按百分制计算的平均得分为 32.26 分(见表4—5)。

上述统计结果显示,在31个省份的总预算部分,公共预算收支总额的信息公开程度达到了调查项目的100%,公共预算类级科目的信息公开程度达到了调查项目的69%,公共预算款级科目的信息公开程度约为调查项目的53%,公共预算项级科目的信息公开程度下降为调查项目的39%,公共预算目级科目的信息公开程度进一步下降为32%。

表4—5　　　公共预算调查项目按科目分级统计的透明度情况一(2014)

信息调查要素		各调查项目平均得分		
		实得分	百分数	百分数
省总预算公共预算收支总额		2.00	100.00	100.00
类级科目	省总预算公共预算收入类级科目	2.00	100.00	68.82
	省总预算公共预算支出功能分类类级科目	2.00	100.00	
	省总预算公共预算支出经济分类类级科目	0.13	6.45	
款级科目	省总预算公共预算收入款级科目	2.00	100.00	53.01
	省总预算公共预算支出功能分类款级科目	1.05	52.58	
	省总预算公共预算支出经济分类款级科目	0.13	6.45	
项级科目	省总预算公共预算收入项级科目	0.65	32.26	38.39
	省总预算公共预算支出功能分类项级科目	0.89	44.52	
目级科目	省总预算公共预算收入目级科目	0.65	32.26	32.26
本调查项目平均得分		1.15	57.45	

说明:①该表公共预算收支科目仅限于透明度调查提纲中的总预算部分。

②该表假设,在31个省份的总预算部分,所有的公共预算收支调查项目只需按实际所设层级的科目公开信息。

上述统计结果是在按照我国目前预算收支科目所设层级来设计公共预算信息调查要素的情况下得出的。若公共预算所有收支均完全按照四级科目设置信息调查要素的话,则在31个省份总预算部分,按百分制计算的公共预算项级科目透明度平均得分将会下降为25.59分(见表4—6),即省级政府公共预算项级科目的信息公开程度仅为调查项目的26%;按百分制计算的公共预算目级科目透明度平均得分将会进一步下降为10.75分(见表4—6),即省级政府公共预算目级科目的信息公开程度仅相当于调查项目的11%。

显然,在31个省份的总预算部分,公共预算类级科目的信息公开状况好于款级科目,款级科目的信息公开状况好于项级科目,项级科目的信息公开状况好于目级科目。换言之,越是粗略的预算科目,其透明度越好;越是明细的预算科目,其透明度越差。

表4-6   公共预算调查项目按科目分级统计的透明度情况二(2014)

信息调查要素		各调查项目平均得分		
		实得分	百分数	百分数
省总预算公共预算收支总额		2.00	100.00	100.00
类级科目	省总预算公共预算收入类级科目	2.00	100.00	68.82
	省总预算公共预算支出功能分类类级科目	2.00	100.00	
	省总预算公共预算支出经济分类类级科目	0.13	6.45	
款级科目	省总预算公共预算收入款级科目	2.00	100.00	53.01
	省总预算公共预算支出功能分类款级科目	1.05	52.58	
	省总预算公共预算支出经济分类款级科目	0.13	6.45	
项级科目	省总预算公共预算收入项级科目	0.65	32.26	25.59
	省总预算公共预算支出功能分类项级科目	0.89	44.52	
	省总预算公共预算支出经济分类项级科目	0.00	0.00	
目级科目	省总预算公共预算收入目级科目	0.65	32.26	10.75
	省总预算公共预算支出功能分类目级科目	0.00	0.00	
	省总预算公共预算支出经济分类目级科目	0.00	0.00	
本项目平均得分		0.88	44.19	

说明:该表假设,在31个省份的总预算部分,所有的公共预算收支调查项目均需按四级科目公开信息。

究其原因,与财务管理规范与否不无关系。目前,我国一些政府财务管理制度不完善,在执行方面也缺乏严肃性与一致性。一方面,财务管理制度不健全。一些政府财务管理制度既不系统,也不完整;而且政府单位的内部控制体系也不够完善,如单位内部牵制制度、稽核制度、监督制度没有真正建立起来。另一方面,制度执行不到位。即使制定了相关财务管理制度,一些现有的条文也主要是为了应付检查。即便不是为了检查,财务部门对资金的管理也经常是事后核算,忽视了对资金收支使用中的控制,对资金收支的考核也只是停留在表面平衡上,很少对资金使用的规范性进行严格考核。在财务管理制度执行过程中,经费相互挤占、开支随意、有章不循、不严格遵守财务管理制度、财务人员听之任之的现象时有发生,使得制度流于形式。另外,在财务行为方面,没有真正建立财务公开制度,一些资金账务不透明,存在大量账外资产,个人占用、转移公共资金的现象也大量存在。

在这样的财务环境中,政府财政资金管理的规范性是很难得到保障的。财政资金项目分类越明细,越能反映资金的流向和去处。在财务管理不规范的背景下,预算科目越明细,透明度得分越低,信息公开状况越差的现象也就不难理解了。

上述分级预算科目比较结果表明,不同项目之间信息公开状况存在差异与财务管理规范与否有关。

第三,政府分级越是明细,其透明度状况越差。

项目之间在信息公开状况上是有差异的,这种差异还比较明显地表现在公共预算按政府分级的不同调查项目之间。

公共预算分项目透明度的前两个特点都是从政府“总预算”的角度进行考察的,其中既包含了31个省份省本级政府公共预算调查项目信息公开状况,也包含了其下辖的各级政府公共预算调查项目信息公开状况。为了更清楚地反映各本级政府在公共预算调查项目上的信息公开状况,课题组在公共预算透明度调查提纲中专门设置了政府“分级预算”一块内容。

在政府分级预算中,又包含了“分级汇总预算”和“分级明细预算”两部分。在“分级汇总预算”部分,对政府按照层级进行纵向分类,分为省本级政府、地市本级政府、区县本级政府、乡镇级政府。以此为依据,“分级汇总预算”部分设置了四大类信息调查要素(其中包含12个基本信息调查要素)(见表4—7),分别是:省本级政府公共预算收支类级科目(其中包含3个基本信息调查要素)、汇总的地市本级政府公共预算收支类级科目(其中包含3个基本信息调查要素)、汇总的区县本级政府公共预算收支类级科目(其中包含3个基本信息调查要素)、汇总的乡镇级政府公共预算收支类级科目(其中包含3个基本信息调查要素)。

调查结果显示(见表4—7),31个省份省本级政府公共预算收支类级科目透明度得分为32.26分,其中,省本级公共预算收入类级科目的透明度得分为48.39分,省本级公共预算支出类级科目的透明度得分为24.19分,省本级公共预算支出中的经济类支出类级科目的透明度得零分。汇总的地市本级、区县本级、乡镇级政府公共预算收支类级科目的透明度得分均为21.51分,其中,汇总的地市本级、区县本级、乡镇级政府公共预算收入类级科目的透明度得分均为32.26分,汇总的地市本级、区县本级、乡镇级政府公共预算支出类级科目的透明度得分均为16.13分,汇总的地市本级、区县本级、乡镇级政府公共预算支出中的经济类支出类级科目的透明度均得零分。

显然,省本级政府公共预算调查项目的信息公开状况好于地市本级、区县本级、乡镇级政府;同时,延续政府总预算透明度特征,在政府分级汇总预算调查项目部分,公共预算收入调查项目的信息公开状况仍然好于支出调查项目,而在支出调查项目中,功能类支出调查项目的信息公开状况又明显好于经济类支出调查项目。

　　在"本级明细预算"部分,对政府按照地区进行横向分类,可以分为不同地区的政府。以此为依据,"本级明细预算"部分设置了两大类信息调查要素(其中包含 6 个基本信息调查要素)(见表 4-7),分别是各地市本级按地区分类的明细公共预算收支类级科目(其中包含 3 个基本信息调查要素)、各区县本级按地区分类的明细公共预算收支类级科目(其中包含 3 个基本信息调查要素),目的是要求地市本级政府和区县本级政府在汇总的公共预算调查项目中公开按地区分类的明细信息。

　　调查结果显示(见表 4-7),各地市本级与各区县本级政府按地区分类的明细公共预算收支类级科目透明度得分均为 12.47 分,其中,各地市本级与各区县本级政府按地区分类的明细公共预算收入类级科目透明度得分均为 18.71 分,各地市本级与各区县本级政府按地区分类的明细公共预算支出类级科目透明度得分均为 9.35 分,各地市本级与各区县本级政府按地区分类的明细公共预算支出中的经济类支出类级科目透明度均得零分。

　　显然,与"分级汇总预算"调查项目中情况类似,在"分级明细预算"调查项目中,各地市本级与各区县本级在公共预算调查项目中按地区分类的明细信息公开程度是比较类似的;同时,延续"总预算"调查项目与"分级汇总预算"调查项目的透明度特点,在"分级明细预算"调查项目中,各地市本级与各区县本级政府按地区分类的明细公共预算收入调查项目信息公开状况仍然好于支出调查项目,而在支出调查项目中,功能类支出调查项目又明显好于经济类支出调查项目。

　　综合上述"分级汇总预算"调查项目和"分级明细预算"调查项目两部分,可以发现:首先,若按行政层级对政府进行纵向分类,则省本级政府在公共预算调查项目中的信息公开状况好于其下辖的地市本级、区县本级、乡镇级;其次,若按行政区域对政府进行横向分类,则"分级汇总预算"调查项目的信息公开状况好于"分级明细预算"调查项目。

　　因此,无论是从纵向的行政层级进行分类,还是从横向的行政区域进行分类,统计结果都说明,政府分级(或分类)越明细,政府公共预算调查项目的信息公开状况就越差。

□ 表4—7　　　　　　　公共预算调查项目按政府分级统计的透明度情况(2014)

信息调查要素			各调查项目平均得分				
			实际分	百分数	百分数	百分数	百分数
本级汇总调查项目	省本级调查项目	收入类	省本级公共预算收入类级科目	0.48	48.39	48.39	32.26	24.19
		支出类	省本级公共预算支出功能类级科目	0.48	48.39	24.19		
			省本级公共预算支出经济类级科目	0.00	0.00			
	市本级调查项目	收入类	地市本级公共预算收入类级科目	0.32	32.26	32.26	21.51	
		支出类	地市本级公共预算支出功能类级科目	0.32	32.26	16.13		
			地市本级公共预算支出经济类级科目	0.00	0.00			
	县本级调查项目	收入类	县本级公共预算收入类级科目	0.32	32.26	32.26	21.51	
		支出类	县本级公共预算支出功能类级科目	0.32	32.26	16.13		
			县本级公共预算支出经济类级科目	0.00	0.00			
	乡级调查项目	收入类	乡级公共预算收入类级科目	0.32	32.26	32.26	21.51	
		支出类	乡级公共预算支出功能类级科目	0.32	32.26	16.13		
			乡级公共预算支出经济类级科目	0.00	0.00			
本级明细调查项目	各市本级调查项目	收入类	各地市本级公共预算收入类级科目	0.19	18.71	18.71	12.47	12.47
		支出类	各地市本级公共预算支出功能类级科目	0.19	18.71	9.35		
			各地市本级公共预算支出经济类级科目	0.00	0.00			
	各县本级调查项目	收入类	各县本级公共预算收入类级科目	0.19	18.71	18.71	12.47	
		支出类	各县本级公共预算支出功能类级科目	0.19	18.71	9.35		
			各县本级公共预算支出经济类级科目	0.00	0.00			
本调查项目平均得分			0.20	20.29			

　　上述调查项目之间为什么在信息公开方面存在这些差异？究其原因，与

制度建设规范与否不无关系。众所周知,以前我国政府信息是不对公众公开的,公众也缺乏这方面的意识。正因为如此,这为政府机构内的不正之风打开了方便之门,挪用资金、滥用资金甚至贪污腐败之风长期盛行。在这种背景下,要求政府公开财政资金的来龙去脉,其阻力是可以想见的。

2008年,我国《政府信息公开条例》正式颁布并实施。伴随着该条例的实施和公众对政府信息公开呼声的日趋高涨,中央政府近年来陆续召开了一些关于政府信息公开的重要会议、出台了一些重要的相关规定。这对建设阳光政府、透明财政、加快我国政府信息公开进程具有重要意义。

在中央政府作出了有关信息公开的规定后,中央政府首先得身体力行,其直接下辖的省级政府当然得紧随其后,至少在态度上必须如此。回顾过去5年我国省级政府财政透明度的态度评估,我们可以非常清晰地看到这一点。在中央政府身先士卒并要求其直接下辖的31个省份逐步公开财政信息之后,我国财政信息的公开正在翻开新的一页。公众也看到了近年来政府为此所做的努力,以及由此所取得的成效。

但是,冰冻三尺非一日之寒,制度的建设和落实需要有个过程,长期以来的积弊很难在短期内完全改变,越是基层越是如此。因为一些基层政府的财务制度及其管理很不规范,甚至极不规范,这使得这些基层政府缺乏直面社会、直面公众、直面上级政府的勇气。在此情况下,要求其公开财政信息自然面临很多障碍。正因为如此,有些基层政府,尤其是那些财务制度及管理不规范的基层政府,就采取了一种等一等、看一看的比较策略的做法和比较消极的态度来应对公众信息公开的要求。于是,在信息公开行为上就会有所选择,如果觉得没什么风险,就选择公开信息,如果拿不准,就选择不公开信息。

因此,从目前来看,基层政府公共预算调查项目的信息公开与省级政府相比,还有一定的差距;基层政府公共预算调查项目按地区分类的明细信息公开与汇总信息公开相比,更有较大的差距。看来,"以公开为原则,不公开为例外"的立法精神要深入到基层,财政信息公开制度要落实到基层,还得假以时日。

上述政府分级预算项目比较结果表明,不同项目之间信息公开状况存在差异与制度建设规范与否有关。

5 省级政府性基金透明度评估

　　《省级政府性基金透明度评估》项目是省级财政透明度评估的一个组成部分,主要对我国大陆地区 31 个省份的政府性基金信息公开状况进行考察,依申请信息公开部门为各省份政府信息公开办公室和财政厅。

5.1　政府性基金透明度调查提纲说明

　　与往年政府性基金与公共预算合并评估的做法不同,2014 年,本课题组对政府性基金透明度的评估独立系统地进行;此外,信息项的调查形式与往年相比也有了一些调整,由以往按照调查提纲提出若干问题调查改为按照调查提纲要求提供预算表格的形式来调查信息公开状况。在政府性基金预算部分,2014 年的调查提纲向各省依申请公开如下 4 张表格:政府性基金收支决算总表(决算 09 表)、政府性基金收支及结余情况表(决算 12 表)、政府性基金收支决算分级表(决算 13 表)与政府性基金收支及平衡情况表(决算 14 表)。

　　由依申请公开信息表格可以看出,本课题组着重考察政府性基金如下两类信息的透明度状况:一类是各省份的政府性基金总预算信息公开状况,包括按照收支分类科目逐级展开的政府性基金预算收入和支出信息公开状况;另一类是各省份的政府分级预算信息公开状况,包括省级政府本级及其下辖的地市级、区县级、乡镇级政府本级政府性基金预算信息公开状况,以及地市级和区县级政府本级分地区的明细政府性基金预算信息公开状况。

本课题组依据表格所包含的基本信息量,为政府性基金预算透明度调查提纲设置了 27 项信息要素,涵盖政府性基金总预算和分级预算两部分。

其中,在政府性基金总预算部分,共有 9 个信息要素,分别是:省总预算政府性基金预算收支总额、省总预算政府性基金预算收入款级科目、省总预算政府性基金预算收入项级科目、省总预算政府性基金预算收入目级科目、省总预算政府性基金预算支出功能分类类级科目、省总预算政府性基金预算支出功能分类款级科目、省总预算政府性基金预算支出功能分类项级科目、省总预算政府性基金预算支出经济分类类级科目与省总预算政府性基金预算支出经济分类款级科目。每个信息调查要素的权重(或分值)为 2,若某省份在政府性基金总预算的 9 个信息调查要素中均得满分的话,则总预算部分的得分为 18 分。

在政府性基金预算分级预算部分[①],共有 18 个信息调查要素,具体包括:省本级政府性基金预算收入类级科目、省本级政府性基金预算支出功能分类类级科目、省本级政府性基金预算支出经济分类类级科目、地市本级政府性基金预算收入类级科目、地市本级政府性基金预算支出功能分类类级科目、地市本级政府性基金预算支出经济分类类级科目、区县本级政府性基金预算收入类级科目、区县本级政府性基金预算支出功能分类类级科目、区县本级政府性基金预算支出经济分类类级科目、乡镇级政府性基金预算收入类级科目、乡镇级政府性基金预算支出功能分类类级科目、乡镇级政府性基金预算支出经济分类类级科目、各地市本级政府性基金预算收入类级科目、各地市本级政府性基金预算支出功能分类类级科目、各地市本级政府性基金预算支出经济分类类级科目、各县本级政府性基金预算收入类级科目、各县本级政府性基金预算支出功能分类类级科目与各县本级政府性基金预算支出经济分类类级科目。每个信息调查要素的权重(或分值)为 1。若某省份在政府性基金分级预算的 18 个信息调查要素中均得满分的话,则分级预算部分的得分为 18 分。

因此,若某省份都公开了以上所有的调查要素信息,那么,该省份在政府性基金预算部分的透明度将获得满分 36 分,按百分制计算的满分为 100 分。

5.2 政府性基金预算透明度概况

本课题组以 2012 年省级政府性基金预算决算数为调查对象,采用网上搜索、出版物检索、依申请公开等方式,对 31 个省份政府性基金预算的透明度状

① 在政府性基金预算分级预算部分,各级收入类级科目实际上展示的是项级科目、支出功能分类类级科目展示的是款级科目,但为使政府性基金评估体系与其他基金保持一致,故此表述,下同。

况进行了调查。调查结果显示:

第一,我国省级政府性基金预算透明度水平较低。

在政府性基金预算透明度评估中,31 个省份平均得分为 13.16 分,换算为按百分制计算的透明度平均得分为 37.81 分(见表 5—1)。这意味着 31 个省份作为一个整体来看的话,只公开了省级政府性基金预算调查项目中近 38％的信息,我国省级政府性基金预算透明度整体水平较低。

表 5—1　　　　各省份政府性基金预算透明度得分及排名(2014)

排名	省份	百分制得分	排名	省份	百分制得分
1	福建	72.22	15	海南	33.33
1	重庆	72.22	15	青海	33.33
1	甘肃	72.22	19	天津	27.78
4	北京	61.11	19	河北	27.78
4	广西	61.11	19	上海	27.78
6	新疆	55.56	19	广东	27.78
7	内蒙古	50.00	19	四川	27.78
7	浙江	50.00	24	山西	22.22
7	山东	50.00	24	安徽	22.22
10	辽宁	44.44	24	江西	22.22
10	吉林	44.44	24	贵州	22.22
10	黑龙江	44.44	24	陕西	22.22
13	湖南	38.89	29	湖北	16.67
13	云南	38.89	29	宁夏	16.67
15	江苏	33.33	31	西藏	0.00
15	河南	33.33			
31 个省份平均得分:37.81 分					

资料来源:本课题组调查数据。

第二,我国省级政府性基金预算透明度存在省际差异。

在省级政府性基金预算透明度整体水平较低的情况下,通过进一步分省份考察政府性基金预算透明度状况,我们可以发现,它在省际之间存在较大的差异。

政府性基金透明度并列最高的省份是福建、重庆和甘肃,其27个信息要素得分高达26分,换算为按百分制计算的得分高达72.22分(见表5—1),即福建、重庆与甘肃在政府性基金预算调查项目上公开了其中约72%的信息,其信息公开程度远超31个省份平均水平。

政府性基金透明度最低的省份是西藏,其得分为零分,即我们通过现有渠道无法获取调查项目中的任何一项信息。政府性基金透明度并列次低的省份包括宁夏和湖北,其27个透明度调查信息要素得分都仅为6分,百分制得分也仅为16.67分(见表5—1),即在政府性基金预算调查项目上,这两个省份都只公开了调查项目中不到17%的信息。

比较政府性基金预算透明度排名表中信息公开最好省份的百分制得分与信息公开最差省份的百分制得分,首尾相差72.22分。这意味着最差的省份在政府性基金预算透明度调查项目上比最好的省份少公开了72.22%的信息。

因此,在省级政府性基金预算透明度调查项目上,省际之间在信息公开程度上存在着较大的差异。

第三,我国省级政府公共预算信息公开水平存在项目差异。

在省级政府性基金预算透明度整体水平较低的情况下,通过进一步分项目考察政府性基金预算透明度状况,我们可以发现,它在项目之间也存在较大的差异。

在27个政府性基金预算调查项目中,没有信息项获得满分,这意味着在任何一个信息项上,总有省份尚未公开信息。3个信息项的得分超过90%,分别是省总预算政府性基金预算收支总额、省总预算政府性基金预算收入款级科目与省总预算政府性基金预算收入项级科目,其中前2项信息在全国只有西藏尚未公开,后1项信息则有西藏和宁夏2个省份尚未公开。这3个信息项在27个政府性基金预算调查项目中占比为11.11%(见图5—1)。

与此相反,有8个信息项得了零分,这意味着全国31个省份在这些信息项目上均未公开任何信息。这8个信息项目分别是:省总预算政府性基金预算支出经济分类类级科目、省总预算政府性基金预算支出经济分类款级科目、省本级政府性基金预算支出经济分类类级科目、地市本级政府性基金预算支出经济分类类级科目、县级本级政府性基金预算支出经济分类类级科目、乡级政府性基金支出经济分类类级科目、各地市本级政府性基金支出经济分类类级科目与各县本级政府性基金支出经济分类类级科目。这8个信息项在27个政府性基金预算调查项目中占比为29.63%(见图5—1)。

另有16个信息项的信息公开程度在0~90%。这16个信息项在27个政府性基金预算调查项目中占比为59.26%(见图5—1)。

因此可见,在省级政府性基金预算透明度调查项目中,项目之间在信息公开程度上也存在着较大的差异。

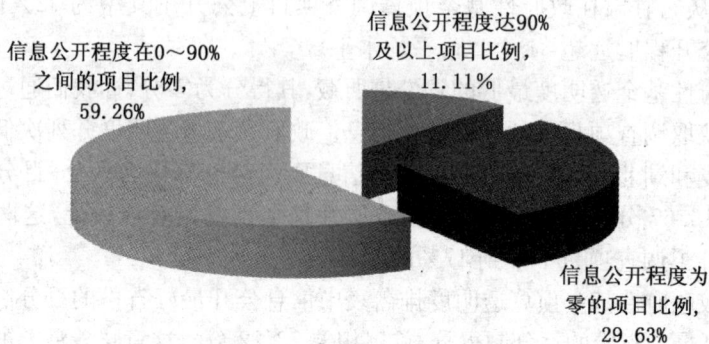

图 5—1　政府性基金预算各项目公开程度占比(2014)

5.3　政府性基金预算分省份透明度状况

如上所述,在省级政府性基金预算透明度整体水平较低的情况下,不同省份的信息公开状况是有差异的。为了更好地呈现这种差异,笔者着重从 31 个省份信息公开的分组情况与来源情况两方面进行了考察。结果显示,政府性基金预算分省份观察的透明度状况具有如下特点:

第一,政府性基金预算透明度的省际差异主要反映在透明度最高一组省份与其他组省份之间,大多数省份政府性基金预算透明度的差异不大。

笔者依据政府性基金预算透明度得分进一步对 31 个省份进行了分组,具体分为 30 分以下、30～60 分与 60 分以上三组。分组结果显示,政府性基金预算透明度得分在 60 分以上的省份有 5 个,分别是(按高分到低分排序)福建、重庆、甘肃、北京与广西,在 31 个省份中的占比为 16.13%,该组的平均得分为 67.78 分(见图 5—2)。透明度得分在 30～60 分的省份有 13 个,分别是(按高分到低分排序)新疆、内蒙古、浙江、山东、辽宁、吉林、黑龙江、湖南、云南、江苏、河南、海南和青海,在 31 个省份中的占比为 41.94%,其平均得分为 42.31 分(见图 5—2)。透明度得分在 30 分以下的省份也有 13 个,分别是(按高分到低分排序)天津、河北、上海、广东、四川、山西、安徽、江西、贵州、陕西、湖北、宁夏与西藏,在 31 个省份中的占比为 41.94%,该组平均得分仅为 21.79 分(见图 5—2)。

由分组情况可知,在省级政府性基金预算透明度评估中,有近 84% 的省份公开的信息不足调查项目的 60%,其中,近 42% 的省份公开的信息更是不足调查项目的 30%。当然,也有 16% 的省份公开了公共预算调查项目中至少60% 的信息,其中,福建、重庆与甘肃公开的调查信息更是高达 72.2%。

上述分组情况说明,省际间在政府性基金预算调查项目上的信息公开差异主要是信息公开最好一组省份和其他组省份之间的差异,信息公开最好一组省份的平均得分比第二组省份的平均得分高出 25.47 分,比信息公开最差省份的平均得分高出了 45.99 分。信息公开最好一组以外的大多数省份的政府性基金透明度仍然较低,除西藏外,其他省份在政府性基金预算调查信息项的公开状况差异并不是很大,这一点从各省份得分的高度一致也可以得到说明。

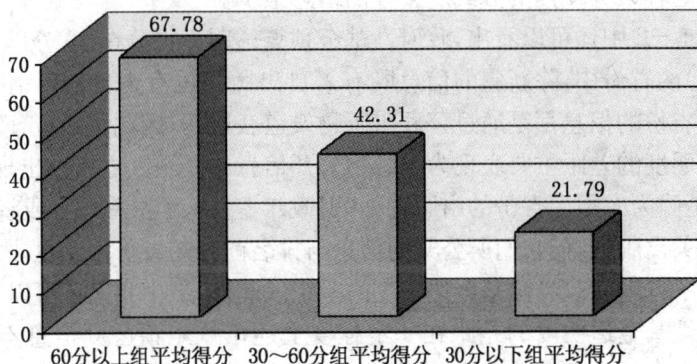

图 5—2　各组政府性基金预算平均得分(2014)

第二,在所有公开的信息中,通过出版物公开的占比最大,依申请公开方式获取的信息次之,省际间政府性基金预算透明度的差距主要是由出版物公开信息与依申请公开信息的差别所引起。

上述各省份政府性基金预算评估分组结果显示,有 17.22% 的省份公开了政府性基金预算调查项目中至少 60% 以上的信息,而从各省份平均水平来看,政府性基金预算调查项目信息公开程度为 37.81%。那么,这些公开的信息主要来自什么渠道呢? 为此,笔者对各省份政府性基金预算信息的来源情况进行了统计(见图 5—3 和表 5—2)。

由图 5—3 可知,在政府性基金调查项目中,有 62.19% 的信息尚未公开。在公开的 37.81% 的信息中,16.28% 的信息是通过出版物渠道公开的,通过出版物渠道公开的信息最多;有 10.93% 是通过依申请公开方式公开的,这一方式所获取的信息占比位居其次;还有 8.6% 的信息是通过网络渠道公开的,

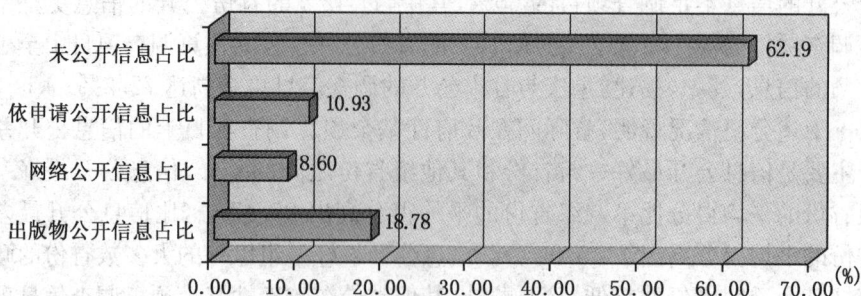

图5—3 政府性基金预算信息来源情况统计

通过网络这种最为便捷的方式所公开的信息最少。

从表5—2中还可以看出,政府性基金预算透明度得分在60分以上(即排名前5位)的省份中,除新疆的信息既有来自出版物也有来自依申请公开外,其余4个省份的信息都是通过公开出版物渠道获取的,因此,各省份政府性基金预算透明度的差距主要表现为出版物公开信息的差距。之所以出现这一现象,主要是因为有很多省份的出版物如"财政年鉴"等无法获得①,或者即使是获得了相关出版物,但它们所公开的信息与排名前列的省份相比也非常有限,从而造成了省际间政府性基金透明度的差距。此外,从中我们还可以看出,省际间政府性基金透明度的差距在一定程度上还由依申请公开信息不同所引起,有10个省份按照项目组依申请公开的要求提供了部分信息,但其余省份则仍未提供相关信息。

表5—2　　　　　　　各省份政府性基金预算信息来源情况统计　　　　　　单位:%

省份	出版物公开 信息占比	网络公开 信息占比	依申请公开 信息占比	未公开 信息占比
北京	61.11	0	0	38.89
天津	0	0	27.78	72.22
河北	0	0	27.78	72.22
山西	0	22.22	0	77.78
内蒙古	50	0	0	50

---

① 本课题组安排了工作人员专门负责购买各省份的出版物如"财政年鉴",但经过很多努力,仍然有部分省份的出版物无法获得。

省份	出版物公开信息占比	网络公开信息占比	依申请公开信息占比	未公开信息占比
辽宁	0	0	44.44	55.56
吉林	0	0	44.44	55.56
黑龙江	0	0	44.44	55.56
上海	0	0	27.78	72.22
江苏	33.33	0	0	66.67
浙江	38.89	11.11	0	50
安徽	0	22.22	0	77.78
福建	33.33	0	38.89	27.78
江西	0	22.22	0	77.78
山东	50	0	0	50
河南	0	33.33	0	66.67
湖北	16.67	0	0	83.33
湖南	38.89	0	0	61.11
广东	0	27.78	0	72.22
广西	61.11	0	0	38.89
海南	0	33.33	0	66.67
重庆	72.22	0	0	27.78
四川	0	0	27.78	72.22
贵州	0	0	22.22	77.78
云南	0	38.89	0	61.11
西藏	0	0	0	100
陕西	0	22.22	0	77.78
甘肃	72.22	0	0	27.78
青海	0	33.33	0	66.67
宁夏	16.67	0	0	83.33
新疆	22.22	0	33.33	44.45

资料来源:本课题组调查数据。

5.4 政府性基金预算分项目透明度状况

如上所述,在政府性基金预算透明度整体水平较低的情况下,27个信息调查要素的公开状况是有差异的。它们呈现出如下特点:

第一,收入类科目的透明度高于支出类科目,且支出按功能分类的透明度高于按经济性质分类的透明度。

政府性基金预算按收支进行分类,可以分为政府性基金收入和政府性基金支出两大部分。其中,在政府性基金预算总预算部分,政府性基金收入项目中包含了3个信息调查要素(见表5—3),分别为省总预算政府性基金预算收入款级科目、省总预算政府性基金预算收入项级科目与省总预算政府性基金预算收入目级科目。综合3个信息调查要素得分情况可以看出,省级政府性基金预算收入调查项目的平均得分为73.12分,即省总预算政府性基金预算收入项目的信息公开程度约为73%。

政府性基金预算支出项目中包含了5个信息调查要素(见表5—3),分别是省总预算政府性基金预算支出功能分类类级科目、省总预算政府性基金预算支出功能分类款级科目、省总预算政府性基金预算支出功能分类项级科目、省总预算政府性基金预算支出经济分类类级科目与省总预算政府性基金预算支出经济分类款级科目。综合5个信息调查要素得分情况可以看出,省级政府性基金预算支出调查项目的平均得分为39.35分,即省总预算政府性基金预算支出项目的信息公开程度约为39%。

显然,省总预算政府性基金预算收入项目的透明度高于省总预算政府性基金预算支出项目的透明度。

省总预算政府性基金预算支出项目可进一步按功能分类和按经济性质分类。其中,功能分类支出项目中包含了3个信息调查要素(见表5—3)。综合3个信息调查要素的得分情况,省级政府性基金预算功能类支出调查项目的平均得分为65.59分,即省总预算政府性基金预算功能类支出项目的信息公开程度约为66%。

省总预算政府性基金预算经济分类支出项目中包含了2个信息调查要素(见表5—3)。综合2个信息调查要素的得分情况,省级政府性基金预算经济性质分类支出调查项目的平均得分为零分,即省总预算政府性基金预算没有公开任何按经济性质分类支出项目的信息。

由此可见,省级政府性基金预算功能类支出调查项目的透明度远超经济性质分类支出调查项目的透明度。

表 5—3　　政府性基金预算调查项目按收支与科目分类的情况统计(2014)

信息要素			各调查项目平均得分			
			实得分	百分数	百分数	百分数
省总预算政府性基金预算收支总额			1.94	96.77	96.77	96.77
收入调查项目	款级科目	省总预算政府性基金预算收入款级	1.94	96.77	73.12	73.12
	项级科目	省总预算政府性基金预算收入项级	1.81	90.32		
	目级科目	省总预算政府性基金预算收入目级	0.65	32.26		
支出调查项目	功能类支出调查项目	类级科目 省总预算政府性基金预算支出功能分类类级	1.55	77.42	65.59	39.35
		款级科目 省总预算政府性基金预算支出功能分类款级	1.61	80.65		
		项级科目 省总预算政府性基金预算支出功能分类项级	0.77	38.71		
	经济类支出调查项目	类级科目 省总预算政府性基金预算支出经济分类类级	0.00	0.00	0	
		款级科目 省总预算政府性基金预算支出经济分类款级	0.00	0.00		
本调查项目平均得分			0.57	56.99		

说明:该表省级政府性基金预算收支项目仅限于调查提纲的总预算部分,该表假设,在 31 个省份的总预算部分,所有的公共预算收支调查项目只需按实际所设层级的科目公开信息。

第二,预算科目越是明细,其透明度状况越差。

不同项目在信息公开状况上有差异,这种差异在政府性基金预算按科目分级的不同调查项目之间同样表现得比较明显。

按照我国现有政府收支分类,政府性基金预算收入科目分为款、项、目三级,政府性基金预算支出按功能分类分为类、款、项三级,按经济性质分类分为类、款两级。在省级政府性基金预算透明度评估中,预算科目的信息调查要素是按我国现有政府性基金预算的科目逐级设计的,各级科目的评估结果见表5—3。

由表5—3可知,在政府性基金预算收入调查项目中,款级科目的实得分为1.94分,按百分数计算的得分为96.77分;项级科目的实得分下降为1.81分,按百分数计算的得分下降为90.32分;目级科目的实得分则进一步下降为

省级政府性基金透明度评估

0.65分,按百分数计算的得分仅为32.26分。收入科目的透明度由款至目分类,呈现出逐级下降的趋势。

上述变化趋势在政府性基金支出功能类调查项目上也基本上得到了体现。从表5—3中可以看出,政府性基金预算支出功能分类类级科目的实得分为1.55分,按百分数计算的得分为77.42分;功能分类款级科目的实得分小幅上升为1.61分,按百分数计算的得分为80.65分[①];而功能分类项级科目的实得分则大幅下降为0.77分,按百分数计算的得分仅为38.71分。

总之,政府性基金预算款级科目的信息公开状况好于项级科目,项级科目的信息公开状况好于目级科目。换言之,越是粗略的预算科目,其透明度越好;越是明细的预算科目,其透明度越差。

第三,政府性基金预算本级汇总调查项目的透明度高于本级明细调查项目的透明度,并且在省、市、县、乡四级政府中,省本级调查项目的透明度最高。

不同项目之间在信息公开状况上是有差异的,这种差异还体现在政府性基金预算按政府分级的不同调查项目之间。

上述分析重点考察了政府性基金总预算的信息公开状况,政府性基金总预算既包含了省本级政府性基金预算信息,也包含了其下辖各级政府的政府性基金预算信息。为更好地反映各本级政府在政府性基金预算调查项目上的信息公开状况,本课题组在政府性基金预算透明度调查提纲中专门设置了"分级预算"内容。

政府性基金分级预算内容包含了"本级分级汇总预算"和"本级分级明细预算"两部分。在"本级分级汇总预算"中,按照政府层级进行纵向分类,本课题组考察了省本级、地市本级、区县本级以及乡镇级政府性基金预算收支分类科目,每级政府性基金预算收支分类科目具体包括3个信息调查要素,共计12个信息调查要素。

调查结果显示(见表5—4),"本级分级汇总预算"部分的百分制平均得分为24.73分,在省、市、县、乡四级政府中,省本级政府性基金预算收支科目透明度的得分为40.86分,其中,省本级政府性基金预算收入科目的透明

---

① 之所以出现功能分类款级科目的得分超过类级科目的得分,是因为某些省份的支出功能分类信息展示中直接展示了款级科目的信息,而没有严格按照类、款、项的格式来展示,尽管我们从款级科目的信息中可以倒推获得类级科目的信息,但这无疑增加了信息获取者的难度,违反了信息公开的系统性和便利性等原则,故对于这类情形,项组在评分中只给了款级项目得分,而不给类级科目得分。

度得分为 61.29 分,省本级政府性基金预算支出科目的透明度得分为30.65 分,省本级政府性基金预算支出中的经济分类支出科目的透明度得零分。汇总的地市本级、区县本级、乡镇级政府性基金预算收支科目的透明度得分均为 19.35 分,其中,汇总的地市本级、区县本级、乡镇级政府性基金预算收入科目的透明度得分均为 29.03 分,汇总的地市本级、区县本级、乡镇级政府性基金预算支出科目的透明度得分均为 14.52 分,汇总的地市本级、区县本级、乡镇级政府性基金预算支出中的经济分类支出科目的透明度均得零分。

显然,在政府性基金预算本级分级汇总预算中,省本级政府性基金预算调查项目的信息公开状况好于地市本级、区县本级及乡镇级;并且与政府性基金预算总预算一样,政府性基金预算收入调查项目的信息公开状况好于支出调查项目,而在支出调查项目中,功能类支出调查项目的信息公开状况又明显好于经济分类支出调查项目。

"本级分级明细预算"部分包括两类信息调查要素,分别是各地市本级政府性基金预算收支类级科目与各区县本级政府性基金预算收支类级科目。每类信息调查要素中各包含 3 个调查项目,共计 6 个调查项目。

由调查结果可知(见表 5-4),各地市本级与各区县本级政府性基金预算收支科目的透明度百分制得分均为 6.45 分,其中,各地市本级与各区县本级政府性基金预算收入科目的透明度得分均为 9.68 分,各地市本级与各区县本级政府性基金预算支出科目的透明度得分均为 4.84 分,各地市本级与各区县本级政府性基金预算支出中的经济分类支出项目的透明度得分均为零分。

与上述分析一样,在"本级分级明细预算"调查项目中,各地市本级与各区县本级政府性基金预算收入调查项目信息公开状况仍然好于支出调查项目,而在支出调查项目中,功能类支出调查项目又明显好于经济分类支出调查项目。

综合上述"本级分级汇总预算"调查项目和"本级分级明细预算"调查项目可知,"本级分级汇总预算"调查项目的信息公开状况明显好于"本级分级明细预算"调查项目,前者的得分是后者的 3.83 倍。此外,在省、市、县、乡四级政府中,省本级政府性基金预算的透明度也明显高于其他三级政府,其透明度得分是其他三级政府透明度得分的 2.11 倍。

表5—4　　　政府性基金预算调查项目按政府级次统计的情况(2014)

信息调查要素			各调查项目平均得分				
			实际分	百分数	百分数	百分数	百分数
本级汇总调查项目	省本级调查项目	收入类	省本级政府性基金预算收入类级科目	0.61	61.29	61.29		40.86
		支出类	省本级政府性基金预算支出功能类级科目	0.61	61.29		30.65	
			省本级政府性基金预算支出经济类级科目	0.00	0.00			
	市本级调查项目	收入类	地市本级政府性基金预算收入类级科目	0.29	29.03	29.03		19.35	24.73
		支出类	地市本级政府性基金预算支出功能类级科目	0.29	29.03		14.52	
			地市本级政府性基金预算支出经济类级科目	0.00	0.00			
	县本级调查项目	收入类	县级本级政府性基金预算收入类级科目	0.29	29.03	29.03		19.35
		支出类	县级本级政府性基金预算支出功能类级科目	0.32	29.03		14.35	
			县级本级政府性基金预算支出经济类级科目	0.00	0.00			
	乡级调查项目	收入类	乡级政府性基金收入类级科目	0.29	29.03	29.03		19.35
		支出类	乡级政府性基金支出功能类级科目	0.29	29.03		14.52	
			乡级政府性基金支出经济类级科目	0.00	0.00			
本级明细调查项目	各市本级调查项目	收入类	各地市本级政府性基金收入类级科目	0.10	9.68	9.68		6.45	6.45
		支出类	各地市本级政府性基金支出功能类级科目	0.10	9.68		4.84	
			各地市本级政府性基金支出经济类级科目	0.00	0.00			
	各县本级调查项目	收入类	各县本级政府性基金收入类级科目	0.10	9.68	9.68		6.45
		支出类	各县本级政府性基金支出功能类级科目	0.10	9.68		4.84	
			各县本级政府性基金支出经济类级科目	0.00	0.00			
本调查项目平均得分			0.19	18.64			

6 省级政府财政专户透明度评估

　　2012 年十一届全国人大常委会第二十七次会议再次审议了《中华人民共和国预算法修正案（草案二次审议稿）》，草案建议规定"有预算收入上缴义务的部门和单位，应当依照法律、行政法规和国务院的规定，将应当上缴的预算资金及时、足额地上缴国家金库（以下简称"国库"）和依法设立的财政专户，不得截留、占用、挪用或者拖欠"，如果按照二审稿提出的修改方案执行，国库账户体系将由"国库账户"与"财政专户"两个体系组成，本应逐步退出历史舞台的财政专户制度不仅没有被取消反而在《预算法》取得了合法地位，对此引起了不少学者的异议。

　　财政专户的去留关系着能否把所有政府性收入纳入预算实行全口径预算管理的大问题。如果财政专户长期游离在人大监督、人行国库监督和社会监督之外，"全面规范、公开透明的预算制度"也就无从谈起，因此有必要了解财政专户制度的来龙去脉、管理状况和向社会公开情况，作一个客观的评价。综合上述考虑，本课题组把财政专户管理资金作为一项新的重要内容纳入 2014 年省级财政透明度评估体系。

6.1 财政专户的基本概念与发展演变

6.1.1 财政专户的基本概念

《中央预算外资金财政专户管理暂行办法》(财综字[1996]121号)较早地界定了财政专户的概念:"中央预算外资金财政专户是财政部在有关银行开设的预算外资金专用账户,用于对中央部门和单位预算外资金实行收支两条线管理。"随着"预算外"概念的取消,"预算外资金财政专户"的叫法也随之变成了"财政专户"。

对于什么是财政专户,《中华人民共和国预算法修正案(草案二次审议稿)》和财政部2013年颁布的《财政专户管理办法》各有一个解释说明。预算法修正案中的界定为:"财政专户是指对法律、行政法规和国务院规定的特定专用资金设立的专户,财政专户纳入国库单一账户体系管理;国务院财政部门应当将财政专户收支情况纳入信息管理系统,并与国库实现信息共享。"财政部的概念界定则更加明确:"财政专户,是指财政部门为履行财政管理职能,在银行业金融机构开设用于管理核算特定资金的银行结算账户。"其中,特定资金包括社会保险基金、国际金融组织和外国政府贷款赠款、偿债准备金、待缴国库单一账户的非税收入、教育收费、彩票发行机构和销售机构业务费、代管预算单位资金等;银行业金融机构是指在中华人民共和国境内依法设立的商业银行、城市信用合作社、农村信用合作社等吸收公众存款的金融机构以及政策性银行。另外,值得注意的是,财政部门根据财政国库管理制度改革方案开设的财政零余额账户不属于财政专户。

从财政部的界定来看,财政专户只是2011年预算外资金全部纳入预算管理后"预算外财政专户"的转换形式,是从收入管理角度设立的财政专户。这与现实财政管理中的财政专户仍有一定差距,是狭义的财政专户。现实财政管理中还存在从支出管理角度设立的财政专户,是国库集中支付改革时设立的特殊专户的演化。2001年国库集中支付改革之初,在国库单一账户体系中就包括"特设专户",其存在的主要原因是要解决我国处于改革发展的关键时期某些政策性、具有特殊意义的支出项目,如粮食风险基金等。为了保证这类支出的需要,设置了财政专门账户,该账户用于记录、核算和反映预算单位的特殊专项支出活动,并与国库单一账户清算。预算单位不得将特设专户的资金转入本单位其他账户,也不得将其他账户资金转入本账户核算。除上述两类财政专户外,还有社会保障基金财政专户、外国政府和国际金融组织贷款赠款财政专户。由于支出类财政专户分散在公共财政预算、政府性基金预算等其他预算账户体系中,社会保险基金财政专户有专门的社会保险基金预算透明度评估,国际贷款赠款财政专户资金量较小而未暂时纳入省级财政透明度评估体系,本课题组评估按财政部分类管理方法界定的财政专户资金。

6.1.2　财政专户的产生与发展演变

财政专户起源于预算外专户。新中国成立之初,中国实行的是统收统支型财政管理体制,其主要特征是中央财政拥有全部财政资金管理权限。1958年,为了调动地方的积极性,国家开始将预算内的部分收入放到预算外管理。随着预算外资金的产生,为了摆放和管理这部分资金,开始设立财政专户①,但这时的财政专户仍未得到正式确认,属于萌芽状态的财政专户。改革开放后,由于财政粗放式管理,各地将预算内转为预算外资金的现象不断蔓延,预算外资金规模迅速膨胀,各种名目的财政专户也应运而生,财政专户设置和管理出现较为混乱的局面,以至于扰乱了正常的财经秩序。

在传统计划经济体制向社会主义市场经济体制过渡中,一些地方、部门和单位乱收费,化预算内收入为预算外收入,将这笔资金变成单位的“小金库”,或用于计划外项目、盲目扩大固定资产投资规模,或挪用生产发展基金发放奖金、实物和搞福利等,在一定程度上加剧了固定资产投资规模和消费基金膨胀。针对这一情况,国务院出台了《关于加强预算外资金管理的通知》(国发〔1986〕44 号),规定:“各地区、各部门对预算外资金的管理,可以在资金所有权不变的前提下,对于事业行政单位管理的预算外资金,原则上采取由财政部门专户储存,计划管理,财政审批,银行监督的方式。专户储存的预算外资金,不准用于开办金融机构(少数财政拨款有偿使用除外)、开发公司,未经批准不得用于基本建设投资。”随后召开的中共十三届三中全会提出了“治理经济环境,整顿经济秩序,全面深化改革”的方针,实行紧缩财政、紧缩信贷的“双紧”政策。1988 年 1 月 13 日,为进一步贯彻国务院《关于加强预算外资金管理的通知》精神和配合宏观调控政策,财政部出台了《关于对中央事业行政单位预算外资金实行财政专户储存的通知》(财政部(88)财预外字第 1 号),决定对中央事业行政单位预算外资金开始实行财政专户储存。纳入第一批财政专户储存管理的有 11 个中央部门的所属事业、行政单位。财政部认为,专户储存管

---

①　赵静和熊剑锋都认为财政专户产生于计划经济时期,但在官方文件中最早出现“财政专户”这一概念是 1986 年的《关于加强预算外资金管理的通知》。可参见赵静:《“财政专户”进预算法是倒退》,《证券市场周刊》2012-08-03;熊剑锋:《政府收支全口径预算难题》,《凤凰周刊》2013 年第 3 期。

理制度在防止不合理开支、引导资金流向、帮助企业加强财务管理、控制"两个膨胀"等方面都起到了积极的作用,继而在 1989 年 4 月 13 日颁布了《财政部关于对中央事业行政单位预算外资金全面实行财政专户储存的通知》(财政部(88)财综字第 11 号),对在京所有中央事业、行政单位的预算外资金进行专户管理,对京外的中央事业、行政单位仍然委托该单位所在省、自治区、直辖市财政部门按照(88)财预外字 1 号文件的有关规定办理。在中央单位实施预算外收入专户管理的同时,一些地方政府也开始推行财政专户制度。如 1986 年10 月,上海市财政局出台了《关于事业行政单位预算外资金实行财政专户集中储存的若干规定》,将市政工程局公路管理处的公路养路费、车辆购置附加费提成收入纳入第一批实行专户储存的资金项目。①

随着 1992 年社会主义市场经济地位的确立和 1994 年分税制财税体制改革的深入,在社会经济迅猛发展的同时,预算外资金收入范围和数量也急剧增大和扩展,预算外资金的收支失去协调,出现了大量违法、违纪、违规现象。为加强对预算外收入的监管,《国务院关于加强预算外资金管理的决定》(国发〔1996〕29 号)规定:"财政部门要在银行开设统一的专户,用于预算外资金收入和支出管理。部门和单位的预算外收入必须上缴同级财政专户,支出由同级财政按预算外资金收支计划和单位财务收支计划统筹安排,从财政专户中拨付,实行收支两条线管理。"预算外资金虽然进入了财政专户管理,但国库单一账户体系仍未建立,这一阶段财政性资金缴库和拨付方式仍是通过征收机关和预算单位设立多重账户分散进行的。随后,财政部颁布的《中央预算外资金财政专户管理暂行办法》(财综字〔1996〕121 号)第四条规定了财政专户的用途:"中央财政专户的基本职责是:(一)办理中央部门和单位预算外资金的收缴和拨付;(二)对中央部门和单位预算外资金进行会计账务核算;(三)定期反映和报告中央预算外资金收支计划执行情况;(四)督促检查中央预算外资金收入及时足额缴入中央财政专户;(五)其他与中央财政专户有关的事务。"在改革预算外资金收缴制度,实行收缴分离,建立"单位开票、银行代收、财政统管"的非税收入收缴制度的同时,各类"财政专户"也雨后春笋般地出现,一个单位收取一项预算外收入就会有相应的财政专户在商业银行开设。

2001 年中国实施国库单一账户制度后,在深化"收支两条线"改革的同时将所有预算内的税收和非税收入都纳入国库,将非税收入执收单位和预算单位自己设立的各种财政专户予以取消,统一由各地各级财政部门设立财政专

---

① 《上海财政税务志》编纂委员会:《上海财政税务志》,上海社会科学院出版社 1995 年版。

户,用于存放各种罚没收入、行政事业性收费等预算外收入。自财政国库集中收付制度改革以来,财政部门逐步规范了预算单位银行账户管理,先后制定了《中央预算单位银行账户管理办法》、《关于零余额账户管理有关事项的通知》等办法,清理整顿了预算单位银行账户,但对地方财政专户及财政部门在商业银行开设的其他账户却没有统一规定。图6—1展示的是预算外收入纳入预算管理之前的国库单一账户体系,可见预算外财政专户是与国库存款账户平行并列的财政核算账户。2010年取消预算外收入概念后,这一地位也没有发生改变,只不过是将预算外财政专户换成了财政专户。

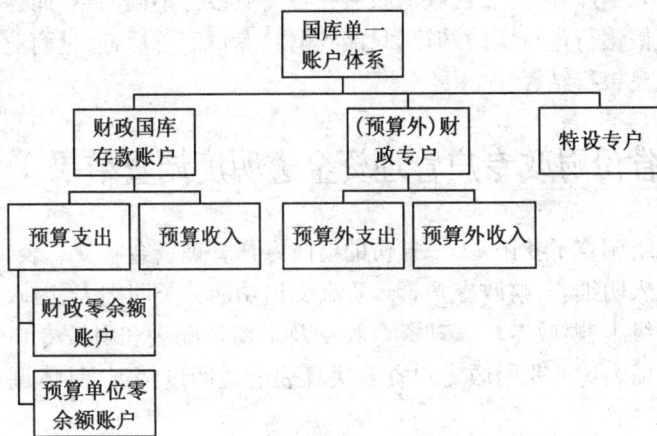

图6—1 (预算外)财政专户在国库单一账户体系中的地位

2006年后,中央开始了对财政专户的清理整顿,探索治理财政专户问题的长效机制,如财政部印发《关于加强与规范财政资金专户管理的通知》(财办〔2006〕12号),要求各级财政部门对本级开设的财政专户进行认真清理整顿,并以归口统一管理、严格按程序开设专户、同类专户归并、慎重选择开户银行。2011年,财政部又印发了《财政部关于清理整顿地方财政专户的通知》(财库〔2011〕1号)和《关于进一步完善制度规定切实加强财政资金管理的通知》(财办〔2011〕19号),2012年还印发了《财政部关于加强和规范社会保障基金财政专户管理有关问题的通知》(财社〔2012〕3号),要求除教育收费和彩票公益金等少数非税收入和社会保险基金外所有预算外收入纳入预算,这也意味着这些收入要进入国库存款账户。《国务院办公厅转发财政部关于进一步加强财政专户管理意见的通知》(国办发〔2012〕17号)要求"政府及其财政部门要严格按规定使用财政专户资金,做到专款专用,禁止将非财政专户管理的资金违规调入财政专户,禁止将财政专户资金借出周转使用,禁止违反规定改变财政专户资金用途,禁止利用财政专户资金对外提供担保质押";"财政部门管理的非税收入收缴财政专户中应缴入国库的资金,必须按规定时限足额缴库,不得坐支和用于调节收入进度。要结合非税收入收缴改革工作进程,逐步实现非税收入直接缴库。对收缴的社会保险基金,要及时足额将资金划入社会保险基金财政专户"。从上述规定来看,中央政府希望保持财政专户与国库单一账户平行不交叉的关系,管理国库与财政专户之间不要资金调度,国库资金不能"以拨作支"方式调入财政专户。然而,现实中,非税收入还是需要财政专户转一下才能进入国库,因为非税收入收缴在各商业银行不同网点,而这些网点不能与中国人民银行进行实时结算,只能到财政专户汇总后,通过商业银行的总行与中国人民银行结算。①

6.2 各省份财政专户管理资金透明度调查结果

本课题组调查了我国 31 个省份的财政专户管理资金收支总表、财政专户管理资金收入明细表、财政专户管理资金支出功能分类明细表、财政专户管理资金收支分级表、财政专户管理资金收支及平衡情况表和财政专户管理资金年终资产负债表这 6 张财政专户资金决算表的透明度情况,具体调查内容分为两大类 27 项。

第一类是省总预算财政专户资金信息(9 项):1 项专户资金规模信息(省总预算财政专户收支总额),3 项专户资金收入信息(省总预算财政专户收入款级科目、省总预算财政专户收入项级科目、省总预算财政专户收入目级科目),5 项专户资金支出信息(省总预算财政专户支出功能类级科目、省总预算财政专户支出功能款级科目、省总预算财政专户支出功能项级科目、省总预算财政专户支出经济类级科目、省总预算财政专户支出经济款级科目)。

第二类是分级预算财政专户资金信息(18 项):3 项省本级财政专户资金信息(省本级财政专户收入类级科目、省本级财政专户支出功能类级科目、省本级财政专户支出经济类级科目),3 项地市本级财政专户资金信息(地市本级财政专户收入类级科目、地市本级财政专户支出功能类级科目、地市本级财政专户支出经济类级科),3 项县级本级财政专户资金信息(县本级财政专户收入类级科目、县本级财政专户支出功能类级科目、县本级财政专户支出经济

---

① 席斯、陈哲:《财政存款制度漏洞大开　张美芳不会是绝唱》,《经济观察报》2010-11-26。

类级科目),3项乡级财政专户资金信息(乡级财政专户收入类级科目、乡级财政专户支出功能类级科目、乡级财政专户支出经济类级科目),3项分地区的地市本级财政专户资金信息(各地市本级财政专户收入类级科目、各地市本级财政专户支出功能类级科目、各地市本级财政专户支出经济类级科目),3项分地区的县级本级财政专户资金信息(各县级本级财政专户收入类级科目、各县级本级财政专户支出功能类级科目、各县级本级财政专户支出经济类级科目)。

6.2.1 各信息项的信息公开情况

如表6—1所示,在调查的27项内容中,没有一项是所有省份都公开的,同时还存在9项所有省份都没有公开的信息项(集中在各级支出功能项级、款级科目信息和专户支出经济类科目信息)。下面就仅有一些省份公开的专户资金信息作一个简单说明:

(1)省总预算财政专户资金信息

北京、河北、山西等18个省份公开了财政专户管理资金收支总表,故而在"省总预算财政专户收支总额"、"省总预算财政专户收入款级科目"、"省总预算财政专户支出功能类级科目"这3项调查内容中有18个省份完全公开了这方面信息;而天津、吉林、安徽等其他13个省份没有公开任何关于财政专户管理资金的信息,在上述3项调查内容中没有公开信息的省份数为13个。辽宁、黑龙江、福建、山东、海南、甘肃、新疆这7个省份还直接提供或在公开出版物中发布了《财政专户管理资金收入明细表》和《财政专户管理资金支出功能分类明细表》,故而"省总预算财政专户收入项级科目"、"省总预算财政专户收入目级科目"和"省总预算财政专户支出功能款级科目"这3项调查内容中有7个省份完全公开了这方面信息,而另外24个省份没有公开这两项内容的任何信息。上述7个省份在公布财政专户管理资金收入明细表的同时还公布了《财政专户管理资金支出功能分类明细表》,另外,有四川省财政厅向课题组直接提供了《财政专户管理资金支出功能分类明细表》,因此总共有8个省份完全公开了"支出功能款级科目"。

(2)分级预算财政专户资金信息公开情况

《财政专户管理资金收支分级表》信息的公布情况不如《财政专户管理资金收支总表》那么完备。辽宁、黑龙江、江苏和海南这4个省份部分提供了收支分类信息;山东、新疆这2个省份虽提供了完全的"收支分级信息",但只部分公开了"收支分级详细信息"。当然,也有个别省份(重庆和甘肃)完全公开了财政专户资金分级信息情况。因此,总体而言,省本级财政专户资金信息的得分最高,为0.58分;省以下各级地方政府本级财政专户资金信息的得分其次,地市级本级、县级本级和乡级的得分均为0.32分;分地区地市级本级和分地区的县级本级财政专户资金信息得分最低,各为0.12分。

表6—1　　　　省级财政专户管理资金各调查项目透明度情况(2014)

调查项目	调查项目内容	权重	完全公开的省份	部分公开的省份	未公开的省份	各省份平均得分
1	省总预算财政专户收支总额	2	18	0	13	1.16
2	省总预算财政专户收入款级科目	2	18	0	13	1.16
3	省总预算财政专户收入项级科目	2	7	0	24	0.45
4	省总预算财政专户收入目级科目	2	7	0	24	0.45
5	省总预算财政专户支出功能类级科目	2	18	0	13	1.16
6	省总预算财政专户支出功能款级科目	2	7	0	24	0.45
7	省总预算财政专户支出功能项级科目	2	0	0	31	0.00
8	省总预算财政专户支出经济类级科目	2	0	0	31	0.00
9	省总预算财政专户支出经济款级科目	2	0	0	31	0.00
10	省本级财政专户收入类级科目	1	9	0	22	0.29
11	省本级财政专户支出功能类级科目	1	9	0	22	0.29
12	省本级财政专户支出经济类级科目	1	0	0	31	0.00
13	地市本级财政专户收入类级科目	1	5	0	26	0.16
14	地市本级财政专户支出功能类级科目	1	5	0	26	0.16
15	地市本级财政专户支出经济类级科	1	0	0	31	0.00
16	县本级财政专户收入类级科目	1	5	0	26	0.16
17	县本级财政专户支出功能类级科目	1	5	0	26	0.16

调查项目	调查项目内容	权重	完全公开的省份	部分公开的省份	未公开的省份	各省份平均得分
18	县本级财政专户支出经济类级科目	1	0	0	31	0.00
19	乡级财政专户收入类级科目	1	5	0	26	0.16
20	乡级财政专户支出功能类级科目	1	5	0	26	0.16
21	乡级财政专户支出经济类级科目	1	0	0	31	0.00
22	各地市本级财政专户收入类级科目	1	2	0	29	0.06
23	各地市本级财政专户支出功能类级科目	1	2	0	29	0.06
24	各地市本级财政专户支出经济类级科目	1	0	0	31	0.00
25	各县级本级财政专户收入类级科目	1	2	0	29	0.06
26	各县级本级财政专户支出功能类级科目	1	2	0	29	0.06
27	各县级本级财政专户支出经济类级科目	1	0	0	31	0.00

6.2.2 各省份的信息公开状况排名

在获得各省份的财政专户资金信息后,根据事先设定的评分标准(各项调查内容的权重根据重要性程度设定,各省份总预算专户资金信息调查项目的权重取为2,而各分级预算财政专户资金信息调查项目的权重取为1,详见表6-1),我们对各省份的财政专户资金公开状况进行了打分。表6-2是按百分制计算的2014年各省份财政专户管理资金透明度排序表(换算前满分为36分),31个省份平均得分为18.46分,其中甘肃等10个省份的得分高于平均分。根据各省份的得分情况,大致可将31个省份分成三类:

第一类是处于平均分以上的省份。在10个高于平均得分的省份中,甘肃得分最高,为66.67分,这也是唯一财政专户信息公开情况处于及格线以上的省份;山东和新疆并列第二,得分为55.56分;财政专户信息公开情况得分过半的还有重庆,得分刚好为50分;内蒙古、辽宁、黑龙江和海南并列第五,得分为38.89分;得分超过平均分的还有福建和江苏。

第二类是处于平均得分以下但非零分的省份。北京、河北、宁夏等9个省份的得分均在平均分以下,且全部为 16.67 分。

第三类是得分为零的省份。天津、吉林等 13 个省份未公布任何关于财政专户管理资金的信息,得分为零,其中有上海、广东等经济发达省份,也有安徽、江西、河南等中部省份和贵州、陕西等西部欠发达省份。

表 6-2　　　　各省份财政专户管理资金透明度得分及排名(2014)

排名	省份	百分制得分	排名	省份	百分制得分
1	甘肃	66.67	11	四川	16.67
2	山东	55.56	11	宁夏	16.67
2	新疆	55.56	19	天津	0
4	重庆	50.00	19	吉林	0
5	内蒙古	38.89	19	上海	0
5	辽宁	38.89	19	安徽	0
5	黑龙江	38.89	19	江西	0
5	海南	38.89	19	河南	0
9	福建	33.33	19	湖南	0
10	江苏	22.22	19	广东	0
11	北京	16.67	19	贵州	0
11	河北	16.67	19	云南	0
11	山西	16.67	19	西藏	0
11	浙江	16.67	19	陕西	0
11	湖北	16.67	19	青海	0
11	广西	16.67			

31 个省份平均得分:18.46 分

6.3　财政专户管理资金透明度调查结果分析

第一,未公布财政专户资金信息的省份较多,专户资金透明度总体水平较低。

从调查结果来看,13 个省份没有公布财政专户管理资金信息导致了财政专户透明度的总体水平较低,31 个省份的平均得分仅为 18.46 分,低于公共财政预算(39.85分)、政府性基金预算(37.81分)等其他纳入国库管理的财政资金的透明度。

第二,没有一个省份公布了全部财政专户管理资金信息。

在31个省份中,甘肃是唯一公开了除"支出功能项级科目"外其他9项调查内容的省份,得分也是最高的省份,但在《甘肃财政年鉴》中依然找不到关于"支出功能项级科目"的信息,因而没有一个省份公布了全部财政专户管理资金信息。由于财政专户管理基础工作薄弱,开多头账户的现象比较普遍,有关资金拨付、拨付审核、会计记账、记账复核都存在一定问题,管理混乱,以至于地方财政部门自己也搞不清有多少财政专户而无法提供完整的财政专户管理资金信息。财政专户管理资金信息透明度低的另外一个重要原因是:财政专户资金使用方便,是地方政府的"第二国库",可根据地方政府领导决策直接迅速地支持本地区经济社会发展的一些重大项目,不需经过人大等立法机关批准和国库审核,资金使用本身缺乏合法性促使地方政府选择性不公开财政专户管理资金信息。

第三,内容越细越不公开,没有任何省份公开"支出功能项级科目"信息。

8个省份提供了《财政专户管理资金支出功能分类明细表》,但没有一个省份公开"支出功能项级科目",原因在于财政部门决算报表的制度设计不合理。在财政部设计的《财政专户管理资金支出功能分类明细表》中,支出科目只需列到"款级科目",而无需列到"项级科目",如"一般公共服务"下面只要填写"人大事务"的决算数,而不用展示"人大事务"支出是用在"人大会议"方面还是"人大立法"方面。各个地方政府不愿公开"支出功能项级科目"信息的另外一个原因就是涉及内容较细。

第四,专户资金信息公开以公布出版物为主、依申请公开为辅,没有省份选择网上公开。

与公共财政预算等其他财政资金公开方式以公开出版物和网络出版为主要公开方式不同,财政专户资金信息基本不在网上公布,但部分省份可以依申请公开。在公布专户资金信息的18个省份中,有12个省份(北京、河北、山西、内蒙古、江苏、浙江、山东、湖北、广西、重庆、甘肃和宁夏)选择了以"财政年鉴"为公开渠道,另有7个省份(辽宁、黑龙江、福建、山东、海南、四川和新疆)选择依申请公开,其中山东以公开出版物和依申请公开两种途径公开。另外,值得注意的是,北京和湖北的财政年鉴虽有财政专户的相关信息,但这两个省份的财政年鉴都是内部出版物,发行量很小,社会公众很难买到。

6.4　省级财政专户管理资金信息公开的策略性行为

　　根据课题组以往年份对公共财政预算、政府性基金预算、国有资本经营预算和社会保障预算信息公开的调查,各个省份间存在"趋向中间地带"的模仿性行为,既不愿意走在最前面,也不愿意落在最后。为检验省级财政专户资金公开是否存在类似的问题,本课题组通过专户资金透明度的空间相关性系数来判断地方政府预算公开的策略性行为。

　　图6-2表明大部分省份落在第二、第四象限,地理相邻省份的透明度与本省份的财政专户透明度呈现负相关关系,Moran指数为-0.105。这告诉我们:省级财政专户的信息公开策略性地与相邻省份保持一定差异,各省份财政专户资金的信息公开程度没有出现一致"逐向低端"(race to the bottom)或"逐向高端"(race to the top)的情况。得分最高的省份并没有连成一片,甘肃、新疆这两个得分最高的省份处在西北地区,而海南处于我国南端,另外两个超过平均分的省份(辽宁和黑龙江)则处在东北地区。

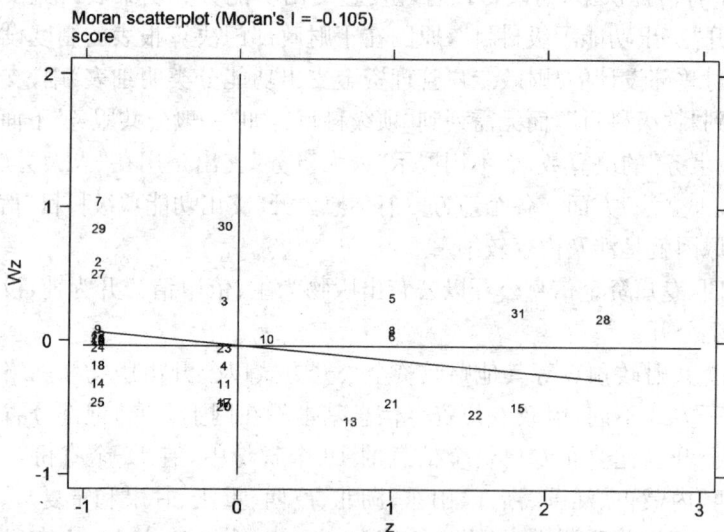

图6-2　省级财政专户透明度的 Moran 散点图

6.5 财政专户管理资金透明度的其他相关议题

6.5.1 部分地区财政专户资金开始纳入人大全口径预算监督管理,透明度在加强

在2011—2012年财政部组织开展清理整顿财政专户后,地方财政专户的种类和规模都有所缩减。此外,新一届政府上台后大力倡导"全口径预算管理"理念,各地人大对财政专户资金的监督管理也在加强,改变了长期以来财政专户管理资金游离于人大预算监督外的状况。在广东省广州市和浙江省义乌市2014年的人民代表大会上,财政专户管理资金预算与公共财政预算和政府性基金预算、国有资本经营预算、社会保险基金预算共同成为人大代表预算审查的主要内容,这表明在地方层面,财政专户预算已经成为公共财政预算、政府性基金预算、国有资本经营预算和社会保险基金预算外的"第五本预算"。另外,财政专户资金规模的信息也通过预算报告形式公布在政府网站上或地方性官方报纸上,如2013年义乌市地方公共财政预算收入633 101万元、财政专户收入191 043万元、政府性基金收入377 830万元、社会保险基金收入478 522万元、国有资本经营预算收入5 215万元,地方公共财政预算支出616 467万元、财政专户支出161 864万元、政府性基金支出780 998万元(含负债支出280 746万元)、社会保险基金支出302 090万元、国有资本经营预算支出4 895万元。[①]

6.5.2 财政专户管理资金信息的完整性和真实性问题

根据辽宁省财政厅提供的《2012年度辽宁省本级财政专户管理资金明细表》的内容,纳入财政专户管理的财政资金主要是行政事业性收费收入(教育收费)和其他收入(主要是彩票发行机构和彩票销售机构的业务费用)两类,但在实际管理中,辽宁省将国有资本经营预算也纳入了财政专户,这在《辽宁省人民政府关于建立国有资本经营预算制度的意见》(辽政发〔2007〕50号)中有明确规定:"国有资本经营预算收入由财政部门、国有资产监管机构收取、组织上交。企业按规定应上交的国有资本收益,应及时、足额直接上交同级财政专户。"因此,辽宁省财政厅提供的财政专户管理资金信息的完整性和真实性值得怀疑,当然这也不是辽宁省财政厅故意隐瞒财政专户资金信息,这其中存在

---

① 关于义乌市2013年综合财政预算执行情况和2014年综合财政预算草案的报告。

制度规定与现实财政管理脱节的因素,按照财政部的决算报表设计,国有资本经营预算收入确实不应该填写在《财政专户管理资金收入明细表》中。类似地,本课题组还发现了其他一些本该进入国库管理的财政资金却进入了财政专户的案例,如江西省财政厅厅长胡强在 2011 年底省级国有资本经营预算工作会议上的讲话提到:"国有资本收益上交采取申报核定制。先由企业填报《省属企业国有资本收益申报表》报省级预算单位初审,并报省财政厅核定;根据省财政厅核定金额,预算单位向监管企业下达国有资本收益上交通知,并开具省政府非税收入一般缴款书。属省国资委监管的国有企业,由省国资委负责组织上交;其他企业由归口监管部门负责组织上交。国有资本经营预算收入直接缴入省级非税收入财政专户。根据要求,国有独资企业应交企业税后利润、企业股利股息收入、产权收入、清算收入和其他国有资本经营收入五个方面收益都应该在收到上交通知和缴款书后 30 日内交清。"①

6.5.3 财政专户管理资金透明度低、缺乏监管导致的财经违纪

当前的财政专户制度不仅缺乏有效的外部监督,有些地方连基本的内部控制体系都没有,专户资金监守自盗的现象时有发生。如 2009 年 6 月 30 日,青岛市福利彩票发行中心将"群英会"彩票游戏保证金 2 070 万元以借款名义转移到以该中心主任王增先为法人代表的青岛福彩养老集团。同时,该中心还存在将收取的"中福在线"营业厅押金和宣传费合计 560 万元转移到青岛市市南区湛山农工商公司账户设立"小金库",以及价值 1 600 万元的游艇未入账形成"小金库"等问题。② 湖南常德市汉寿县财政局工作人员李某在 2008 年至 2011 年 2 月任综合规划股副股长期间,利用负责保管财政专项资金的权力,在 2008 年 5 月 28 日采取制作虚假移民项目合同、私自开具信用社转账支票和进账单的方式,将经手管理的 26.7 万元财政移民专户资金转入自己持有、使用的何某账户,用于归还个人欠款和消费。③

---

① 江西财政厅,胡强在省级国有资本经营预算工作会议上的讲话,http://www.jxf.gov.cn/JxfShowViews_pid_5ac1d90334790912013491b954b903f6. shtml。

② 匿名:《近年来查处的"小金库"典型案例》,《中国国土资源报》,2013-01-30。

③ 周臻、黄格峰、王钢:《湖南一县财政局工作人员挪用千万公款被公诉》,《湖南日报》,2013-10-17。

7 国有资本经营预算透明度评估

　　所谓国有资本经营预算,是指反映政府出资人以资本所有者身份取得的收入和用于资本性支出的预算,反映了国有资本所有者与国有资本经营者之间的收益分配关系。国家作为国有资本投资者依法取得国有资本收益,是应当享有的权利,也是建立国有资本经营预算制度的基础。

　　1993年,中共十四届三中全会通过的《中共中央关于建立社会主义市场经济体制若干问题的决定》首次提出建立国有资产经营预算;2002年,中共"十六大"确立了我国新的国有资产监督管理体制;2003年,中共十六届三中全会通过的《中共中央关于完善社会主义市场经济体制若干问题的决定》明确提出建立国有资本经营预算制度;2007年,中共"十七大"强调加快建设国有资本经营预算制度。按照中央部署,2007年,国务院发布了《国务院关于试行国有资本经营预算的意见》,规定国有资本收益具体包括:第一,应交利润,即国有独资企业按规定应当上交国家的利润;第二,国有股股利、股息收入,即国有控股、参股企业国有股权(股份)获得的股利、股息收入;第三,国有产权转让收入,即转让国有产权、股权(股份)获得的收入;第四,企业清算收入,即国有独资企业清算收入(扣除清算费用),国有控股、参股企业国有股权(股份)分享的公司清算收入(扣除清算费用);第五,其他国有资本收益。这些都为建立国有资本经营预算制度提供了依据,对国有资产出资人制度和落实国有资本收益权作出了规定。

2007年12月,财政部和国资委联合印发了《中央企业国有资本收益收取管理暂行办法》,同时明确地方国有企业由地方国资委决定上缴制度。经过3年试运行,2010年国务院决定,从2011年起将5个中央部门(单位)和2个企业集团所属共1 631户企业纳入中央国有资本经营预算实施范围,同时适当提高中央企业国有资本收益收取比例,其中资源类中央企业收取比例从10%提高到15%,一般竞争类中央企业收取比例由5%提高到10%,军工科研类中央企业收取5%。

2010年5月,财政部下发《关于推动地方开展试编国有资本经营预算工作的意见》后,绝大多数地方出台了实施国有资本经营预算的意见或办法,多数省(自治区、直辖市)开始编制国有资本经营预算,部分省(自治区)延伸到地市级。

千亿国有资产仅17亿受审议?

《羊城晚报》记者黄丽娜报道 2013-01-28 10:43

今年,广东省省级国有资本经营预算草案是首次提交省人代会审议。可这第一次的亮相,就遭到了代表的质疑:"1 000多亿的国有资本,居然只拿出来17亿接受审议,这么小的数,我审不审意义都不大。"代表建议,应该把国有企业的工资总额、奖金总额都拿出来给代表审一审、议一议。

对此,省人大代表、省人大常委会预算工委专职副主任黄平指出,提交给代表审议的国有资本经营预算草案太过于简单,"国有资本经营预算,今年是第一次提交到人代会上来,之前试编了三年。全国层面上早就已经提到全国人代会了,我们省今年才提交。但是,这个国有资本经营预算的概念有点不准确,它并不完全是国有资本经营的预算,而是国有资本经营收益当中集中到省财政的那一小部分。这一小部分提交上来接受审议的才17个亿,这个比例太小了。"黄平认为,下一步要研究一下,国有资本经营收益怎么集中到财政中来,这个比例应该怎么定,由谁来定。

代表们认为,省级国有企业有28家,其中不乏省交通集团、省水电集团、省盐业集团等大集团,资产庞大、收益也庞大,"但这些资料都没有提供给代表"。黄平指出,在国有资本经营预算中,首先应该把省级国有企业的总资产、总收益都列出来,"这当中拿出了多少比例的利润放到省财政的预算中都应该有交代。这样才能让代表判断出,为什么只有17个亿"。

除了这"模糊"的17亿,代表们还提出,国有资本经营支出的预算也太简单。"收入倒是把28个企业都列出来了,但是支出呢?就简单列了教育支出2 620万元、文化体育与传媒支出16 213万元,具体支出到了哪里也不知道,这怎么监督?"

7.1 各省份国有资本经营预算透明度调查结果

《财政信息调查提纲》(见附录1)对我国31个省份国有资本经营预算的透明度进行了考察。调查项目包括四大类:国有资本经营预算收支总额、国有资本经营预算收支明细、国有资本经营预算分级信息和国有资本经营预算分级及平衡明细。

7.1.1 各信息项的信息公开情况

(1)国有资本经营预算收支总额

这一信息包括预算收入总额和支出总额两项数据,有23个省份公布了该信息,天津等8个省份未公布该信息。

(2)国有资本经营预算收支明细

这一信息包括三部分:收入的明细、支出按功能分类的明细、支出按经济分类的明细。其中,收入的明细部分得分较高,有20个省份完全公开了收入的款级、项级科目,有15个省份公布了收入的目级科目;支出按功能分类的明细部分得分次之,有20个省份公布了支出按功能分类的类级科目,有15个省份公布了支出按功能分类的款级和项级科目;支出按经济分类的明细得分最差,没有一个省份公布该项明细,全部得零分。

(3)国有资本经营预算分级信息

这一信息主要揭示国有资本经营预算在省、地、县、乡四级政府的分布情况。该项信息得分较差,只有重庆和甘肃较为完整地披露该项信息。除了上述2个省份以外,吉林、黑龙江、安徽、山东、新疆5个省份披露了省本级的国有资本经营预算信息。省、地、县、乡国有资本经营预算按经济分类的支出科目,未见任何一省份公布,全部得零分。

(4)国有资本经营预算分级及平衡明细

这一信息调查项是调查各个地、县两级政府的国有资本经营预算分级及平衡明细,要求的信息量较大,是整个国有资本经营预算四大类中得分最差的。31个省份中,仅有甘肃公布了较为完整的信息。而在各个地、县两级政府国有资本经营预算支出按经济分类项目中,所有省份均未公布,全部得零分。

各信息项的信息公开情况如表7-1所示。

表 7—1　　　　**省级国有资本经营预算各调查项目透明度情况(2014)**

调查项目		完全公开信息的省份数	部分公开信息的省份数	没有公开信息的省份数	平均得分（满分100）
国有资本经营预算收支总额		23	0	8	74
国有资本经营预算收支明细	收入款级科目	20	0	11	65
	收入项级科目	20	0	11	65
	收入目级科目	15	0	16	48
	支出按功能分类类级科目	20	0	11	65
	支出按功能分类款级科目	15	0	16	48
	支出按功能分类项级科目	15	0	16	48
	支出按经济分类类级科目	0	0	31	0
	支出按经济分类款级科目	0	0	31	0
国有资本经营预算分级信息	省本级收入类级科目	7	0	24	23
	省本级支出按功能分类类级科目	7	0	24	23
	地市级收入类级科目	2	0	29	6
	地市本级支出按功能分类类级科目	2	0	29	6
	县本级收入类级科目	2	0	29	6
	县本级支出按功能分类类级科目	2	0	29	6
	乡本级收入类级科目	2	0	29	6
	乡本级支出按功能分类类级科目	2	0	29	6
	省本级支出按经济分类类级科目	0	0	31	0
	地市本级支出按经济分类类级科目	0	0	31	0
	县本级支出按经济分类类级科目	0	0	31	0
	乡本级支出按经济分类类级科目	0	0	31	0
国有资本经营预算分级及平衡明细	各地市本级收入类级科目	1	0	30	3
	各地市本级支出功能类级科目	1	0	30	3
	各地市本级支出经济类级科目	0	0	31	0
	各县本级收入类级科目	1	0	30	3
	各县本级支出功能类级科目	1	0	30	3
	各县本级支出经济类级科目	0	0	31	0

　　说明:各项得分加总不等于总得分,因为各项的权重不一样,详见本报告第2章关于权重的设定。

7.1.2 各省份的信息公开状况排名

在获得各省份的国有资本经营预算信息公开状况以后,我们根据事先设定的评分标准,给各省份打分,形成了"2014年各省份国有资本经营预算透明度排序表"(见表7—2)。31个省份的平均得分为25.63分(满分为100分),说明各省份在国有资本经营预算方面的信息公开程度整体上比较差。具体地看,各省份之间的悬殊也很大。

国有资本经营预算信息披露最好的省份:甘肃。甘肃除了未提供支出按经济分类类级和款级科目以外,提供了所有本课题组要求的信息,得了72.22分。

国有资本经营预算信息披露相对较好的省份:吉林、黑龙江、安徽、山东、重庆、新疆、北京、山西、内蒙古、辽宁、上海、广东、广西、云南、陕西15个省份。之所以称为"相对较好",是因为这些省份虽然得分都不及格,但透明度情况明显高于排名较差的15个省份,"矮子里选高个"。

国有资本经营预算信息披露较差的省份:浙江、河南、海南、宁夏提供了少量信息,均得到22.22分;江苏、湖北、贵州等7个省份稍许公布了一些信息,均得到5.56分。

国有资本经营预算信息披露最差的省份:天津、河北、福建、江西、湖南、四川、西藏、青海8个省份未公开国有资本经营预算的任何信息,全部得零分,并列垫底。

表7—2　　各省份国有资本经营预算透明度得分及排名(2014)

排名	省份	百分制得分	排名	省份	百分制得分
1	甘肃	72.22	17	浙江	22.22
2	吉林	44.44	17	河南	22.22
2	黑龙江	44.44	17	海南	22.22
2	安徽	44.44	17	宁夏	22.22
2	山东	44.44	21	江苏	5.56
2	重庆	44.44	21	湖北	5.56
2	新疆	44.44	21	贵州	5.56
8	北京	38.89	24	天津	0
8	山西	38.89	24	河北	0

国有资本经营预算透明度评估

排名	省份	百分制得分	排名	省份	百分制得分
8	内蒙古	38.89	24	福建	0
8	辽宁	38.89	24	江西	0
8	上海	38.89	24	湖南	0
8	广东	38.89	24	四川	0
8	广西	38.89	24	西藏	0
8	云南	38.89	24	青海	0
8	陕西	38.89			
31 个省份平均得分:25.63 分					

7.2 国有资本经营预算透明度调查结果分析

导致多数省份国有资本经营预算透明度调查得分低的原因主要有:

第一,财政部门未制作本课题组调查的信息项。

我们注意到,所有的省份均未能提供国有资本经营预算支出按经济分类类级科目、款级科目,导致所有省份该项信息的得分均为零分。从我们几年来财政透明度调查的经验来看,这种情况出现的最可能原因是财政部门未制作该项信息,不会为本课题组的调查而专门制作和整理该项信息。这一项信息的缺失导致各省的得分均降低了 16.67 分。显然,预算支出按经济分类划分是非常必要的,财政部门有必要继续完善我国国有资本经营预算相关制度,提高信息披露的完整性。

第二,财政部门未提供其已经制作的预算信息。

甘肃在今年的国有资本经营预算透明度调查中得到了最高分 72.22 分。值得一提的是,该省的国有资本经营预算相关信息均通过《甘肃财政年鉴》披露,这说明两点:其一,除了支出按经济分类的明细以外,其他调查信息均已经客观存在;其二,甘肃财政部门能主动通过"财政年鉴"公布这些数据,表明这些数据也并非保密数据。

此外,我们在调查中还发现,一些省份的地级市已经公布了国有资本经营预算,但我们向该省份的省级财政部门申请信息公开时,却得不到任何信息。这说明,该省份财政部门在管理和公布财政数据时,采取了多重标准,随意性大,想公布就公布,不想公布就不公布。

8　政府部门资产负债透明度评估

2013 年底,中共十八届三中全会通过的《中共中央关于全面深化改革若干重大问题的决定》明确提出"加快建立国家统一的经济核算制度,编制全国和地方资产负债表"。早在 2011 年,根据财政部要求,全国 23 个地区试编政府财务报告。政府财务报告包括政府财务报表(资产负债表、收入费用表等)、报表附注、政府财政经济情况和政府财务管理情况四部分。2013 年 8 月,财政部部长楼继伟在向全国人大作预算执行报告时表示,将试编政府财务报告范围扩大到全国所有省份。这也意味着所有省份纳入地方资产负债表试编行列。

8.1　政府部门资产负债统计的必要性

总的来看,政府资产负债的统计是非常重要的,归纳起来,有以下几个方面:

第一,有助于完善国民账户核算体系,全面准确地反映国民经济运行状况。政府部门是国民经济核算五大部门之一,其账户是国民经济账户的重要组成部分。

第二,有助于为经济运行分析提供基础数据,提高宏观经济决策和管理的科学性和前瞻性。广义的政府资产负债表时间序列,提供政府资产负债的流量和存量数据,是宏观部门经济政策制定和评价的主要依据,是编制全口径财政预算决算的数据基础,也是实体部门进行生产、消费和投资决策的重要参考。

第三,有助于推动政府职能转变,理清政府与市场的关系。探索符合中国实际的量化衡量框架和标准,核算广义政府资产负债,可以全面衡量政府掌控资源的规模。

第四,有助于促进财政体制改革,提高财政管理水平和效率。通过编制政府资产负债表,可以客观评价中央和地方财政分配关系,政府提供公共服务、调节收入分配的能力;有利于健全中央和地方财权与事权相匹配的财政体制,完善公共财政体系,提高政府财政管理水平和效率。

第五,便于公众监督,增强指标的国际可比性。编制并定期公布政府资产负债表,便于公众监督,严格实行财政预算,避免产生不良资产。通过建立兼顾国际规范和中国实际的广义政府资产负债核算体系,可以增强指标的国际可比性,提高比较分析研究结论的可靠性。通过国际比较,准确评价我国政府的资产质量、运行效率等指标,有助于我国政府改进自身不足,提高国际声誉。

8.2 政府部门资产负债透明度调查结果

8.2.1 政府部门资产负债各调查项得分情况

根据第 3 章设定的评分标准,我们对 31 个省份政府部门资产负债各调查项进行评分,结果如表 8-1 所示。评分总体情况非常差,仅有黑龙江、福建、甘肃、新疆这 4 个省份部分公开相关信息,其余省份均未公布此项调查的所有信息。

表 8-1 政府部门资产负债调查项情况

调查项	完全公开信息的省份数	部分公开信息的省份数	没有公开信息的省份数	平均得分(满分 1 分)
政府部门资产负债总额	0	0	31	0.00
政府部门资产一级分类信息	0	4	27	0.06
政府部门资产二级分类信息	0	4	27	0.06

调查项	完全公开信息的省份数	部分公开信息的省份数	没有公开信息的省份数	平均得分（满分1分）
政府部门负债一级分类信息	0	4	27	0.06
政府部门负债二级分类信息	0	4	27	0.06
政府部门净资产一级分类信息	0	4	27	0.06
政府部门净资产二级分类信息	0	4	27	0.06

8.2.2 各省份的信息公开状况排名

调查结果显示,黑龙江、福建、甘肃、新疆这4个省份通过"预算资金年终资产负债表"(见表8-3)、"财政专户管理资金年终资产负债表"(见表8-4)等形式提供了本项调查的部分信息,均得到了42.86分,并列第一。其余省份未提供信息,所以全部得零分。也因此,31个省份的平均得分低得可怜,仅为5.53分(百分制)。

从目前财政预决算报表来看,预算资金年终资产负债表、财政专户管理资金年终资产负债表等表格在设计上不够完整,未纳入地方融资平台的资产负债,也未纳入行政部门的实物资产。

各省份的信息公开状况排名表8-2所示。

表8-2　　　各省份政府部门资产负债透明度得分及排名(2014)

排名	省份	百分制得分
1	黑龙江	42.86
1	福建	42.86
1	甘肃	42.86
1	新疆	42.86
5	其余省份	0
31个省份平均得分:5.53分		

表8—3

2012 年度福建省本级预算资金年终资产负债表（决算 25 表）

单位：万元

资产部类					负债部类				
会计科目	期初数		期末数		会计科目	期初数		期末数	
	合计	其中:本级	合计	其中:本级		合计	其中:本级	合计	其中:本级
资产	2 844 882	2 844 882	2 720 628	2 720 628	负债	579 539	579 539	596 287	596 287
国库存款	2 025 487	2 025 487	1 857 096	1 857 096	暂存款	421 633	421 633	428 200	428 200
其他财政存款	62 850	62 850	52 925	52 925	其中:国债转贷本付息资金	21 530	21 530	16 705	16 705
有价证券					国库集中支付年终结余	367 683	367 683	405 415	405 415
在途款	1	1	1	1	代收地方政府债券还本				
暂付款	159 556	159 556	132 706	132 706	代收地方政府债券付息				
其中:代付国债转贷资金利息					与上级往来	157 906	157 906	168 087	168 087
代付地方政府债券还本					其中:上级拨付国债转贷资金	207 525	207 525	164 483	164 483
代付地方政府债券付息					省与计划单列市往来				
与下级往来	159 687	159 687	344 923	344 923	借入外债				
其中:省与计划单列市往来	145 555	145 555	405 081	405 081	应付外债利息				
预拨经费	415 275	415 275	332 977	332 977	应付外债费用				
基建拨款	22 026	22 026			净资产	2 265 343	2 265 343	2 124 341	2 124 341
借出外债					预算结余	1 598 572	1 598 572	1 539 205	1 539 205
应收外债利息					基金预算结余	537 553	537 553	450 842	450 842

单位：万元

资产部类

会计科目	期初数		期末数	
	合计	其中:本级	合计	其中:本级
应收外债费用				
总　计	2 844 882	2 844 882	2 720 628	2 720 628

负债部类

会计科目	期初数		期末数	
	合计	其中:本级	合计	其中:本级
国有资本经营预算结余				
专用基金结余	47 849	47 849	52 925	52 925
预算稳定调节基金	70 000	70 000	70 000	70 000
预算周转金	11 369	11 369	11 369	11 369
净资产调整				
总　计	2 844 882	2 844 882	2 720 628	2 720 628

表8—4　2012年度福建省本级财政专户管理资金年终资产负债表（决算26表）

单位：万元

资产部类

会计科目	期初数		期末数	
	合计	其中:本级	合计	其中:本级
资产	219 363	219 363	327 012	327 012
其他财政存款	211 946	211 946	324 495	324 495
有价证券				
暂付款	7 417	7 417	2 517	2 517
总　计	219 363	219 363	327 012	327 012

负债部类

会计科目	期初数		期末数	
	合计	其中:本级	合计	其中:本级
负债	85 265	85 265	206 315	206 315
暂存款	85 265	85 265	206 315	206 315
净资产	134 098	134 098	120 697	120 697
财政专户管理资金结余	134 098	134 098	120 697	120 697
总　计	219 363	219 363	327 012	327 012

9 省级政府部门预算透明度评估①

就省级部门预算收支及相关信息(包括部门机构、人员与资产等方面)的透明度状况进行考察的是《中国财政透明度报告》的一部分。在 2010—2013 年度《中国财政透明度报告》中,我们就我国省级行政收支及相关信息的透明度状况进行了专题考察。本章的研究是前面 4 年研究的继续和拓展。与以往的研究一样,此研究的开展具体有以下几方面的目的:一是对我国省级财政部门预算透明度状况的把握:目前,在部门层面,我国省级财政及相关信息整体的透明度状况如何? 财政透明度有何结构性差异特征? 与以往相比,透明度状况有何变化? 二是对财政透明度状况及其变化的逻辑解释:透明度整体水平及其结构变化的原因是什么? 三是对未来我国财政透明度建设的规范思考:省级行政收支及相关信息的透明度考察对于我国财政透明度的建设和推进有何规范意义? 其中,关于研究的思路与以往的内容基本相一致,基于前面第 3 章所给出的评估方法和标准,我们下面依次从整体水平与结构差异(包括主体结构差异与客体结构差异这两个角度)来就透明度状况作出分析。

---

① 本研究得到了 2010 年度教育部人文社科研究项目"我国财政信息公开的阶段性目标及其实现途径问题研究"(项目号:10YJC790012)的资助。

9.1 省级部门预算信息公开的整体水平

为了从整体上把握我国省级政府部门预算信息公开的情况,我们先就 2014 年省级部门预算信息的透明度水平作出考察。报告的分析拟从静态与动态两个方面来进行:分析目前透明度的整体水平及变化(见表 9-1),并就其中的原因给出恰当的理论解释。

表 9-1　　　　　　　　　历年省级政府部门预算透明度得分情况

事项	2014 年	2013 年	2012 年	2011 年	2010 年
得分(原始分)	1 687	8 422.7	3 280.4	1 684.5	1 534.5
总分(原始分)	8 866	88 660	88 660	88 660	85 250
百分制评分	19.0	9.5	3.7	1.9	1.8
得分单位数	177	195	182	36	18
单位数	341	341	341	341	341
得分单位比例	51.9%	57.2%	53.4%	10.6%	5.3%

说明:①在以往的透明度评估中,每一个问题的分值是 10 分,2014 年的分值则为 1 分。

②在总分方面,历年的评估考虑了态度与责任心;而在 2014 年,由于有关态度与责任心的评估已经纳入了一般的评估范围,这里不再就态度与责任心状况进行评估,因此这里的总分相比以往评估中的总分要少态度与责任心的评分。

9.1.1 信息公开整体水平的静态分析

从表 9-1 所给出的相关统计数据来看,就整体而言,我国省级政府部门预算信息的透明度水平还是比较低的。因为,在最终的得分方面,在 2014 年的评估中,341 个单位的透明度得分仅为 19 分,不足 20 分,远没有达到及格的水平。特别地,就我们所采用的评估体系和评分标准而言,其要求不是很高的。因为:

第一,从我们所调查的财政信息的内容来看,此次透明度评估的调查提纲完全是基于财政部国库司(2011)所编制的《2011 年度部门决算报表编制手册》来确立的。我们调查的财政表格具体有:《收入支出决算总表(财决 01 表)》、《支出决算表(财决 04 表)》、《支出决算明细表(财决 05 表)》、《基本支出决算明细表(财决 05-1 表)》、《项目支出决算明细表(财决 05-2 表)》、《资产情况表(财决附 03 表)》、《基本数字表(财决附 05 表)》、《机构人员情况表(财决附 06 表)》、《各项目支出按经济分类的明细表(补充表)》。就上述 9 个表格而言,除了最后一个补充调查表外,相关部门都具有此方面的信息,信息的公开并不存在很大的技术困难,相关部门并不涉及对于表格数据的加工与汇总。

第二,从这里所使用的具体的透明度评估体系来看,正如第 3 章有关评估方法的介绍所表明的,此次透明度评估所涉及的信息包括:收入总数及其分类信息;部门支出的信息(具体包括支出按功能分类的类级科目、款级科目和项级科目的信息,支出按经济性质分类则涉及类级和款级这两个科目的信息,基本支出按功能分类的类级科目、款级科目和项级科目的信息以及按经济性质分类的类级与款级科目的信息,项目支出按功能分类的类级科目、款级科目和项级科目的信息以及按经济性质分类的类级与款级科目的信息等);部门资产信息及补充数据;与人员及机构有关的部门基本数字。从该评估体系所涉及的数据资料来看,相关信息其实都包含在前面所列举的各表格当中。① 因此,就这个意义上来说,从透明度评估的指标体系来看,部门预算及相关信息的公开也不存在技术上的困难。

第三,在具体的评估方面,正如前面两年的报告所指出的那样,此项透明度的评估只考虑结果的信息,而不涉及过程的信息;而在信息的规范性方面,我们只考虑此项信息是否可以获得,并不考虑其准确性与可靠性。因此,此项评估对于透明度的要求也不是很高。实际上,只要相关的部门全部公开了上述表格,那么其透明度的得分就是 100 分。考虑到透明度的评估标准以及评估的具体结果和水平,可以说,我国省级部门预算及相关信息的公开还存在很大的提升空间。

我国省级部门预算信息的公开水平之所以不高,从直接层面来看,与两方面的因素有关:一是得分的单位数目及比例有限。表 9—1 所给出的统计数据表明,在 2014 年所评估的 341 个单位中,仅有 177 个单位(仅占全体单位的 51.9%)有得分,其他 164 个单位(占 48.1%)的得分为零(得分单位与不得分单位的具体情况请参见表 9—2)。这也就是说,在所有的被评估单位中,在我们所确定的信息范围内,还是有将近 50% 的单位完全未能公布所调查的信息,这极大程度地降低了透明度的得分及水平。二是得分单位的平均得分水平比较有限。对于有信息公开和(或)得分的 177 个单位,按百分制来计算,其平均得分仅为 36.7 分,也没有达到及格的水平。

---

① 对于补充表《各项目支出按经济分类的明细表》所涉及的信息,最后在确定评估标准时,我们并未将其纳入评估体系当中。

表 9—2

341 个单位透明度的百分制评分情况

省份	政府	人大	政协	教育	财政	国税	地税	工商	卫生	交通	环保
安徽	0	0	0	38.5	38.5	0	38.5	100	38.5	100	38.5
北京	38.5	0	0	38.5	38.5			38.5	0	38.5	38.5
福建	0	0	0	100	80.8	0	84.6	42.3	27.8	38.5	42.3
甘肃	0	0	0	100	0	0	0	7.69	7.69	7.69	0
广东	0	0	0	0	0	38.46	38.5	26.9	0	100	38.5
广西	0	0	0		38.5	42.31	26.9	26.9	42.3	38.5	30.8
贵州	100	0	0	38.5	38.5	7.692	38.5	38.5	50	26.9	0
海南	0	0	38.5	100	50	0	0	0	0	0	0
河北	0	0	0	7.69	7.69	38.46			7.69	11.5	7.69
河南	0	0	0	42.3	0	42.31	42.3	42.3	42.3	100	7.69
黑龙江	15.4	0	0	0		0		42.3	0	7.69	11.5
湖北	7.69	0	0	0	7.69	0	7.69	7.69	7.69	100	7.69
湖南	42.3	0	0	100	7.69	15.38	15.4	7.69	100	7.69	7.69
吉林	11.5	0	0	100	7.69	0	7.69	7.69			11.5
江苏	0	0	0	7.69	0	0	7.69	7.69	11.5	7.69	7.69
江西	11.5	0	0	11.5	0	0	11.5	11.5		11.5	0
辽宁	0	0	0	0	88.5	0	0	0	7.69	38.5	0
内蒙古	42.3	0	0	38.5	38.5	42.31	38.5	0	0	42.3	38.5
宁夏	0	0	0	11.5	0	0	0	0	38.5	88.5	11.5
青海	48.1	23.1	0	100	19.2	0	19.2	0	0	100	
山东	0	0	0	0	46.2	0	100	42.3	0	46.2	
山西	38.5	0	0	38.5	38.5	0	38.5	15.4	0	38.5	0
陕西	0	0	0	42.3	30.8	0	42.3	42.3	42.3	42.3	42.3
上海	38.5	38.5	38.5	38.5	38.5	26.92	38.5	38.5	38.5	38.5	38.5
四川	0	0	0	30.8	26.9	0	26.9	26.9	34.6	26.9	26.9
天津	26.9	0	0	26.9	0	0	0	7.69	7.69	7.69	26.9
西藏	0	0	0	38.5	0	0	0	0	0	38.5	0

省份	政府	人大	政协	教育	财政	国税	地税	工商	卫生	交通	环保
新疆	26.9	0	0	26.9	100	0	26.9	26.9	30.8	26.9	100
云南	0	0	0	100	0	0	0	0	0	0	11.5
浙江	38.5	0	38.5	38.5	38.5	0	38.5	0	0	0	38.5
重庆	0	0	0	0	26.3	0	0	0	0	0	0

　　至于我国省级部门预算及相关信息公开水平不高的深层次的原因,可能与以下两方面的因素有关:第一,我国财政信息公开尚处于起步阶段,受此影响,我国财政信息公开的起点比较低,这不仅是意识方面的,也是能力方面的,这使得财政信息公开的程度受到了极大的限制。这一点对于部门预算来说尤其如此。从表9-1所给出的情况看,从2010年到2014年,部门预算及相关信息的透明度水平一直比较低,未超过20分。第二,我国财政信息公开受到诸多因素的限制和桎梏,财政信息公开推进的力度有限。例如,对于部门预算信息的公开,地方究竟应该公开到何种程度? 目前我国尚未对此作出详尽的法律规定。与此同时,对于非预算的信息,比如人员的信息,还没有相关的法律对此作出规定,这使得地方在预算信息公开上没有明确的依据。

9.1.2　信息公开整体水平的动态分析

　　当然,尽管我国省级部门预算信息的透明度水平不高,但表9-1的相关数据和信息也告诉我们:省级部门预算信息公开的进展程度还是非常值得肯定的。相关数据表明:相比以往的年度,2014年的透明度水平有实质性的提高。2014年,341个省级单位透明度的平均得分为19.0分(百分制),而2013年、2012年、2011年和2010年的百分制得分分别仅为9.5分、3.7分、1.9分和1.8分。从得分的情况来看,相比以往的年度,2014年的提升幅度还是很大的,这不管是从提升的绝对水平来看,还是从相对幅度来看,情况都是如此。特别是在增长的趋势上,2014年,它基本保持了2013年以来的增长势头。在2012年和2011年,尽管透明度的整体水平有不断上升的趋势,但幅度比较有限(相比2011年,2012年的透明度评分仅仅增加了1.7分,增加的幅度为57%;而在2011年,透明度状况甚至比2010年有小幅的下降),但是,在2013年,省级部门预算及相关信息透明度的提升幅度很大,而2014年则继续保持了2013年的增长势头,绝对增幅达到100%。

　　2014年,省级部门预算及相关信息透明度之所以会有如此大的变化,从可能性上来说,有两方面的原因:其一,有信息公开的单位数增加;其二,有信息息公开的单位的信息公开水平上升。就这两个影响因素而言,在我国,2010年,在341家单位中,有信息公开的单位数为18家,当时总的得分是1.8分;到2014年,有信息公开的单位数为177家,其总的得分则为19分(参见表9-1)。从这两年的数据情况来看,透明度总的得分数与有信息公开的单位数基本成比例,这似乎说明:部门预算及相关信息透明度水平的提升主要是由信息提供单位数的增加而导致的,是外延的扩大。至于有信息公开的各单位,它们所公开的信息的平均水平则似乎没有什么根本的改变。

应该说,从有信息公开的单位数的增加来解释透明度水平的提升有其合理性。毕竟,最近几年来,有信息公开的单位数的增加已经成为部门预算及相关信息透明度进展的一个重要方面:在2012—2014年的3年中,有信息公开的单位数比例均超过了50%,这远远超过2011年和2010年的水平(这两年中有信息公开的单位数比例分别仅为10.6%和5.3%)。但是,如果简单地将透明度得分的提升全部归结为有信息公开的单位数的增加,就把部门预算及相关信息公开的"质量"因素给抹杀了。毕竟,在我们的评估中,有诸多单位的信息公开水平得到了明显的提升。2014年,安徽省工商厅、安徽省交通厅、福建省教育厅、甘肃省教育厅、广东省交通厅、贵州省政府办公厅、海南省教育厅、河南省交通厅、湖北省交通厅、湖南省教育厅、湖南省卫生厅、吉林省教育厅、青海省教育厅、青海省交通厅、山东地税、新疆财政厅、新疆环保厅、云南教育厅18家单位的得分都高达100分。而在2010年,只有18家单位公开了信息,在这18家单位中,得分最高的也只有61.4分(福建省财政厅)。

当然,不管透明度整体水平的提升是有信息公开单位数的增加所引起的,还是有信息公开单位所公开的信息量的增加所引致的,在过去的一年中,省级部门预算及相关信息的透明度水平明显地提升了。至于其中更深层次的原因,这在很大程度上与中央在这两年对于部门预算公开的推动有关。2011年,国务院要求公开中央部门决算,并逐步公开"三公"经费和行政经费,而地方则要比照中央的做法,公开经同级人大或常委会审查批准的政府财政预算、决算。中央为地方做出了榜样,并对地方的部门预算信息公开起到了直接的推动作用。实际上,基于网上的信息搜寻与各单位的反馈信息可知,很多省份都出台了有关部门预决算及"三公"经费信息公开的工作方案或者说规则:

在安徽,据安徽省人民政府办公厅反映,《安徽省省级部门预决算及"三公"经费信息公开工作方案》已于2013年起实施,第一批42家省直单位(有详细的名单)2012年度部门决算和2013年度部门预算及"三公"经费预算信息已公开。

在黑龙江,省财政厅发布了《关于做好 2012 年度本级部门决算信息公开工作的通知》,并对预算公开的方式作了明确规定。

在湖南,据省政府办公厅反映,《湖南省人民政府办公厅关于做好省级部门预算公开工作的通知》(湘政发〔2012〕59 号)要求,地税局等 21 个单位被列为从 2013 年期公开部门预算的单位。

在江苏,省政府办公厅给出了《江苏省人民政府办公厅关于做好省级部门决算公开工作的通知》(苏政发〔2012〕64 号),而省财政厅则相应地发布了题为《关于做好 2012 年度省级行政政法部门决算公开工作的通知》(苏财行函〔2013〕17 号)的文件。

在上海,市政府办公厅发布了题为《上海市人民政府办公厅关于进一步推进政府信息公开工作的通知》(沪府办发〔2013〕45 号)的文件。

在云南,按照《云南省人民政府办公厅关于进一步做好预算信息公开工作的通知》(云政办发〔2013〕51 号)的部署安排,2013 年为制度建设阶段,2014－2015 年为重点推进阶段。从 2014 年起,云南省财政厅将省级"三公"经费预算、决算和行政经费上一年度决算数汇总报经省人民政府批准后公开。省直部门从 2014 年起,同步公开本部门"三公"经费预算、决算和行政经费决算数据。

显然,部门预算及相关信息的公开之所以能够取得阶段性的进展,与中央的推动以及省级政府的制度跟进是分不开的。

9.2　省级部门预算信息公开的主体差异

在就省级部门预算及相关信息透明度的整体状况作出考察之后,我们考察其透明度的结构方面。特别是考虑到透明度有主体结构与客体结构等方面,作为分析的开端,我们首先从主体的角度来就透明度的结构问题进行考察。当然,由于主体可以是单位层面的,也可以是部门或者省级层面的,我们分别从单位、省与部门等方面来进行考察。

9.2.1　部门预算及相关信息公开的单位差异

关于所调查的 341 个省级单位,从表 9－2 所给出的统计数据来看,不同单位之间的透明度水平还是存在很大差异的。这体现在两个层面:一是信息公开评分为零的单位和透明度得分为正的单位间的差异。在 2014 年的评估中,有 163 个单位的得分为零,占全部被调查单位的 48.1%;而透明度得分为正的单位为 178 个,占全部调查的 52.2%,178 个单位的平均百分制得分为

36.6 分。两类单位的透明度得分差异明显。二是得分为正的单位之间的透明度差异。在得分为正的单位中,得分最少的单位百分制得分为 7.69 分,而得分最高的单位则为 100 分,得分最高的单位得分是得分最低单位得分的 13 倍,差异明显。

　　为了就得分的单位差异作出更为系统的分析,我们按照分数的高低就各得分段的单位数进行了统计(见表 9—3)。从表 9—3 所给出的统计结果可以看出,2014 年,从单位的角度来看,其部门预算信息公开有几个特点:第一,单位的透明度状况存在明显的两极分化的现象。一方面,有 18 个单位(占 5.3%)的得分为满分,另一方面,则有 163 个单位(占 48.1%)的得分为零,这说明,各单位在部门预算信息及相关信息的公开方面还有很大的随意性。第二,在两个极端之间,其他单位的透明度得分主要是在 5～50 分这个区间。这也就是说,对于绝大多数的有信息公开的单位来说,其信息公开的水平都是受到限制的。

表 9—3　　　　　　　　　各单位分区段得分统计表

得分区间	单位数	单位数比例(%)
100	18	5.3
(100,90)	0	0.0
(90,80)	4	1.2
(80,70)	0	0.0
(70,60)	0	0.0
(60,50)	2	0.6
(50,40)	24	7.0
(40,30)	57	16.7
(30,20)	21	6.2
(20,10)	19	5.6
(10,0)	32	9.4
0	163	48.1

9.2.2　部门预算及相关信息公开的省际差异

　　根据表 9—2 所给出的信息,我们进一步就 31 个省份的部门预算及相关信息透明度得分情况进行了统计。图 9—1 给出了根据统计数据所得到的省际排行榜。从排行榜所给出的得分情况来看,在省际层面,部门预算及相关信

息的财政透明度有如下特点:

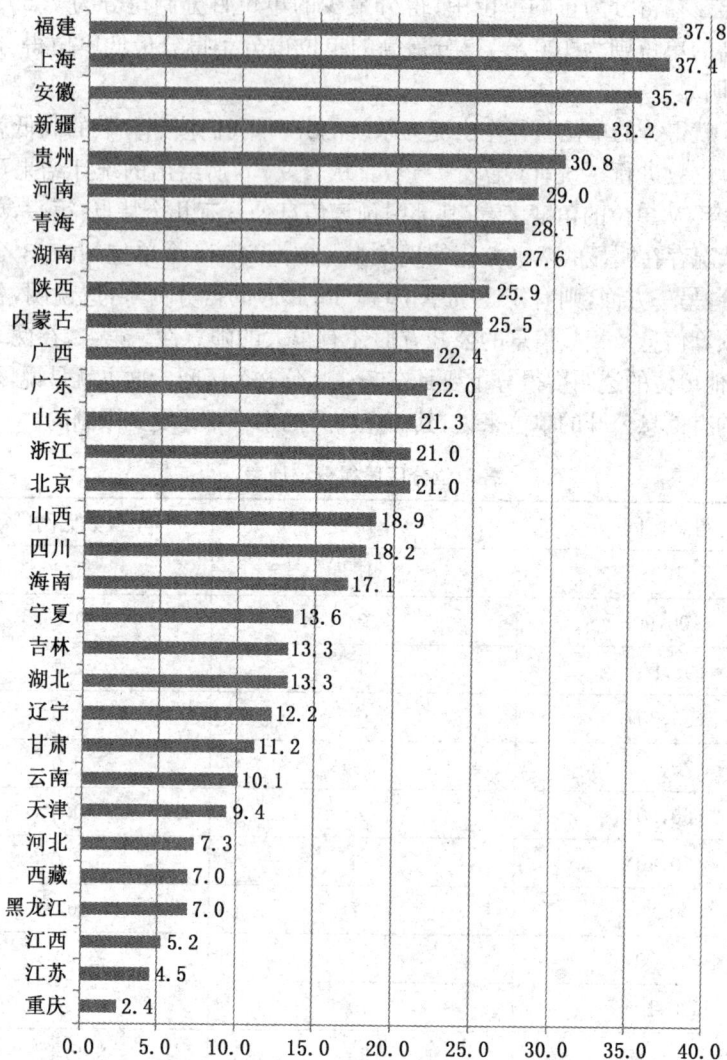

福建 37.8
上海 37.4
安徽 35.7
新疆 33.2
贵州 30.8
河南 29.0
青海 28.1
湖南 27.6
陕西 25.9
内蒙古 25.5
广西 22.4
广东 22.0
山东 21.3
浙江 21.0
北京 21.0
山西 18.9
四川 18.2
海南 17.1
宁夏 13.6
吉林 13.3
湖北 13.3
辽宁 12.2
甘肃 11.2
云南 10.1
天津 9.4
河北 7.3
西藏 7.0
黑龙江 7.0
江西 5.2
江苏 4.5
重庆 2.4

0.0 5.0 10.0 15.0 20.0 25.0 30.0 35.0 40.0

图 9—1 部门预算及相关信息透明度省际排行榜(2014)

　　首先,省际透明度得分的差异很大,但差距有缩小的趋势。2014 年,部门
预算及相关信息透明度得分最高的省份是福建,其得分为 37.8 分,而得分最
低的重庆则仅为 2.4 分,前者为后者的将近 16 倍,省际部门预算及相关信息
透明度得分的差异比较大。但与此同时,与上年的情况一样,2014 年,部门预
算及相关信息透明度的省际差异有明显缩小的趋势。其一,在前几年的评估

中,对于 31 个省份,总是有省份的得分数为零。但在 2014 年,与 2013 年的情况一样,没有得分为零的省份。其二,在相对得分水平方面,2013 年,得分最高省份(广东)的得分数为 25 分,而得分最低省份(西藏)的得分数仅为 0.3 分,前者是后者的 80 多倍。相对而言,2014 年的差距有所缩小。

其次,省际透明度水平的差异与各省份经济发展水平无关。为了探究省际行政收支及相关信息透明度水平差异形成的原因,我们就经济发展水平与省级部门预算信息及相关信息的透明度水平进行了考察。为了分析,我们按照人均 GDP 水平的高低将全国 31 个省份分成三组:第一组是人均 GDP 水平最高的 10 个省份,第二组是人均 GDP 水平介于中间的 11 个省份,第三组是人均 GDP 排在最后的 10 个省份。同时,在透明度的水平方面,我们也根据其得分的高低将 31 个省份进行分组:得分最高的 10 个省份、处于中间的 11 个省份和得分最低的 10 个省份(见表 9－4)。从表 9－4 所给出的二维分组的统计表来看,2014 年,经济发展水平与财政透明度水平之间没有什么明显的关系。对于人均 GDP 靠前、居中与靠后的三组省份,它们的得分分布基本相同,没有什么统计学上的差异。这一点与前面几年的研究结论有一定的差异(比如,2013 年,在态度与责任心方面息的公开上,经济发展水平与财政透明度的公开水平有一定的正相关关系)。至于其中的原因,可能在于:在中央未正式推动的情况下,地方财政信息的公开往往依赖的是地方决策者的意识及相关的保障水平。受此影响,地方经济发展水平高的地方,决策者的民主透明意识以及保障水平相对较高,进而对于透明度的水平有一定的推动作用。但是,在未有正式制度保障的前提下,自主意识对于透明度的推进是极其有限的(在以往的评估中,经济发展水平对于透明度尤其是实质信息公开水平的影响只是微弱的)。在中央对于透明度提出正式的要求之后,经济发展水平的影响力逐渐被掩盖了,使得经济发展水平的高低与部门预算及相关信息的公开之间没有明显的相关关系。

表 9－4　　　　　　　　财政透明度与经济发展水平之间的关系

经济发展水平	部门预算及相关信息的公开水平		
	靠前的 10 个省份	居中的 11 个省份	靠后的 10 个省份
人均 GDP 靠前的 10 个省份	3 (30%)	4 (40%)	3 (30%)
人均 GDP 居中的 11 个省份	4 (36.4%)	4 (36.4%)	3 (27.3%)
人均 GDP 靠后的 10 个省份	3 (30%)	3 (30%)	4 (40%)

9.2.3 部门预算及相关信息公开的部门差异

根据表9-2所给出的各单位的得分信息,我们就11大部门透明度的得分情况进行了统计,图9-2是根据统计数据而得到的部门排行榜。从图9-2所给出的排行结果来看,与以往各年度的评估结果具有相似性。对于所评估的11大部门,根据其得分状况来划分,它们可以分为明显不同的三组:一是由人大和政协组成的得分较低的梯队,它们的百分制得分分别仅为1.5分和2.5分;二是国税部门,其得分仅为7.7分;三是其余的8大部门,它们的得分都在10分以上。就这样一种结构状况而言,人大和政协的得分之所以比较低,这与我国《政府信息公开条例》的制度性缺陷有关。我国目前的《政府信息公开条例》规定政府信息的公开主体是行政部门,于是,在人大和政协等部门看来,它们自己是非行政部门,进而未能就相关信息进行公开,甚至对于信息公开申请也未能给予答复。至于国税部门,其得分状况之所以介于中间,这也有特殊的原因:一方面,国税部门是行政部门,是《政府信息公开条例》所规定的政府信息公开主体。另一方面,与其他的8大行政部门不一样,国税属于垂直管理的单位,其预算属于国家税务总局的一部分。而对于中央直属单位二级预算单位,国家还没有出台主动公开财政方面相关信息的具体规定和相关细则。部分国税部门就以此为依据而拒绝公开本部门的信息。比如,针对我们的信息公开申请,安徽国税局就在其答复中指出:"安徽省国家税务局属于中央垂直管理单位,全省国税系统财务决算数据均由国家税务总局按照政务公开的要求统一向社会公开……公开的内容包括公共预算收入支出决算总表、公共预算收入决算表、公共预算支出决算表、公共预算财政拨款支出决算表和政府性基金预算支出决算表。"北京国税局答复:"作为垂直管理的中央下级预算单位,部门预算、决算等相关信息已由一级预算单位(国家税务总局)统一向社会进行了公开。我局作为中央财政拨款的二级预算单位,部门预算、决算如何公开,目前没有可操作性的具体细则。因此,暂时不能提供相关数据。"而甘肃、广西、河北与辽宁等省份的国税部门在信息公开申请答复中也指出:作为垂直管理的中央下级预算单位,部门预算、决算等相关信息已由一级预算单位(国家税务总局)统一向社会进行了公开。

然而,在肯定结构相似性的同时,我们也发现:部门结构在年度之间还是存在一定差异的。这种差异表现在两个方面:一是人大和政协这两大部门透明度水平的变化。在刚开始评估的前3年(2010年、2011年和2012年),人大与政协就信息公开申请给予答复的单位很少,而能够公开实质性信息的单位几乎没有,这使得两类部门的得分基本为零。但在2013年和2014年,这一

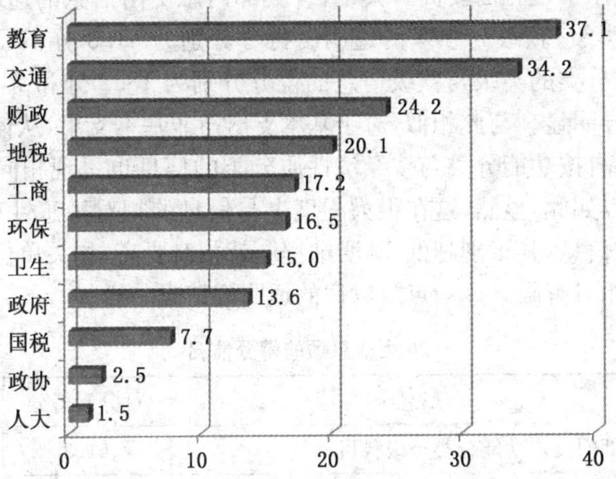

图 9—2　部门预算及相关信息透明度部门排行榜(2014)

情况已经有了实质性的变化:有单位已经主动或应申请公开了部分的部门预算的信息。比如,2014 年,青海省人大、上海市人大、海南省政协、上海市政协与浙江省政协等单位就有实质性信息的公开,并且,其信息公开的水平还有一定的保证(有 4 个单位的百分制得分为 38.5 分)。这一点说明,中央部门预算公开,已经给地方预算信息公开起到了良好的示范效应。二是行政部门内部的得分分化情况。以往,如果我们不考虑国税部门,其他 8 大部门的得分情况尽管有差异,但差异并不是很大。比如,2013 年,8 大部门的得分均在 11~16 分。但在 2014 年,这 8 大部门的得分有明显的分化倾向。在政府、卫生和环保依然处于 10~20 分这一得分段时,地税和财政的得分已经超过 20 分,而教育和交通的得分则超过了 30 分。

9.3　省级部门预算信息公开的客体差异

在就省级部门预算及相关信息透明度的主体差异作出分析之后,我们接下来考察其客体的差异。当然,由于关注的是客体差异,因而我们这里将单位、部门与省份之间的差异撇开。

9.3.1　信息级次与信息公开水平差异

表 9—5 是有关 26 大项信息得分及排名的情况。基于表格所给出的统计数据,我们发现,从信息级次的角度看,对于部门支出方面的信息,信息级次越

高,其透明度水平也相对要高。其中,有关部门总支出信息的透明度水平,按功能分类的类级、款级与项级的透明度得分分别为51.3分、38.4分和31.7分,而按经济分类的类级与款级信息的得分分别为18.2分和7.0分,信息透明的层次差异明显。与此相似,对于基本支出与非基本支出,从信息级次的角度看,它们各自按功能分类与按经济性质分类的信息也呈现相同的层次结构特征。之所以如此,显然,这在很大程度上与信息的相对敏感性有关,一般来说,对于财政信息,其级别越低,其明细程度就相对要高,相关单位公开信息的程度就往往相对有限。这一点与以往的透明度情况一样。

表 9-5　　　　　　　　　　　26 大信息项的得分情况

序号	信息项	百分制得分	得分排序
2	部门支出功能分类类级科目	51.3	1
1	部门收入分类	51.1	2
3	部门支出功能分类款级科目	38.4	3
7	基本支出功能分类类级科目	36.4	4
8	基本支出功能分类款级科目	36.1	5
12	项目支出功能分类类级科目	36.1	5
13	项目支出功能分类款级科目	36.1	5
4	部门支出功能分类项级科目	31.7	8
9	基本支出功能分类项级科目	29.6	9
14	项目支出功能分类项级科目	29.3	10
5	部门支出经济分类类级科目	18.2	11
10	基本支出经济分类类级科目	8.5	12
21	人员编制总数及各类人员编制数	7.9	13
22	年末实有人员总数及类型	7.6	14
6	部门支出经济分类款级科目	7.0	15
15	项目支出经济分类类级科目	6.7	16
23	按经费来源划分的各类人员数	6.7	17
19	资产三级分类	6.4	18
20	其他补充资产信息	6.4	18
11	基本支出经济分类款级科目	6.2	20

序号	信息项	百分制得分	得分排序
16	项目支出经济分类款级科目	6.2	21
17	资产一级分类	6.2	21
18	资产二级分类	6.2	21
24	部门机构一级信息	6.2	24
25	部门机构二级信息	6.2	24
26	部门机构三级信息	6.2	24

当然,对于信息公开所存在的层次结构特征,这主要体现在部门预算支出信息上,而对于其他的信息,这一特征并未体现出来。比如,对于部门资产的信息与部门机构的信息,这两类信息各自的三个级别的信息公开得分基本相同,均为6.2分(其中,资产三级分类的信息还略高于一级和二级分类的信息,主要是有两个单位提供了部分的三级分类信息,但没有提供一级和二级的分类信息),没有呈现出层次结构的特征。至于为何如此,这一点在很大程度上与本次调查的方式有关。与以往针对单独的信息项来进行调查不同,此次调查所针对的是具体的、规范化的统计表格。就部门资产与部门机构的信息来说,它们各自的分类信息其实都在一张表上,分别为财决附03表和财决附06表。在就我们的调查进行答复时,能够给出信息的单位往往就给出了完整的表格,而未给出信息的单位则什么都没给,这就使得各级次的信息的得分基本一样。当然,或许也正是因为这种"连带"关系的拖累(有些单位也许愿意公开比较粗的信息,但考虑到表格的"连带"性,所有的信息都不公开了),相关部门公开这两类信息的水平还很有限(当然,这也可能与中央尚未明确要求地方公开这两类信息有关)。

9.3.2 信息类型与信息公开水平差异

在客体差异方面,一方面是不同级次信息的透明度水平的差异,另一方面则是不同性质的信息所存在的透明度水平的不同,具体涉及以下几个方面:

第一,收支信息的透明度水平整体上要高于资产信息、人员信息与结构信息的透明度水平。在表9-5中,如果我们不考虑"基本支出经济分类款级科目(第11项)"与"项目支出经济分类款级科目(第16项)"这两方面的性质,我们发现:收支信息全部排在前面的12位,而其他信息则全部排在后面的14位,结构差异十分明显。关于其中的原因,这在很大程度上与省级部门预算信息公开的推动力性质有关。在我国,对于部门预算及相关信息的公开,相关省级单位主要是参照中央的模式来进行的。而在中央层面,目前部门预算公开的重点是收入和支出,而对于其他方面的信息,公开也相对较少(比如,国家税务总局所公布的2012年的部门预算信息主要是公共预算收支总表、公共预算收入表、公共预算支出表、公共预算财政拨款支出表与政府性基金预算支出表)。在此情况下,地方往往也就比照中央的做法,侧重于收支尤其是支出的信息公开上。至于其他方面的信息,地方公开的就相对要少。

第二,支出按经济性质分类的信息的透明度水平要远远高于按功能分类的信息的透明度水平。在2014年的调查中,对于支出,其按功能分类的信息项共有9项(分别为评估标准中的第2、3、4、7、8、9、12、13、14项),而按经济性质分类的信息则为6项(分别为第5、6、10、11、15、16项)。在表9-5中,显然,前面9项信息的得分排名全部都处于后面6项信息的前面。按经济性质分类信息的透明度之所以相对要低,这与信息本身的敏感性直接相关:按经济性质分类的信息要比按功能分类的信息敏感。

9.4 省级部门预算信息公开的规范性

省级部门预算及相关信息的评估主要侧重于信息是否公开。至于信息是否规范,我们并不作出评估。然而,在评估过程中,我们也发现,在过去的一年中,省级部门预算及相关信息在公开的规范性方面也有值得我们关注的地方,进而有必要对此作一简要的分析。

9.4.1 省级部门预算信息公开规范的整体状况

考虑到部门预算是为履行部门职能而进行的收支,预算是相关部门职能履行的经济体现,因此,恰当的预算公开需要以部门职能的介绍等为基本前提。以往的部门预算信息公开由于尚处于起步阶段,因而往往局限于信息本身,而对于有关信息的说明做得不够。2014年,尽管有部分单位还是和以往的年度一样,但有相当一部分单位已经增加了预算信息公开的其他方面的内容,信息公开的规范化有明显的进步。

具体来说,相关单位在公开部门预决算时,它们的报告包括三部分:第一部分是部门概况,主要介绍部门主要职能与决算单位构成;第二部分是部门预决算表;第三部分是对部门预决算情况的说明。按此规范公开预算信息的单位有:安徽地税、甘肃交通、甘肃工商、甘肃卫生、广西工商、广西财政、广西地税、广西交通、贵州财政、湖南卫生、上海环保、新疆教育。安徽工商、安徽交通、安徽环保在公开预决算时就部门预决算编制范围的二级预算单位名单给出了详尽的列示。

9.4.2 省级部门预算公开规范的特别考察

据安徽省人民政府办公厅的反映:为贯彻落实《国务院办公厅关于做好政府信息依申请公开工作的意见》(国办发〔2008〕36号)、《财政部关于进一步做好预算信息公开的指导意见》(财预〔2010〕31号)精神,结合其本身实际,安徽省制定了《安徽省省级部门预算决算及"三公"经费信息公开工作方案》。从其所提供的工作方案来看,方案有其具体性和规范性。此工作方案共包括6方面的内容:

一是总体要求:"切实保障公众的知情权、参与权和监督权,促进政府财政工作的程序化、规范化和法制化。"

二是基本原则。工作方案提出的原则有3条:依法合规(应当符合《预算法》、《保密法》与《政府信息公开条例》等制度规范),积极稳妥(要统筹安排、协调一致,积极稳妥地推进省级部门预决算和"三公"经费信息公开工作),以及真实易懂。

三是公开范围和层次。

四是公开的内容(包括部门预算、部门决算、"三公"经费)和格式(要求部门预算和决算应该包括部门基本职能、年度主要工作、部门概况、收支预算安排情况、收支执行情况,其中收支情况涉及两个表:收支预算总表与财政拨款支出预算表)。

五是公开的形式(通过本单位网站和省政府信息公开网)以及时间安排(从2013年起,公开上年度省级部门决算和本年度省级部门预算及"三公"经费预算信息。从2014年起,实现省级部门预决算及"三公"经费信息全部公开。其中,省级部门预算公开,要在省财政厅批复省级部门预算后1个月内完成;省级部门决算及"三公"经费公开,要在省财政厅批复省级部门决算后1个月内完成)。

六是工作要求。如加强组织领导、强化督促检查与稳妥有序推进等。例如,要求省财政厅要同步做好省级"三公"经费公开工作,并加强对市、县财政部门信息公开工作的指导。省有关部门和单位要在依法依规的基础上,逐步扩大财政预决算信息公开的范围。

9.5 研究结论及其规范含义

到目前为止,基于我们所调查和搜索的信息,本部分已经从整体水平、主

省级政府部门预算透明度评估

体差异、客体差异以及规范化等方面,就 2014 年省级部门预算及相关信息的透明度状况作出了实证考察与评估。研究表明:

第一,在整体水平方面,2014 年,我国省级部门预算及相关信息透明度有阶段性的提升,但整体水平依旧还比较低。2014 年,省级部门预算及相关信息的透明度评分为 19.0 分,相比 2013 年的 10.9 分,透明度得分差不多翻了一倍。2014 年的透明度评分之所以有如此大的进展,在很大程度上与最近几年以来中央对部门预算以及"三公"经费公开的要求有关。受此推动和影响,诸多省份都出台了促进和规范部门预算信息公开的制度规范或者工作方案。这意味着,在我国,要全面提高财政信息的公开水平,离不开中央的进一步推动以及相关的制度规范。当然,另一方面,由于正处于起步阶段,尽管部门预算及相关信息的公开有阶段性的进展,但受各方面因素的限制,透明度的整体水平还比较有限,其整体的评分不超过 20 分。

第二,在主体结构方面,与 2013 年的情况一样,伴随着政府的努力,尤其是中央的示范性做法,部门预算公开并不只是局限于狭义的行政部门。在调查中,我们发现,有些省份的人大和政协甚至开始在网上主动公开其部门预算的信息,这是很大的进步。然而,从整体上来说,与前面几年的情况基本一样,人大和政协这两大部门与其他部门的差异还是十分明显的。与此同时,受管理体制的影响,国税部门的透明度得分相比其他 8 类行政部门的得分明显要低。另外,对于其他的 8 类部门,与以往差异不大的情况不同,2014 年,它们内部的分化现象十分明显。2013 年,8 大部门的得分均在 11～16 分。但在 2014 年,这 8 大部门的得分有明显的分化倾向。在政府、卫生和环保依然处于 10～20 分这一得分段时,地税和财政的得分已经超过 20 分,而教育和交通的得分则超过了 30 分。至于省际结构方面,研究表明:从得分最高省份的得分与最低省份得分的比值来看,省际的相对差异有一定的缩小,但差异依旧很大。至于其中的原因,与以往不同,经济发展水平的高低与透明度水平之间已经没有明显的相关关系。

第三,在客体结构方面,与以往年度的评估有一定的相似性,对于支出方面的信息,越详细的信息,其透明度得分往往就越低。而对于资产和机构方面的信息,受调查方式(针对表格进行调查而不是针对具体的信息项进行调查)的影响,信息公开的层次结构并不明显。对于支出,按经济性质分类的信息的透明度得分都低于按功能分类的信息的透明度得分,这说明按经济性质分类信息的公开难度大。因此,可以说,促进按经济性质分类的明细信息的公开,是未来部门预算信息公开的难点所在,这是我们在今后的改革中必须要直接面对和解决的问题。

10 省级社会保险基金透明度评估

本课题组在《财政信息调查提纲》(见附录 1)中关于社会保险基金共设置了 20 张调查表,涉及 13 个评分项目。调查范围主要包括我国现行的九大社会保险基金(城镇职工的养老、医疗、工伤、失业和生育保险基金,城镇居民的养老和医疗保险基金,新农村社会养老保险和新型农村合作医疗保险基金),见表 10－1。

表 10－1　　　　　　　　　　关于社会保险基金的 20 张调查表

1	社决 01 表	社会保险基金资产负债表
2	社决 02 表	企业职工基本养老保险基金收支表
3	社决 03 表	失业保险基金收支
4	社决 04 表	城镇职工基本医疗保险基金收支表
5	社决 05 表	工伤保险基金收支表
6	社决 06 表	生育保险基金收支表
7	社决 07 表	居民社会养老保险基金收支表
8	社决 08 表	城乡居民基本医疗保险基金收支表
9	社决 09 表	新型农村合作医疗基金收支表

10	社决 10 表	城镇居民基本医疗保险基金收支表
11	社决 11 表	社会保障基金财政专户资产负债表
12	社决 12 表	社会保障基金财政专户收支表
13	社决附 01 表	财政对社会保险基金补助资金情况表
14	社决附 02 表	企业职工基本养老保险补充资料表
15	社决附 03 表	失业保险补充资料表
16	社决附 04 表	城镇职工医疗保险、工伤保险、生育保险补充资料表
17	社决附 05 表	居民社会养老保险补充资料表
18	社决附 06 表	居民基本医疗保险补充资料表
19	社决附 07 表	其他养老保险情况表
20	社决附 08 表	其他医疗保障情况表

10.1 各省份社会保险基金透明度调查结果

10.1.1 各信息项的信息公开情况(见表 10-2)

(1)最低要求

31 个省份都已经公布社会保险基金的收入、支出和结余这 3 项指标。这些指标可以在《中国劳动统计年鉴》、《中国统计年鉴》等查询得到。

(2)基本要求

①各个社会保险基金的预算收支表明细(类级、款级科目):这部分调查涉及城镇职工、城镇居民和农村居民等人群的 9 个社会保险基金的各种收支明细情况。根据目前的政府职责划分,本部分信息由社会保险部门制作并公开。河北、山西、辽宁、黑龙江、山东这 5 个省份提供了本课题组要求的全部信息,得到本项的满分。但需要指出的是,这 5 个省份的信息均是在本课题组依法申请公开以后直接向本课题组提供的,而不是主动提供的。内蒙古等 10 个省份部分提供了本项调查信息。

②各个社会保险基金收支分级信息(类级科目):这部分调查涉及各个社会保险基金在上解、下拨资金方面的信息。根据目前的政府职责划分,本部分信息由财政部门制作并公开。该项得分情况较差。仅有黑龙江、甘肃和新疆

这 3 个省份提供了全部的要求信息;提供部分信息的省份仅有浙江和福建。

③社会保险基金的其他信息(类级科目):这部分调查涉及各个社会保险基金的非财务信息,例如参保人数、领取养老人员数量、平均缴费基数等信息,也非常重要。根据目前的政府职责划分,本部分信息由社会保险部门制作并公开。该项得分也不容乐观。河北、山西、辽宁、黑龙江和山东这 5 个省份提供了调查要求的全部数据,吉林等 7 个省份提供了部分数据。

④各项基金资产负债表(类级科目、款级科目):这部分调查涉及各个社会保险基金的资产(例如债券投资、协议存款等)和负债明细,关系到基金资产运用和保值增值,重要性不言而喻。根据目前的政府职责划分,本部分信息由社会保险部门制作并公开。该项得分情况较前几项稍好,河北、山西、辽宁、吉林、黑龙江、山东、贵州、云南和新疆这 9 个省份提供了调查要求的全部数据,北京等 4 个省份提供了部分数据。

(3)更高要求

这部分的评分要求提供社会保险基金未来 50 年或 70 年收支精算报告。没有一个省份提供该项内容。

表 10—2　　　　省级社会保险基金各调查项目透明度情况(2014)

序号	项目	完全公开信息的省份数	部分公开信息的省份数	没有公开信息的省份数	平均得分(满分为 1 分)
1	各项社会保险基金的收支、结余总额	31	0	0	1.00
2	各项社会保险基金的收入类级科目	5	10	16	0.35
3	各项社会保险基金的收入款级科目	5	10	16	0.35
4	各项社会保险基金的支出类级科目	5	10	16	0.35
5	各项社会保险基金的支出款级科目	5	10	16	0.35
6	各项社会保险基金收支分级信息(类级科目)	2	1	28	0.13
7	各项社会保险基金的基本数字(类级科目)	5	7	19	0.27
8	各项社会保险基金资产的类级科目	9	4	18	0.36
9	各项社会保险基金资产的款级科目	9	4	18	0.36
10	各项社会保险基金资产的项级科目	0	0	31	0.00
11	各项社会保险基金负债的类级科目	9	4	18	0.36
12	各项社会保险基金负债的款级科目	9	4	18	0.36
13	各项社会保险基金负债的项级科目	0	0	31	0.00
平均分(满分为 13 分):4.24 分					
平均分(满分为 100 分):32.58 分					

10.1.2 各省份的信息公开状况排名

在获得各省份的社会保险基金信息披露情况后,根据事先设定的评分标准,我们对各省份的社会保险基金信息披露情况进行了打分,在此基础上形成了"各省份社会保险基金透明度得分及排名(2014)"(见表10-3)。

31个省份的平均得分为4.24分(满分为13分),折合成百分制后为32.58分(满分为100分),而且各省份得分悬殊很大。根据表中的数据,我们大致可以把各省份分为四类:

第一类是得分较高的省份:黑龙江(84.62分),是所有省份中唯一一个得分超过80分的省份。

第二类是得分相对较高的省份:这部分省份是信息公开较好的省份,得分均高于60分的及格线,分别是河北、山西、辽宁、山东、云南、新疆、贵州这7个省份。值得注意的是,这些省份大多并非处于沿海发达地区。

第三类是略有得分的省份:这部分省份提供了少量的信息,虽然少,但毕竟提供了,分别是湖北、吉林、上海、甘肃、广东、内蒙、重庆、浙江、广西和海南这13个省份。这13个省份的经济发展水平大多较高,但排名却不尽如人意。

第四类是几乎没有得分的省份:排名最后的10个省份得分完全相同,均为7.69分,并列最后一名。原因是这10个省份除了相关法律强制要求披露的信息以外,再也没有主动公开或向本课题组公开任何调查要求的数据。7.69分来自调查项第1项,详见表10-2。

表10-3 各省份社会保险基金透明度得分及排名(2014)

排名	省份	百分制得分	排名	省份	百分制得分
1	黑龙江	84.62	17	北京	20.00
2	河北	76.92	18	甘肃	15.38
2	山西	76.92	19	江苏	14.84
2	辽宁	76.92	20	浙江	13.46
2	山东	76.92	21	福建	13.08
6	云南	71.20	22	天津	7.69
7	新疆	63.25	22	安徽	7.69
8	贵州	61.71	22	江西	7.69
9	吉林	58.63	22	河南	7.69

排名	省份	百分制得分	排名	省份	百分制得分
10	湖北	57.44	22	湖南	7.69
11	上海	32.31	22	四川	7.69
12	内蒙古	24.79	22	西藏	7.69
12	重庆	24.79	22	陕西	7.69
14	广东	23.85	22	青海	7.69
15	广西	23.08	22	宁夏	7.69
15	海南	23.08			
31 个省份平均得分:32.58 分					

10.2 社会保险基金透明度调查结果分析

　　根据各调查项的得分情况来看,各项保险基金收支分级信息的得分最低,只有 13 分(满分为 100 分,下同),其次是各项社会保险基金的基本数字,透明度也很低,只有 27 分;社会保险基金的收支、资产负债的信息披露情况相对较好,但类别较粗。本课题组认为,目前财政和社会保险部门管理社会保险基金的方法和信息披露的方式还是借用了传统财政资金的管理模式,这是不对的,因为:第一,社会保险是一种保险,强调缴费与给付的对应关系,因此,应该更多地披露缴费者的负担及其收益情况。第二,我国的养老保险是统筹账户与个人账户相结合,有不少积累性的资金长期沉淀下来,需要非常详细地公布投资流程、投资明细与收益情况,而这些信息披露要求是传统财政资金管理所没有涉及的。

　　下面我们换一种计算方法,不考虑社会保险基金调查中的"更高要求",仅考察"最低要求"和"基本要求",相应地调整评分标准。在表 10－4 中,我们看到,各省份得分有了很大的提高。其中,黑龙江得了 91.67 分,河北、山西、辽宁、山东 4 个省份的得分也在 80 分以上。这个情况说明了两个结论:

　　第一,一些省份已经基本提供了其制作的社会保险基金信息。根据现行的《政府信息公开条例》,谁制作,谁公开,但政府不提供未制作的信息。如果不考虑本课题组要求的"更高要求",则黑龙江得分接近满分,应该说该省已经做到了"应公开的全公开"。

　　第二,我国社会保险基金信息公开有待于社会保险基金统计体系的重塑。

正如我们在表 10—3 所看到的,即使黑龙江省做到所有统计数据公开,也仅能得 80 多分。问题就出在现有的社会保险基金统计体系存在重大缺陷,无法准确反映社会保险基金的真实运行状况和未来走势。从这个角度来看,只有社会保险部门、财政部门从社会保险基金的属性出发,认真学习和借鉴一些发达国家的做法,重新设计社会保险基金统计体系,我国社会保险基金信息公开的得分才能提高。

表 10—4 　　　　　　不考虑"更高要求"前提下的各省份
社会保险基金透明度得分及排名(2014)

排名	省份	百分比得分	排名	省份	百分比得分
1	黑龙江	91.67	17	北京	21.67
2	河北	83.33	18	甘肃	16.67
2	山西	83.33	19	江苏	16.07
2	辽宁	83.33	20	浙江	14.58
2	山东	83.33	21	福建	14.17
6	云南	77.13	22	天津	8.33
7	新疆	68.52	22	安徽	8.33
8	贵州	66.85	22	江西	8.33
9	吉林	63.52	22	河南	8.33
10	湖北	62.22	22	湖南	8.33
11	上海	35.00	22	四川	8.33
12	内蒙古	26.85	22	西藏	8.33
12	重庆	26.85	22	陕西	8.33
14	广东	25.83	22	青海	8.33
15	广西	25.00	22	宁夏	8.33
15	海南	25.00			
31 个省份平均得分:35.30 分					

11　省级国有资产透明度评估

本课题组对 31 个省份的省级国有资产透明度的评估包括以下内容(见表 11—1):

第一,本级政府国有企业的总量指标,主要涉及 6 项指标:国有企业的收入、费用、利润总额、资产、负债及所有者权益总额。

第二,本级政府国有企业的总量 4 张表(资产负债表、利润表、现金流量表、所有者权益变动表)。

第三,本级政府直属国有企业按户列示的 8 项指标(资产总额、负债总额、所有者权益总额、国有资本及权益总额、营业总收入、利润总额、净利润总额、归属母公司所有者权益的净利润)。

第四,本级政府直属国有企业是否按照中国上市公司的信息披露要求公布企业运营状况。参照《上市公司信息披露管理办法》(中国证券监督管理委员会令第 40 号)的要求,对省级和省以下政府(或各级国资委)直属企业的信息披露情况进行调查。

表 11-1 　　　　　　　　国有企业信息公开调查的信息项与评分权重

类别	调查项	权重(%)
最低要求	本级政府国有企业的收入、费用和利润总额	12.5
	本级政府国有企业的资产、负债及所有者权益总额	12.5
基本要求	本级政府国有企业资产负债表	12.5
	本级政府国有企业利润表	12.5
	本级政府国有企业现金流量表	12.5
	本级政府国有企业所有者权益变动表	12.5
	本级政府直属企业主要指标表	12.5
理想目标	达到与国内上市公司同等信息披露要求	12.5

说明:①本级政府直属企业主要指标表是指政府直属企业按户公布的 8 项指标,即资产总额、负债总额、所有者权益总额、国有资本及权益总额、营业总收入、利润总额、净利润总额、归属母公司所有者权益的净利润。

②达到与国内上市公司同等信息披露要求,是指省级政府出资成立的企业的信息公开要求与沪、深证券交易所对上市公司信息披露的要求完全一致。

11.1　各省份国有企业透明度调查结果

11.1.1　各信息项的信息公开情况(见表 11-2)

(1)本级政府国有企业的总量指标

国有企业的总量指标包括国有企业的收入、费用、利润总额、资产、负债及所有者权益总额。这 6 项总量指标可以在《中国国有资产监督管理年鉴》上查到。因此,各省份均得满分。

(2)国有企业资产负债表、利润表和现金流量表(简称"三大表")

这部分信息公开情况较好。山西、黑龙江、福建、山东、湖北、湖南、广东、广西、海南、新疆 10 个省份公布了"三大表"。北京、内蒙古、浙江、宁夏 4 个省份部分公布了"三大表"(主要表格中的项目分类太粗,被认定为部分公布)。这 3 张表格在各省份的得分都是一致的,也就是说,如果该省份公布了国有企业资产负债表,则该省份一定会公布利润表和现金流量表。

(3)国有企业所有者权益变动表

这部分信息公开情况较"三大表"略差。山西、黑龙江、福建、山东、湖北、湖南、广东、广西、新疆9个省份公布了这一表格;浙江和宁夏部分公布了这一表格。

(4)政府直属企业按户公布的8项指标

这一调查项的得分情况较差。山西、上海、福建、山东、宁夏和新疆6个省份公布了这一表格。内蒙古、广西和重庆3个省份部分公布了这一表格。

(5)政府直属企业达到上市公司信息披露的要求

目前没有一个省份达到这一要求。

表 11-2　　　　省级国有企业信息各调查项目透明度情况(2014)

调查项	完全公开信息的省份数	部分公开信息的省份数	没有公开信息的省份数	平均得分(满分为100分)
国有企业的收入、费用和利润总额	31	0	0	100
国有企业的资产、负债及所有者权益总额	31	0	0	100
国有企业资产负债表	10	4	17	37.10
国有企业利润表	10	4	17	37.10
国有企业现金流量表	10	4	17	37.10
国有企业所有者权益变动表	9	2	20	31.29
政府直属企业按户公布的8项指标	6	3	22	22.42
直属企业达到上市公司信息披露的要求	0	0	31	0

11.1.2　各省份的信息公开状况排名

在获得各省份的社会保险基金信息后,根据事先设定的评分标准,我们对各省份的国有企业信息公开情况进行了打分,形成了"各省份国有企业透明度得分排名(2014)"(见表 11-3)。该表数据呈现出两大特征:一是总体情况差,只有 11 个省份及格,平均分很低,仅为 45.63 分(满分为 100 分);二是透明度高的省份与透明低的省份形成极大的反差。

表 11-3　　　　各省份国有企业透明度得分及排名(2014)

排名	省份	分数	排名	省份	分数
1	山西	87.5	17	天津	25
1	福建	87.5	17	河北	25
1	山东	87.5	17	辽宁	25
1	新疆	87.5	17	吉林	25

排名	省份	分数	排名	省份	分数
5	宁夏	78.125	17	江苏	25
6	广西	75	17	安徽	25
7	黑龙江	75	17	江西	25
7	上海	75	17	河南	25
7	湖北	75	17	四川	25
7	湖南	62.5	17	贵州	25
7	广东	62.5	17	云南	25
12	海南	47.5	17	西藏	25
13	内蒙古	37.5	17	陕西	25
14	北京	37.5	17	甘肃	25
15	重庆	35	17	青海	25
16	浙江	28.75			
31个省份平均得分：45.63分					

11.2　国有企业透明度调查结果分析

如前所述,国有企业透明度总体情况较差。具体而言:

第一,在国有企业总量指标上,透明度略好,例如,各省份均公布了国有企业的收入、费用、利润总额、资产、负债及所有者权益总额等各项指标,一些省份还公布了资产负债表、利润表、现金流量表等。

第二,在国有企业个体指标方面,透明度很差,我们甚至都不知道一个省份有多少家省直属企业。国有企业个体指标直接反映每家国有企业的具体经营状况,有利于社会公众进行监督。早在2009年,国务院国资委曾经进行过一次尝试。那一年,国资委史无前例地公布了118家央企2007年和2008年两个年度的营业收入、利润、纳税以及资产总量4个目标,这也是国资委第一次向公众亮出了央企的家底。国资委当时还承诺,央企信息公开将会越来越透明。不过事实证明,那次尝试没能走得更远,在央企考核业绩公布这件事情上,"越来越封闭"正在取代"越来越透明"。

第三,最高分与最低分悬殊巨大。山西、福建、山东、新疆4个省份得分高达 87.5 分,即除了最后一项没有得分,其余 7 项均得满分,这说明本课题组设计的调查项完全是切合实际的,也是很容易拿高分的。然而非常可惜,有 15 个省份得分并列垫底,只公布了国有企业总量的几项指标。

第四,综合几年来的调查,我们认为,如果有制度的保证,得分就比较稳定。例如,山东省定期公开出版《企业财务会计信息摘要》,国有企业的信息能够得到较为充分的披露。反之,依靠本课题组每年的依申请公开而得到的资料,就无法保证稳定性,有的年份高,有的年份低,工作人员处理申请信函的随意性较大。

12 省级政府财政透明度的态度评估

2008 年 5 月 1 日正式实施的《政府信息公开条例》规定了公民申请获取政府相关信息的权利,同时也规定了各级政府信息公开机构提供信息的责任和义务。

《政府信息公开条例》第 19 条规定:"行政机关应当编制、公布政府信息公开指南和政府信息公开目录,并及时更新。政府信息公开指南,应当包括政府信息的分类、编排体系、获取方式,政府信息公开工作机构的名称、办公地址、办公时间、联系电话、传真号码、电子邮箱等内容。政府信息公开目录,应当包括政府信息的索引、名称、内容概述、生成日期等内容。"第 24 条还规定:"行政机关收到政府信息公开申请,能够当场答复的,应当当场予以答复。行政机关不能当场答复的,应当自收到申请之日起 15 个工作日内予以答复;如需延长答复期限的,应当经政府信息公开工作机构负责人同意,并告知申请人,延长答复的期限最长不得超过 15 个工作日。"

依据《政府信息公开条例》及其规定、政府信息公开指南与政府信息公开目录,本课题组就课题研究所需的相关信息(见附录 1),通过发送电子邮件、邮寄邮政信函的方式,向我国大陆地区 31 个省份的相关部门提出了信息公开的申请:

一是管理公共资金或发布公共资金管理信息的部门,包括省政府信息公开办公室、省财政厅(局)、省国有资产监督管理委员会、省人力资源和社会保障厅(局)等。

二是使用公共资金的部门。我们选取了 11 个省级部门:省(市)政府(办公厅)、省(市)人大、省(市)政协、教育厅(局)、财政厅(局)、国税局、地税局、工商局、卫生厅(局)、交通厅和环保局。

在截止期内,课题组收到了大多数省份相关部门关于"信息申请"的回复。根据回复情况,按照事先设定的统一评分标准,课题组制作了"各省份回复情况统计及评估表"。

12.1 省级政府信息公开办公室、人力资源和社会保障厅(局)、国有资产监督管理委员会和财政厅(局)的回复情况及评估

按照我们事先设定的评分标准,每个省份 4 个部门[信息公开办公室、人力资源和社会保障厅(局)、国有资产监督管理委员会和财政厅(局)]中只要有两个或两个以上的部门对本课题组的调查予以回复,就得到本项的满分。由表 12-1 可知,今年各省份的回复情况较好,除了宁夏得 50 分、西藏得零分以外,其他各省份均得了满分。

表 12-1 各省份信息公开办、人社、国资委和财政部门的回复情况及评估(2014)

省份	部门	电话回复	邮件回复	信函传真回复	百分制得分
安徽	信息公开办公室	✓			100
	人力资源和社会保障厅				
	财政厅	✓	✓	✓	
	国有资产监督管理委员会				
北京	信息公开办公室			✓	100
	人力资源和社会保障局			✓	
	财政局			✓	
	国有资产监督管理委员会				
福建	信息公开办公室			✓	100
	人力资源和社会保障厅			✓	
	财政厅	✓	✓		
	国有资产监督管理委员会	✓		✓	

2014中国财政透明度报告

省份	部门	电话回复	邮件回复	信函传真回复	百分制得分
甘肃	信息公开办公室				100
	人力资源和社会保障厅				
	财政厅	√			
	国有资产监督管理委员会	√			
广东	信息公开办公室			√	100
	人力资源和社会保障厅			√	
	财政厅	√		√	
	国有资产监督管理委员会	√	√		
广西	信息公开办公室				100
	人力资源和社会保障厅	√		√	
	财政厅			√	
	国有资产监督管理委员会	√	√	√	
贵州	信息公开办公室	√		√	100
	人力资源和社会保障厅				
	财政厅		√		
	国有资产监督管理委员会				
海南	信息公开办公室		√		100
	人力资源和社会保障厅	√		√	
	财政厅	√		√	
	国有资产监督管理委员会				
河北	信息公开办公室			√	100
	人力资源和社会保障厅			√	
	财政厅			√	
	国有资产监督管理委员会			√	

省份	部门	电话回复	邮件回复	信函传真回复	百分制得分
河南	信息公开办公室			√	100
	人力资源和社会保障厅			√	
	财政厅				
	国有资产监督管理委员会		√		
黑龙江	信息公开办公室	√			100
	人力资源和社会保障厅	√			
	财政厅	√		√	
	国有资产监督管理委员会	√			
湖北	信息公开办公室		√		100
	人力资源和社会保障厅				
	财政厅			√	
	国有资产监督管理委员会				
湖南	信息公开办公室				100
	人力资源和社会保障厅				
	财政厅	√		√	
	国有资产监督管理委员会	√			
吉林	信息公开办公室			√	100
	人力资源和社会保障厅				
	财政厅	√		√	
	国有资产监督管理委员会				
江苏	信息公开办公室	√		√	100
	人力资源和社会保障厅				
	财政厅			√	
	国有资产监督管理委员会				

2014中国财政透明度报告

省份	部门	电话回复	邮件回复	信函传真回复	百分制得分
江西	信息公开办公室		✓		100
	人力资源和社会保障厅				
	财政厅	✓	✓		
	国有资产监督管理委员会				
辽宁	信息公开办公室		✓		100
	人力资源和社会保障厅				
	财政厅	✓		✓	
	国有资产监督管理委员会				
内蒙古	信息公开办公室	✓		✓	100
	人力资源和社会保障厅	✓			
	财政厅			✓	
	国有资产监督管理委员会				
宁夏	信息公开办公室				50
	人力资源和社会保障厅				
	财政厅	✓	✓		
	国有资产监督管理委员会				
青海	信息公开办公室	✓	✓		100
	人力资源和社会保障厅				
	财政厅	✓		✓	
	国有资产监督管理委员会				
山东	信息公开办公室			✓	100
	人力资源和社会保障厅		✓		
	财政厅	✓	✓	✓	
	国有资产监督管理委员会			✓	

省份	部门	电话回复	邮件回复	信函传真回复	百分制得分
山西	信息公开办公室			√	100
	人力资源和社会保障厅				
	财政厅		√	√	
	国有资产监督管理委员会				
陕西	信息公开办公室	√			100
	人力资源和社会保障厅				
	财政厅			√	
	国有资产监督管理委员会				
上海	信息公开办公室			√	100
	人力资源和社会保障局			√	
	财政局			√	
	国有资产监督管理委员会			√	
四川	信息公开办公室			√	100
	人力资源和社会保障厅	√		√	
	财政厅	√		√	
	国有资产监督管理委员会	√		√	
天津	信息公开办公室	√		√	100
	人力资源和社会保障局			√	
	财政局		√	√	
	国有资产监督管理委员会	√		√	
西藏	信息公开办公室				0
	人力资源和社会保障厅				
	财政厅				
	国有资产监督管理委员会				

2014中国财政透明度报告

省份	部门	电话回复	邮件回复	信函传真回复	百分制得分
新疆	信息公开办公室		✓		100
	人力资源和社会保障厅				
	财政厅	✓		✓	
	国有资产监督管理委员会	✓			
云南	信息公开办公室				100
	人力资源和社会保障厅	✓		✓	
	财政厅				
	国有资产监督管理委员会				
浙江	信息公开办公室	✓			100
	人力资源和社会保障厅				
	财政厅			✓	
	国有资产监督管理委员会	✓			
重庆	信息公开办公室	✓		✓	100
	人力资源和社会保障局	✓			
	财政局	✓		✓	
	国有资产监督管理委员会				

　　回顾过去5年来本课题组对各省份的态度评分,总体上分数呈现稳步上升的趋势,平均分由2010年的80.65分升至2014年的95.16分(见图12－1)。如果不考虑信息申请的回复质量,单纯看回复态度,说明各省份政府部门在财政信息公开方面的法律意识有所增强,意识到对于依法申请公开的公民,应根据相关法律法规,在规定的期限内予以答复。

　　如果按照未及时向本课题组回复的部门进行分类(见表12－2),我们看到,财政厅(局)、国有资产监督管理委员会、人力资源和社会保障厅(局)和信息公开办公室的未回复省份分别是:3、6、15和16。这反映了财政厅和信息公开办的法律意识较强,而人社和国资部门的法律意识较差。当然未回复的部门只可能在态度评分上被扣分,其财政信息透明度仍可能得高分,因为有些省份虽然未回复,但公开出版了较为详尽的省级财政年鉴。

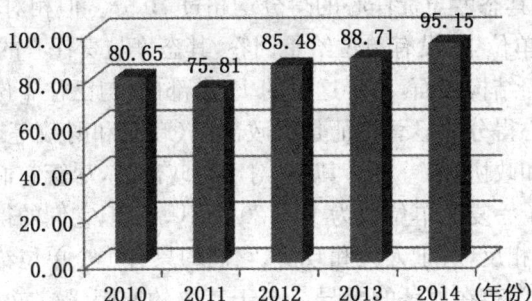

图 12—1　2010—2014 年各省份的态度评分情况(百分制)

表 12—2　　　　　本年度调查中未回复本课题组依法申请的省份和部门

部门	未回复的省份
财政厅	3 个省份(河南、西藏、云南)
信息公开办公室	6 个省份(甘肃、广西、湖南、宁夏、西藏、云南)
人力资源和社会保障厅	15 个省份(安徽、甘肃、贵州、湖北、湖南、吉林、江苏、江西、辽宁、宁夏、青海、山西、陕西、西藏、新疆)
国有资产监督管理委员会	16 个省份(安徽、北京、贵州、海南、湖北、吉林、江苏、江西、辽宁、内蒙古、宁夏、青海、山西、陕西、西藏、重庆)

12.2　各省份 11 个行政部门的回复情况及评估

　　表 12—3 表明:在 2014 年的透明度调查中,对于受评估的 341 个单位中,共有 144 个单位(占 42.2%)对于我们的信息公开申请作出回应,并就是否公开相关信息给予明确的答复。按照我们的评分标准,相关省级单位总的透明度评估得分为 42.2 分,整体上依旧没有及格。特别地,从年度比较的角度看,2014 年省级行政收支及相关信息的透明度得分与 2013 年的得分相比还有细微的下降:2013 年,在信息公开申请之后,与调查组进行联系的单位数是 150个,其中,有 149 个单位有明确答复,最终的态度与责任心得分为 43.8 分。当然,2014 年态度与责任心得分虽然与 2013 年相比有所下降,但下降的幅度不大,不到 2 分,这可能是随机因素所致。

　　一方面,是态度与责任心的整体水平,另一方面,则是结构的差异。其中,在省级结构差异方面,表 12—3 表明:31 个省份的得分水平有很大的差异。像比较好的省份,比如安徽、广西和江苏,它们中给予明确答复的单位数多达八九个,相应地,其态度与责任心的得分均超过 70 分。但相对比较差的省份,比如西藏,11 个单位中,没有单位给予回答,其态度与责任心的得分为零分。

　　另外,在部门结构方面,对于这里的 11 类部门,与已往年份的情况基本一样,态度与责任心得分的显著特征是行政部门(政府和财政等 9 大部门)与非行政部门(人大和政协)的差异。其中,对于行政部门,尽管它们的得分水平有一定的差异(给予答复的单位数为 13～20 个不等),但它们的得分水平相对都还比较高。与之相反,对于人大和政协,它们均只有 1 个单位给予答复。行政部门与非行政部门存在显著的差异。至于其中的原因,这在很大程度上与我国《政府信息公开条例》的制度缺陷有关。我国目前的《政府信息公开条例》规定政府信息的公开主体是行政部门,于是,在人大和政协等部门看来,它们自己是非行政部门,进而对于信息公开申请不给予答复。

表 12—3　　　　　　　　　341 个单位的态度与责任心得分情况

省份	政府	人大	政协	教育	财政	国税	地税	工商	卫生	交通	环保	合计
安徽	1			1	1		1	1	1	1	1	9
北京					1	1		1	1	1	1	6
福建	1					1		1	1	1	1	7
甘肃	1								1	1	1	4
广东				1			1		1	1	1	5
广西	1				1	1	1	1		1	1	8
贵州					1	1	1					3
海南	1							1	1			4
河北							1		1			2
河南	1				1	1	1	1	1	1	1	7
黑龙江									1			1
湖北	1			1					1	1		4
湖南				1		1		1	1	1		5
吉林				1	1	1			1			4
江苏		1		1	1	1	1	1	1	1		8
江西	1				1	1	1	1	1			6
辽宁	1				1	1	1					4

省份	政府	人大	政协	教育	财政	国税	地税	工商	卫生	交通	环保	合计
内蒙古	1					1				1		3
宁夏	1				1					1	1	4
青海	1			1	1					1		4
山东	1				1	1	1	1		1		6
山西											1	1
陕西					1	1	1	1	1	1		6
上海				1		1	1	1		1	1	6
四川				1	1			1	1	1		5
天津	1				1	1	1	1			1	6
西藏												0
新疆	1			1	1						1	4
云南	1			1							1	3
浙江	1		1	1	1				1	1	1	7
重庆					1				1			2
合计	20	1	1	16	18	15	13	15	14	16	15	144

13 政府财政信息公开的目标及框架体系

　　财政透明度的提高,一方面要依赖于财政、社会保险和国资等相关部门能公开尽可能公开,另一方面则要依赖于高质量的政府财政预算体系的构建。如果政府财政预算体系不完善,则将导致数据的缺乏,即使愿意公开也没有数据和资料可供公开。在本章,课题组分门别类,提出了政府财政信息公开的目标及框架体系。

13.1　公共预算信息公开的目标及框架体系

13.1.1　公共预算信息公开的目标

(1)保障公众预算参与权

　　预算信息公开是公共财政框架下保障公众预算参与权的一种内在要求。

　　公共财政主要从政府和市场关系的角度研究公共经济活动。在古典经济学有关资源最优配置的分析中,通常假定市场有着充分的竞争。然而,在现实生活中,有关市场竞争的假设往往是不被充分满足的,这时,市场不能对资源进行有效的配置。特别地,当经济发生较大波动时,市场更是无能为力。即使市场竞争的条件被满足,资源配置能够达到帕累托效率境界,竞争市场运行的结果其实也未必是最理想的。例如，当我们从公平角度来观察的时候，我们会发现，市场竞争必然带来的一个副产品是贫富两极分化，由此，社会贫困问题就会产生。所以，在现实生活中，市场机制的运行可能存在着这样或那样的缺陷，市场缺陷为政府干预经济提供了经济学基础。于是，便有了市场经济条件下的公共财政。

当我们在公共财政框架下用政府机制去弥补市场缺陷的时候，实际上就是要求政府按照公众的委托做市场不能做或市场不愿做的事情，以便辅助市场正常运行。这包括在外部效益等情况下，政府通过公共提供直接为社会提供某些产品，如提供国防、路灯等；也包括在外部成本、经济波动等情况下，政府通过纠正市场缺陷间接为市场提供某些服务，如通过公共管制来减少污染，通过宏观调控来减少经济波动等。由于政府提供的这些产品和服务，包括为此所设置的机构、所安排的制度、所制定的政策等，在消费或在运行过程中利益是广泛外溢的，或者说受益是完全外部化的，不具有竞争性和排斥性，因而它使得大家有可能集体消费、共同受益、不受排斥。我们通常把这类产品和服务，包括相应的制度、秩序等，统称为公共产品。

当政府提供公共产品或者说履行财政职能时，就会发生相应的财政支出，进而就必须有相应的财政收入来保障。为此，政府需要定期编制预算。政府预算是政府根据未来某一特定时期的收支情况所作的安排。目的是按照公共财政的要求，合理安排好每一个时期的财政收入和财政支出。在预算编制完成以后，还需要将其付诸实施，等等。于是，在公共财政框架下便有了相应的预算安排，包括预算编制、审批、执行、决算等。所以，预算是公共财政框架中一个非常重要的组成部分，它是政府为了确保财政职能在给定的资源条件下能够得到切实履行所作的一种制度安排。

问题是，预算是不是真正反映了公众对公共产品的诉求？是不是真正符合公共财政的要求？

如前所述，市场缺陷为政府干预经济提供了经济学基础，但是，这仅仅是公共财政的一个逻辑起点。站在这样一个逻辑起点上，我们会发现，如何用政治程序取代市场机制、让公共预算体现公众意志是公共财政建设中不可回避的一个问题。在一个民主的制度框架下，通过民主的方式能够产生一个代表公众利益的公众权力机构，通过该公众权利机构能够较好地了解并保障公众对公共产品的诉求。显然，在此过程中，制度越有民主基础，公众权力机构就越能代表公众利益，政府提供的公共产品就越能符合公众的意愿，进而公共产品的配置就越能接近帕累托效率要求。从这个意义上说，民主制度在公共产品的供给与需求之间搭建了一座桥梁，解决了公共产品消费中由"免费搭车"

现象所带来的市场失灵问题。基于这样的逻辑,以公众及公众权力机构参与公共预算为形式的民主制度是公共财政的应有之义。

因此,《中华人民共和国宪法》第二条规定:"中华人民共和国的一切权力属于人民。人民依照法律规定,通过各种途径和形式,管理国家事务,管理经济和文化事业,管理社会事务。"公共预算是国家事务中极为重要的一个组成部分。

公众要充分行使预算参与权,首先必须具有预算知情权。预算知情权是指在预算相关机构及单位实施预算管理过程中,除法律规定的情形外,公众有知晓和了解预算活动与结果及有关材料的权利。而预算知情权实现的必要条件之一就是预算信息的公开。因此,为了给公众参与公共预算提供保障,预算信息的公开是必然的。

预算信息公开是指预算的编制、审批、执行、决算及其依据等整个过程与内容都必须依法通过相应方式向社会公开。预算信息公开是政府信息公开的主要内容,也是财政部门政府信息公开的核心所在。除法律规定的保密情形外,预算信息公开的主体应包括所有掌握预算信息的各级政府及其所属职能部门、事业单位和国有企业等单位;预算信息公开的对象应涵盖包括公众权力机构在内的所有公民;预算信息公开的范围应包括预算管理体制、预算分配政策、预算编制程序等预算制度信息,以及在该制度框架下的预算收支安排、预算执行、预算调整和决算等预算管理信息。[①]

预算信息的公开有助于公众获得全面的政府财政信息,包括预算的编制情况及其依据、预算的执行情况及其执行结果偏离预期的原因、预算的预测及其以前年度的对照信息,还包括在预算文件或其背景资料中加以反映的财政政策目标、财政规则、主要财政风险、财政可持续性等。唯有如此,公众才能及时地、充分地、准确地获得相关信息,并依据这些信息客观评判过往预算的问题与成效,进而更好地参与未来的公共预算,为提升预算的合理性、科学性出谋划策。因此,预算信息的公开能够更好地保障公众参与预算的权利。

现在,预算信息公开已经成为市场经济国家的通行做法,国际货币基金组织(IMF)衡量财政透明度的主要标准就是公众是否能够获得全面的政府财政信息。许多国家法律规定政府必须满足公众对预算信息的要求,除非这些信息涉及法律规定的保密情形。

2008年我国《政府信息公开条例》正式实施。该条例明确规定:各级政府

---

① 国际货币基金组织:《财政透明度手册》,人民出版社2001年版。

的预算和决算报告是需要主动公开的"重点政府信息"，必须向公众开放并提供便利的查阅条件。随后，有关政府信息公开的法律法规、条例细则等制度建设得到了逐步的推进。预算信息公开已经有了比较具体的法律、法规等方面的依据。各级政府依据《政府信息公开条例》、《预算法》和其他财政法律法规，以政府公开出版物、官方网站、媒体发布会、依申请回复等形式为载体，正在逐步扩大预算信息的公开范围。

（2）保障公众预算监督权

预算信息公开是委托代理关系下保障公众预算监督权的一种必然选择。

通常，要素之间存在着禀赋上的差异，为了优化资源配置，提高管理制度效率，需要在授权之下进行要素的结合，于是，在一个特定的经济体系或治理结构中便形成了委托代理关系。在委托代理关系中，代理人往往有着独立的、不同于委托人的目标函数，当两者的目标函数发生冲突时，代理人的行为可能会偏离甚至背离委托人的要求，由此会产生"逆向选择"、"道德风险"等委托代理问题，其根源在于信息不对称。一方面，委托人要求代理人按照委托人的利益选择行动；但是，另一方面，委托人却很难直接观测到代理人选择了什么行动，能观察到的只是不完全的信息和变量，即委托人拥有的有关代理人执行规定职责的信息是很不完全的。如何来解决这一问题？一种可能的基本方法是，通过降低信息成本来减轻信息不对称的程度，从而建立起一种有效的约束机制，使得代理人在机制约束下选择与委托人目标相一致的行动。

在公共财政框架下，在公众（纳税人）与政府之间、财政部门与预算单位之间就存在着这种委托代理关系。由于信息不对称天然存在，更由于信息不对称的程度因制度变更滞后于技术进步和市场演进等环境变化而加剧，在这些委托代理关系中普遍存在着委托代理问题，因而需要进行相应的制度建设来解决或减少委托代理关系中的"逆向选择"和"道德风险"问题，预算信息公开便是众多制度建设中的重要一环。

①公众—政府委托代理关系中的预算监督与公开。

如前所述，在市场经济条件下，政府必须在市场存在缺陷的领域中承担起市场不能胜任的任务，为此，政府需要通过征税等途径来筹集资金。由此，在公共财政框架下形成了一种最基本的委托代理关系——公众（纳税人）和政府的委托代理关系：一方面，公众通过向政府缴纳税款来要求政府为其提供公共产品；另一方面，政府通过向公众征税获得税款后必须履行其提供公共产品的职责。在这层委托代理关系中，税收资金是否能够真正被用来提供符合公众需要的公共产品呢？这在很大程度上取决于政府与公众的目标函数是否一致,以及各自在信息上占有多大的优势。通常,政府的目标函数除了要服从于公众的目标函数外,还会有不同于公众的目标函数。因为政府是由众多"经济人"组成的,因而在公共利益的背后,往往还掺杂着"经济人"自身的利益。因此,在公共财政框架下,保障公众对公共预算的监督权极为重要。

但是,在传统的预算管理制度下,预算资金的分级收缴、分散支付,银行账户的多重设置,使得预算资金的运行缺乏透明度,这给公众通过一定的渠道和机制对公共预算进行监督带来了极大的困难。因此,在公众和政府的委托代理关系中,作为代理人的政府由于占有天然的信息优势,在利益驱使下可能会违背公众的委托意愿,从而产生"逆向选择"和"道德风险"问题。层出不穷的"形象工程"、屡禁不止的"楼堂馆所"、频遭曝光的"豆腐渣工程"等便是例证。

如何来减轻公众和政府之间信息不对称的程度,保障公众预算监督权,进而强化对政府的约束机制,从而纠正政府的目标函数? 显然,预算信息公开是众多解决措施中不可或缺的一环。预算信息公开可以打破政府部门信息垄断,增加预算资金运行的透明度,使公众及委托人能够及时地、便利地、充分地获得代理人的信息,降低公众获得有关预算资金运行信息的成本,最大限度地降低委托人和代理人之间的信息不对称程度,从而改善预算资金使用的监督环境,为保障公众行使预算监督权利奠定基础。

②财政部门—预算单位委托代理中的预算监督与公开。

财政部门要定期编制预算,然后按照预算支出的项目和进度将预算资金拨付到各预算单位。随着资金的拨付,财政职能也相应被分解到各预算单位。各预算单位必须按照预算规定,用这些资金来为社会提供相应的公共产品。由此,在最基本的公众与政府委托代理关系之上,又形成了一层委托代理关系——财政部门和预算单位之间的委托代理关系。在这层委托代理关系中,由于信息不对称问题的存在,各预算单位同样不会完全按照财政部门的要求来行事。为此,对各预算单位的预算监督是必不可少的。这既包括财政部门对预算单位预算的监督,也包括公众对预算单位预算的监督。

然而,在传统的分级分散收支模式下,预算资金通过多级政府、多个部门先是层层上缴,然后再是层层下拨、"家家"分解。这增加了信息传递的中间环节,削弱了预算系统信息反馈的功能,提高了信息失真的可能性,增加了财政部门与公众获得相关信息的成本,加剧了财政部门与各预算单位、公众与各预算单位之间的信息不对称,从而为一些预算单位挪用财政资金等机会主义行为提供了便利。同时,在预算单位有着独立的、不同于财政部门的目标函数的条件下,信息不对称的加剧也使得公共资源有可能成为寻租的对象。因此,在财政部门和各预算单位的委托代理关系中,由于占有天然的信息优势,作为代理人的预算单位可能会出于"部门利益"甚至"个人利益"的考虑违背财政部门的委托意愿,从而产生委托代理问题。在这种情况下,预算信息的公开显得尤为重要。

预算信息公开将减少信息反馈环节,增强预算系统信息反馈的功能,降低信息失真的可能性,提高预算制度安排的透明度,减少信息垄断造成的信息不对称,从而有利于缩短财政部门、公众和预算资金运行信息源的距离,有利于财政部门和公众了解预算资金的走向,降低财政部门和公众获得有关预算资金"来龙去脉"信息的成本,进而为保障公众行使预算监督权创设一个良好的制度环境,增强对预算单位的机制约束,更好地约束预算单位按预算行事。

13.1.2 公共预算信息调查框架

省级政府公共预算信息调查框架由政府总预算信息和政府分级预算信息两部分组成(见图13—1)。

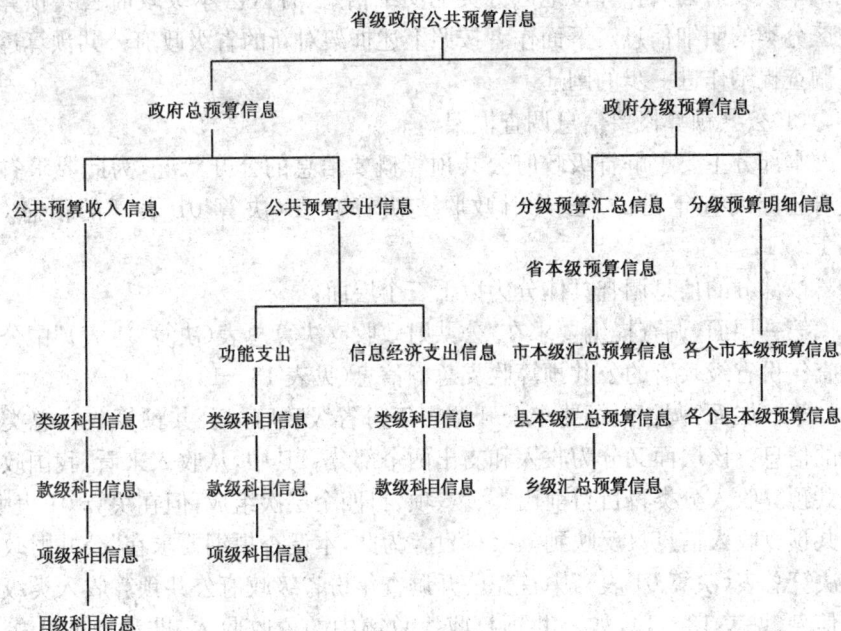

图13—1 省级政府公共预算信息调查框架

其中,政府总预算信息部分首先按照公共预算收支及属性进行横向分类,分为省级政府公共预算收入信息、省级政府公共预算支出信息两个部分,省级政府公共预算支出信息部分又进一步分为省级政府公共预算功能类支出信息和省级政府公共预算经济类支出信息两部分。其次,在省级政府公共预算收入信息、省级政府公共预算功能类支出信息、省级政府公共预算经济类支出信息部分,按照公共预算收支分类科目进行纵向分类,分为省级政府公共预算收支类级科目信息、省级政府公共预算收支款级科目信息、省级政府公共预算收支项级科目信息、省级政府公共预算收支目级科目信息等几个层次(见图13—1)。

政府分级预算信息部分,首先按地区分为汇总的政府分级预算信息和明细的政府分级预算信息两部分。其次,在汇总的政府分级预算信息部分,按照行政层级对政府公共预算信息进行纵向分类,分为省本级政府公共预算收支信息、地市本级汇总的政府公共预算收支信息、区县本级汇总的政府公共预算收支信息、乡镇级汇总的政府公共预算收支信息等几个层次。在明细的政府分级预算信息部分,按照行政区域对政府公共预算信息进行横向分类,分为各地市本级政府公共预算按地区分类的明细信息、各区县本级政府公共预算按地区分类的明细信息。下面作者按照上述框架对新的省级政府公共预算透明度调查提纲作进一步的阐述。

(1)公共预算概要信息调查框架

本部分主要了解省级政府公共预算概要信息的公开状况,为此要求省级政府公开调查年份的"公共财政收支决算总表(决算01表)"的信息(见表13—1)。

该部分的信息调查具体分为以下三个层面:

第一层面,调查提纲要求在"公共财政收支决算总表(决算01表)"中公开调查年份省级政府的公共预算收支总额信息(见表13—1)。

第二层面,调查提纲要求公开调查年份省级政府的公共预算收支总类层面的信息。该层面又分为收入和支出两个部分。其中,从收入来看,我国政府公共预算收入分类科目目前由类、款、项、目四个层次组成,但在决算01表中,公共预算收入信息只反映到款级科目。为此,本调查提纲要求在"公共财政收支决算总表(决算01表)"中首先公开调查年份省级政府公共预算收入类级科目信息(见表13—1),如公共预算收入总额中的税收收入、非税收收入等信息,其次公开调查年份省级政府公共预算收入款级科目的信息(见表13—1),如税收收入中的增值税、营业税、企业所得税等信息,非税收收入中的专项收入、行政事业性收费收入、罚没收入等信息,以此了解省级政府公共预算收入总额下的类级科目的信息公开状况,以及公共预算收入类级科目下的款级科目的信息公开状况。

从支出来看,我国政府公共预算支出目前有功能和经济两大分类角度。其中,按功能分类的公共预算支出主要反映预算资金的使用方向,在我国目前预算科目设置上由类、款、项三个层次组成;按经济分类的公共预算支出主要反映预算资金的具体用途,在我国目前预算科目设置上由类、款两个层次组成。但在决算 01 表中,只有按功能分类的公共预算支出,没有按经济分类的公共预算支出;并且,按功能分类的公共预算支出只反映到类级科目。为此,本调查提纲要求在"公共财政收支决算总表(决算 01 表)"中公开调查年份省级政府公共预算支出按功能分类的类级科目的信息(见表 13-1),如公共预算支出总额中的一般公共服务、外交、国防、公共安全、教育、科学技术等信息,以此了解省级政府公共预算支出总额下按功能分类的类级科目的信息公开状况。

第三层面,调查提纲要求公开调查年份省级政府的公共预算中转移性收支的信息。该层面也分收入和支出两个部分。其中收入部分,本调查提纲要求在"公共财政收支决算总表(决算 01 表)"中首先公开调查年份省级政府公共预算收入中转移性收入类级科目信息(见表 13-2),如公共预算收入总额中的上级补助收入、接受其他地区援助收入、调入资金等信息,其次公开调查年份省级政府公共预算收入款级科目的信息(见表 13-2),如上级补助收入中的返还性收入、一般性转移支付收入、专项转移支付收入,调入资金中的政府性基金调入、国有资本经营预算调入、财政专户管理资金调入等信息,以此了解省级政府公共预算收入总额下转移性收入中的类级科目的信息公开状况,以及转移性收入类级科目下的款级科目的信息公开状况。

在转移性收支的支出部分,本调查提纲要求在"公共财政收支决算总表(决算 01 表)"中首先公开调查年份省级政府公共预算支出中转移性支出类级科目信息(见表 13-2),如公共预算支出总额中的上解上级支出、援助其他地区支出、调出资金等信息,其次公开调查年份省级政府公共预算支出中转移性支出款级科目的信息(见表 13-2),如上解上级支出中的一般性转移支付、专项转移支付等信息,以此了解省级政府公共预算支出总额下转移性支出中的类级科目的信息公开状况,以及转移性支出类级科目下的款级科目的信息公开状况。

表 13-1

公共财政收支决算总表

决算 01 表 单位:万元

预算科目	调整预算数	决算数	预算科目	调整预算数	决算数
一、税收收入			一、一般公共服务		
增值税			二、外交		
营业税			三、国防		
企业所得税			四、公共安全		
企业所得税退税			五、教育		
个人所得税			六、科学技术		
资源税			七、文化体育与传媒		
固定资产投资方向调节税			八、社会保障和就业		
城市维护建设税			九、医疗卫生		
房产税			十、节能环保		
印花税			十一、城乡社区事务		
城镇土地使用税			十二、农林水事务		
土地增值税			十三、交通运输		
车船税			十四、资源勘探电力信息等事务		
耕地占用税			十五、商业服务业等事务		
契税			十六、金融监管等事务支出		
烟叶税			十七、地震灾后恢复重建支出		
其他税收收入			十八、国土资源气象等事务		
二、非税收入			十九、住房保障支出		
专项收入			二十、粮油物资管理事务		
行政事业性收费收入			二十一、储备事务支出		
罚没收入			二十二、预备费		
国有资本经营收入			二十三、国债还本付息支出		
国有资源(资产)有偿使用收入			二十四、其他支出		
其他收入					
本年收入合计			本年支出合计		

表 13-2 **公共财政收支决算总表**

决算 01 表 单位:万元

预算科目	决算数	预算科目	决算数
本年收入合计		本年支出合计	
上级补助收入		上解上级支出	
返还性收入		一般性转移支付	
增值税和消费税税收返还收入		体制上解支出	
所得税基数返还收入		出口退税专项上解支出	
成品油价格和税费改革税收返还收入		成品油价格和税费改革专项上解支出	
其他税收返还收入		专项转移支付	
一般性转移支付收入		专项上解支出	
体制补助收入		计划单列市上解省支出	
均衡性转移支付收入			
民族地区转移支付补助收入			
调整工资转移支付补助收入			
农村税费改革转移支付收入			
县级基本财力保障机制奖补资金收入			
结算补助收入			
化解债务补助收入			
资源枯竭型城市转移支付补助收入			
企业事业单位划转补助收入			
成品油价格和税费改革转移支付补助收入			
工商部门停征两费转移支付收入			
一般公共服务转移支付收入			
公共安全转移支付收入			
教育转移支付收入			
社会保障和就业转移支付收入			

预算科目	决算数	预算科目	决算数
医疗卫生转移支付收入			
农林水转移支付收入			
产粮(油)大县奖励资金收入			
重点生态功能区转移支付收入			
其他一般性转移支付收入			
专项转移支付收入			
地震灾后恢复重建补助收入			
省补助计划单列市收入			
接受其他地区援助收入		援助其他地区支出	
债务收入		债券还本支出	
债券转贷收入		债券转贷支出	
		增设预算周转金	
国债转贷收入		拨付国债转贷资金数	
国债转贷资金上年结余		国债转贷资金结余	
国债转贷转补助			
上年结余			
调入预算稳定调节基金		安排预算稳定调节基金	
调入资金		调出资金	
1. 政府性基金调入		年终结余	
2. 国有资本经营预算调入		其中:本级	
3. 财政专户管理资金调入		减:结转下年的支出	
4. 其他调入		其中:本级	
地震灾后恢复重建调入资金		净结余	
预算稳定调节基金调入		其中:本级	
收入总计		支出总计	

(2)公共预算信息调查框架——基于政府总预算

本部分主要了解省级政府总预算部分的公共预算收支分类信息的公开状况,为此要求省级政府公开调查年份的"公共财政收入决算明细表(决算04表)"(见表13—3)、"公共财政支出决算功能分类明细表(决算05表)"(见表13—4)、"公共财政支出决算经济分类明细表(补充01表)"的信息(见表13—5)。

该部分的调查提纲由省级政府公共预算收入分类明细信息、公共预算支出分类明细信息两部分组成。其中,在收入部分,在了解了省级政府公共预算收入概要信息公开状况的基础上,需要进一步了解省级政府公共预算收入分类明细信息的公开状况。为此,调查提纲要求在"公共财政收入决算明细表(决算04表)"中进一步公开调查年份省级政府公共预算收入项级科目信息(见表13—3),如增值税中的国内增值税、营业税中的金融保险业营业税(地方)、企业所得税中的国有银行所得税等信息,然后再公开调查年份省级政府公共预算收入目级科目的信息(见表13—3),如国内增值税中的国有企业增值税、金融保险业营业税(地方)中的交强险营业税、国有银行所得税中的其他国有银行所得税等信息,以此了解省级政府公共预算收入款级科目下的项级科目,以及项级科目下的目级科目的信息公开状况。

表13—3　　　　　　　　　**公共财政收入决算明细表**
决算04表　　　　　　　　　　　　　　　　单位:万元

预算科目	决算数	预算科目	决算数
税收收入			
增值税			
国内增值税			
国有企业增值税			
集体企业增值税			
股份制企业增值税			
…			
营业税			
…			

2014中国财政透明度报告

预算科目	决算数	预算科目	决算数
		…	
		非税收入	
		专项收入	
		排污费收入(项)	
		…	
		其他收入(款)	
		捐赠收入	
		国外捐赠收入	
		…	
		其他收入(项)	
		本年收入合计	

　　在支出部分,在了解了省级政府公共预算支出概要信息公开状况的基础上,需要进一步了解省级政府公共预算支出分类明细信息的公开状况。与我国公共预算支出分为功能类支出和经济类支出相对应,该部分的调查提纲也分为功能类支出信息、经济类支出信息两部分。其中,功能类支出信息的调查提纲要求在"公共财政支出决算功能分类明细表(决算 05 表)中进一步公开调查年份省级政府公共预算支出按功能分类的款级科目的信息(见表 13—4),如一般公共服务中的人大事务、政协事务、政府办公厅(室)及相关机构事务等信息,然后再公开省级政府公共预算支出按功能分类的项级科目的信息(见表13—4),如人大事务中的行政运行、一般行政管理事务、机关服务等信息,以此了解省级政府按功能分类的公共预算支出类级科目下的款级科目的信息公开状况,以及款级科目下的项级科目的信息公开状况。

公共财政支出决算功能分类明细表

决算 05 表　　　　　　　　　　　　　　单位:万元

预算科目	决算数	预算科目	决算数
一般公共服务		…	
人大事务		援助其他地区支出	
行政运行		…	
一般行政管理事务		粮油物资储备事务	
机关服务		…	
…			
		…	
		其他支出(类)	
		汶川地震捐赠支出	
		地震灾后恢复重建捐赠支出	
		其他捐赠支出	
		其他支出(款)	
		其他支出(项)	
		本年支出合计	

　　经济类支出信息的调查提纲要求在"公共财政支出决算经济分类明细表"(补充 01 表)中首先公开省级政府公共预算支出按经济分类的类级科目的信息(见表 13－5),如公共预算总额中工资福利支出、商品和服务支出、对个人和家庭的补助等信息,其次公开省级政府公共预算支出按经济分类的款级科目的信息(见表 13－5),如工资福利支出中的基本工资、津贴补贴、奖金等信息,以此了解省级政府公共预算支出总额下按经济分类的类级科目的信息公开状况,以及类级科目下款级科目的信息公开状况。

公共财政支出决算经济分类明细表

决算补充表 01　　　　　　　　　　单位:万元

预算科目	决算数	预算科目	决算数	预算科目	决算数
一、工资福利支出		三、对个人和家庭的补助		地上附着物和青苗补偿	
基本工资		离休费		拆迁补偿	
津贴补贴		退休费		公务用车购置	
奖金		退职(役)费		其他交通工具购置	
社会保障缴费		抚恤金		其他资本性支出	
伙食费		生活补助		小计	
伙食补助费		救济费		六、对企事业单位的补贴	
绩效工资		医疗费		企业政策性补贴	
其他工资福利支出		助学金		事业单位补贴	
小计		奖励金		财政贴息	
二、商品和服务支出		生产补贴		其他对企事业单位的补贴支出	
办公费		住房公积金		小计	
印刷费		提租补贴		七、债务利息支出	
咨询费		购房补贴		国内债务付息	
手续费		其他对个人和家庭的补助支出		向国家银行借款付息	
水费		小计		其他国内借款付息	
电费		四、基本建设支出		向国外政府借款付息	
邮电费		房屋建筑物购建		向国际组织借款付息	
取暖费		办公设备购置		其他国外借款付息	
物业管理费		专用设备购置		小计	
差旅费		基础设施建设		八、赠与	
因公出国(境)费用		大型修缮		对国内的赠与	
维修(护)费		信息网络购建		对国外的赠与	
租赁费		物资储备		小计	

预算科目	决算数	预算科目	决算数	预算科目	决算数
会议费		公务用车购置		九、贷款转贷及产权参股	
培训费		其他交通工具购置		国内贷款	
公务接待费		其他基本建设支出		产权参股	
专用材料费		小计		其他贷款转贷及产权参股支出	
被装购置费		五、其他资本性支出		小计	
专用燃料费		房屋建筑物购建		十、其他支出	
劳务费		办公设备购置			
委托业务费		专用设备购置			
工会经费		基础设施建设			
福利费		大型修缮			
公务用车运行维护费		信息网络购建			
其他交通工具运行维护		物资储备			
其他商品和服务支出		土地补偿			
小计		安置补助		本年支出合计	

（3）公共预算信息调查框架——基于政府分级预算

本部分主要了解政府分级预算部分的公共预算信息公开状况，为此要求省级政府公开调查年份的"公共财政收支决算分级表（决算06表）"（见表13-6）、"公共财政收支及平衡情况表（决算08表）"（见表13-7）的信息。

该部分的调查提纲由公共预算分级汇总信息、公共预算分级明细信息两部分组成。由于政府是由多个层级构成的，就省级政府而言，其下辖的政府层级还包括地市级政府、区县级政府、乡镇级政府。因此，在省级政府总预算中，通常还包括其下辖的各个层级地方政府的本级预算。为此，在了解了省级政府总预算的信息公开状况的基础上，需要进一步了解不同层级地方政府的公共预算信息公开状况，以便进一步了解省级政府总预算中其下辖的各个层级地方政府公共预算的信息公开状况。不仅如此，由于预算的执行与预算的安

政府财政信息公开的目标及框架体系

排有时会有出入、预算的支出与预算的收入有时会有差异、预算的分摊与预算的受益有时会有不同,等等,因此,从省级政府到乡镇级政府,每个层级的政府都有相应的转移支付制度安排。为此,在了解了各级政府公共预算收支汇总信息公开状况的基础上,需要进一步了解各个层级政府公共预算按地区分类的明细信息公开状况,以便进一步了解各个层级地方政府在资金调剂余缺方面的信息公开状况。

其中,在公共预算分级汇总信息部分,调查提纲要求省级政府在"公共财政收支决算分级表(决算 06 表)"中公开调查年份其本级及其下辖的三级地方政府公共预算汇总信息,具体包括省本级政府公共预算信息(见表 13-6)、地市本级政府公共预算汇总信息(见表 13-6)、区县本级政府公共预算汇总信息(见表 13-6)、乡镇级政府公共预算汇总信息(见表 13-6)。同时,在四个层级政府公共预算汇总信息中,调查提纲要求公开各个层级地方政府公共预算收入和支出两部分信息。其中,收入部分要求公开各个层级地方政府公共预算收入中的类、款两级信息(见表 13-6),支出部分要求公开各个层级地方政府公共预算按功能分类的支出类级信息(见表 13-6),以此了解省级总预算中的各层级政府公共预算收入和支出信息的公开状况。

表 13-6　　　　　　　　　公共财政收支决算分级表

决算 06 表　　　　　　　　　　　　　　　　　　单位:万元

预算科目	决算数合计	省级	地级	其中:地级直属乡镇	县级	乡镇级	预算科目	决算数合计	省级	地级	其中:地级直属乡镇	县级	乡镇级
一、税收收入							一、一般公共服务						
增值税							二、外交						
营业税							三、国防						
企业所得税							四、公共安全						
企业所得税退税							五、教育						
个人所得税							六、科学技术						

预算科目	决算数合计	省级	地级	其中：地级直属乡镇	县级	乡镇级	预算科目	决算数合计	省级	地级	其中：地级直属乡镇	县级	乡镇级
资源税							七、文化体育与传媒						
固定资产投资方向调节税							八、社会保障和就业						
城市维护建设税							九、医疗卫生						
房产税							十、节能环保						
印花税							十一、城乡社区事务						
城镇土地使用税							十二、农林水事务						
土地增值税							十三、交通运输						
车船税							十四、资源勘探电力信息等事务						
耕地占用税							十五、商业服务业等事务						
契税							十六、金融监管等事务支出						
烟叶税							十七、地震灾后恢复重建支出						
其他税收收入							十八、国土资源气象等事务						
二、非税收入							十九、住房保障支出						
专项收入							二十、粮油物资管理事务						
行政事业性收费收入							二十一、储备事务支出						

2014中国财政透明度报告

预算科目	决算数合计	省级	地级	其中：地级直属乡镇	县级	乡镇级	预算科目	决算数合计	省级	地级	其中：地级直属乡镇	县级	乡镇级
罚没收入							二十二、国债还本付息支出						
国有资本经营收入							二十三、其他支出						
国有资源（资产）有偿使用收入													
其他收入													
本年收入合计							本年支出合计						

在公共预算分级明细信息部分,调查提纲要求省级政府在"公共财政收支及平衡情况表(决算 08 表)"中公开调查年份其下辖的两级地方政府公共预算按地区分类的明细信息。具体包括:地市本级政府公共预算按地区分类的明细信息(见表 13-7)、县本级政府公共预算按地区分类的明细信息(见表 13-7)。同时,在两个层级政府公共预算信息中,调查提纲要求公开各个层级、各个地方政府公共预算收入、公共预算支出、公共预算平衡三部分的信息。其中,收入部分要求公开两个层级政府分地区的公共预算中类、款两级科目的收入信息(见表 13-7)。支出部分要求公开两个层级政府分地区的公共预算按功能分类的类级科目支出信息(见表 13-7)。平衡部分首先要求公开两个层级地方政府分地区的转移性收入中返还性收入及其组成、一般性转移支付收入及其组成、其他各项转移性收入等几部分的信息(见表 13-7),其次要求公开两个层级地方政府分地区的转移性支出中一般性转移支付及其组成、其他各项转移性支付等几个部分的信息(见表 13-7),以此了解省级总预算中地市和区县两个层级地方政府在本级公共预算收支平衡方面按地区分类的明细信息公开状况。

表 13-7

公共财政收支及平衡情况表

决算 08 表

单位:万元

地区	××省(区,市)		××地(市,州)		××区	...	××县	...	...	××地(市,州)	...
	本级	地(市)合计	本级	区县级合计							
收支部分 收入 收入合计											
税收收入 小计											
增值税											
营业税											
企业所得税											
个人所得税											
资源税											
城市维护建设税											
耕地占用税											
契税											
烟叶税											
其他各项税收收入											
非税收入 小计											
专项收入											
行政事业性收费收入											
罚没收入											
国有资本经营收入											
国有资源(资产)有偿使用收入											
其他收入											

2014中国财政透明度报告

| | 地区 | ××省(区,市) | | 地(市)合计 | ××地(市,州) | | 区县级合计 | ××区 | ... | ××县 | ... | ××地(市,州) | ... |
			本级			本级							
收支部分	支出合计												
	支出 一般公共服务												
	外交												
	国防												
	公共安全												
	教育												
	科学技术												
	文化体育与传媒												
	社会保障和就业												
	医疗卫生												
	节能环保												
	城乡社区事务												
	农林水事务												
	交通运输												
	资源勘探电力信息等事务												
	商业服务业等事务												
	金融监管等事务支出												
	地震灾后恢复重建支出												
	国土资源气象等事务												
	住房保障支出												
	粮油物资管理事务												
	储备事务支出												
	国债还本付息支出												
	其他支出												

地区	××省(区,市)	地(市)合计		区县级合计			××县	...	××地(市,州)	...
	本级	本级	××地(市,州)	本级	××区	...				
收入总计										
本年收入										
小计										
返还性收入 增值税和消费税税收返还										
所得税基数返还										
成品油价格和税费改革税收返还										
其他税收返还										
小计										
体制补助										
均衡性转移支付										
民族地区转移支付补助										
调整工资转移支付补助										
一般性转移支付 农村税费改革转移支付										
县级基本财力保障机制奖补资金										
结算补助										
化解债务补助										
资源枯竭型城市转移支付补助										
企业事业单位划转补助										
成品油价格和税费改革转移支付补助										
工商部门停征两费转移支付										

平衡部分　收入

2014中国财政透明度报告

地区	××省(区,市)	本级	地(市)合计	××地(市,州)	本级	区县级合计	××区	…	××县	…	××地(市,州)	…
一般性转移支付收入 — 一般公共服务转移支付												
公共安全转移支付												
教育转移支付												
社会保障和就业转移支付												
医疗卫生转移支付												
农林水转移支付												
产粮(油)大县奖励资金												
其他一般性转移支付												
专项转移支付												
地震灾后恢复重建补助收入												
省补助计划单列市收入												
平衡部分 收入 — 财政部代理发行地方政府债券收入												
转贷财政部代理发行地方政府债券收入												
上年结余												
调入预算稳定调节基金												
调入资金												
地震灾后恢复重建调入资金												
国债转贷收入、上年结余及补助数												

地区	××省(区,市)本级	地(市)合计	××地(市,州)本级	区县级合计	××区	…	××县	…	××地(市,州)	…
支出总计										
本年支出										
支出部分 — 一般性转移支付 小计										
体制上解										
出口退税专项上解										
成品油价格和税费改革专项上解										
专项上解										
计划单列市上解省										
财政部代理发行地方政府债券还本										
转贷财政部代理发行地方政府债券支出										
增量预算周转金										
平衡部分 — 安排预算稳定调节基金										
调出资金										
国债转贷拨付数及年终结余										
年终结余										
其中:净结余										
其中:净结余										

13.2　政府性基金信息公开的目标及框架体系

政府性基金是指各级人民政府及其所属部门根据法律、行政法规和中共中央、国务院文件规定,为支持特定公共基础设施建设和公共事业发展,向公民、法人和其他组织无偿征收的具有专项用途的财政资金。作为我国财政收入的重要组成部分,近年来,各级政府不仅每年公布政府性基金项目目录,而且对政府性基金进行特别预算。然而,学术界对政府性基金的研究不多,总体而言,已有研究成果主要集中在加强政府性基金的管理方面。如贾康(2006)认为需要对包括政府性基金在内的非税收入进行正本清源、分流归位,即区别不同项目的性质,分别采取取消、改为税收、保留但加强规范管理三种措施。朱柏铭(2012)则通过判断不同项目的性质,对 2010 年全国政府性基金具体项目的分类处理进行了分析。冯俏彬、郑朝阳(2013)指出,财力部门化所致的部门利益以及相关监督不力、公开程度不够是我国政府性基金征收、管理始终存在问题的根本原因,在此基础上,他们就如何进一步规范我国政府性基金的管理提出了相关建议。应该说,以上研究成果为如何对政府性基金进行管理提供了一些思路,遗憾的是,他们都没有系统研究政府性基金的信息报告框架体系问题。我们认为,规范的政府性基金信息报告框架体系是对其进行有效监督和管理的重要前提条件,因此,很有必要对政府性基金的信息报告体系进行研究。

13.2.1　我国现有的政府性基金信息报告体系

我国现有的政府性基金信息报告体系包括政府性基金总决算和政府性基金部门决算两大部分。其中,政府性基金总决算报告包括从决算 09 表至决算 14 表 6 张表格的信息,政府性基金部门预算则包括从财决 09 表至财决 10—2 表的 4 张信息表格。

(1)政府性基金总决算报告体系

政府性基金总决算的报告表格依次是政府性基金收支决算总表(决算 09 表)、政府性基金收入预算变动情况表(决算 10 表)、政府性基金支出预算变动情况表(决算 11 表)、政府性基金收支及结余情况表(决算 12 表)、政府性基金收支决算分级表(决算 13 表)及政府性基金收支及平衡情况表(决算 14 表)①。

---

①　具体参见附表 13—1 至附表 13—6。

政府性基金收支决算总表报告的是政府性基金收入和支出的总体信息,表中行所反映的是预算科目,栏所反映的是调整预算数和决算数。其中,本年收入科目公开到类级,本年支出按功能分类也公开到类级。此外,表中还提供了转移性收入和支出的部分信息,其中,转移性收入展示了款级和部分项级科目,转移性支出按功能分类展示到款级科目。

政府性基金收入预算变动情况表反映的是政府性基金收入在执行中的变动情况。表中栏所反映的是年初预算数、增加(减少)预算指标和调整预算数。年初预算数反映的是各级人代会通过的当年政府性基金收入预算数;增加(减少)预算指标反映预算年度执行中由于非正常因素导致的收入变动等因素而调整的预算指标;调整预算数等于年初预算数+增加(减少)预算指标。表中行反映的是政府性基金收入预算科目,展示到目级。

政府性基金支出预算变动情况表反映年初安排的政府性基金支出预算在执行中的变动情况。表中栏反映的是年初预算数、变动项目、调整预算数和决算数。年初预算数反映的是各级人代会通过的当年政府性基金支出预算数;变动项目包括专项补助,动用上年结余,本年超、短收安排,调入资金,补助下级专款,以及增加(减少)预算指标等项目;调整预算数等于年初预算数+变动项目小计。表中行反映的是政府性基金支出预算科目,它按功能分类展示到项级。

政府性基金收支及结余情况表反映各项政府性基金的收入、支出及结余情况。该表行为预算科目,根据当年《政府收支分类科目》的政府性基金收支科目设置,收入科目列示至目级,支出科目按功能分类列示至项级。栏中"本年收入"按类、款、项、目填列决算数,"本年支出"按类、款、项填列决算数。各项政府性基金"年终结余"根据收入合计减去支出合计得到,年终结余不能为负数。

政府性基金收支决算分级表反映的是省、地、县、乡级政府的政府性基金收入和政府性基金支出情况。表中行是各政府性基金收入和支出项目;栏则包括决算数合计、省级、地级、县级和乡镇级等。政府性基金收支及平衡情况表反映了县级以上(含县级)地方各级政府的政府性基金收入、支出及平衡情况。该表行按照行政区划填列,栏包括收支部分和平衡部分两大部分内容,在此基础上再报告了进一步细化的内容,其中表中未列出的基金收支项目分别列入"其他各项政府性基金收入"和"其他各项政府性基金支出"。

(2)政府性基金部门决算信息报告体系

政府性基金部门预算的信息由政府性基金预算财政拨款收入支出决算表(财决09表)、政府性基金预算财政拨款支出决算明细表(财决10表)、政府性基金预算财政拨款基本支出决算明细表(财决 10—1 表)与政府性基金预算财政拨款项目支出决算明细表(财决 10—2 表)这 4 张表格来反映①。

政府性基金预算财政拨款收入支出决算表反映了单位本年度从本级财政部门取得纳入预算管理的政府性基金预算财政拨款的收入、支出、结转和结余等情况。表中各行根据单位行政事业账和基本建设账的发生数按支出功能分类科目分类、款、项填列。表中栏包括"上年结转和结余"、"本年收入"、"本年支出"和"年末结转和结余"。"上年结转和结余"填列单位上年度政府性基金预算财政拨款结余结转本年使用的情况,其中"基本支出结转和结余"和"项目支出结转和结余"单独列示。"本年收入"反映单位本年度从本级财政部门取得的政府性基金预算财政拨款,其中"基本建设资金收入"填列执行《国有建设单位会计制度》的单位本年度基本建设账实际收到用于基本建设类项目的政府性基金预算财政拨款。"本年支出"填列单位本年度政府性基金预算财政拨款支出情况。"基本支出"填列单位为保障其机构正常运转、完成日常工作任务而发生的用政府性基金预算财政拨款安排的各项支出,其中工资福利支出、商品和服务支出、对个人和家庭的补助支出按照支出经济性质分类科目规定的核算内容填列;"项目支出"填列单位为完成特定的工作任务或事业发展目标,在基本支出之外发生的用政府性基金预算财政拨款安排的各项支出,其中"基本建设资金支出"填列执行《国有建设单位会计制度》的单位基本建设类项目中使用政府性基金预算财政拨款的支出数,本栏仅反映基本建设账支出数。"年末结转和结余"填列单位年末结转下年使用的政府性基金预算财政拨款结转和结余数。

政府性基金预算财政拨款支出决算明细表报告的是单位从本级财政部门取得的政府性基金预算财政拨款本年度列支的基本支出和项目支出的明细情况。该表为自动生成表,各项数据从"政府性基金预算财政拨款基本支出决算明细表(财决 10—1 表)"和"政府性基金预算财政拨款项目支出决算明细表(财决 10—2 表)"自动提取。

政府性基金预算财政拨款基本支出决算明细表报告了单位从本级财政部门取得的政府性基金预算财政拨款本年度列支的基本支出明细情况。表中行根据单位行政事业账基本支出明细账中政府性基金预算财政拨款支出的发生数,按支出功能分类科目分类、款、项填列。栏分别列示了"工资福利支出"、"商品和服务支出"、"对个人和家庭的补助"、"其他资本性支出"、"对企事业单位的补贴"、"债务利息支出和其他支出"等按照支出经济性质分类科目规定的

---

① 具体参见附表 13—7 至附表 13—10。

核算内容。

政府性基金预算财政拨款项目支出决算明细表报告了单位从本级财政部门取得的政府性基金预算财政拨款本年度列支的项目支出明细情况。表中行根据单位行政事业账项目支出明细账和基本建设账中政府性基金预算财政拨款支出数，按支出功能分类科目分类、款、项填列。表中栏与政府性基金预算财政拨款基本支出决算明细表一样，也分别列示了"工资福利支出"、"商品和服务支出"、"对个人和家庭的补助"、"其他资本性支出"、"对企事业单位的补贴"、"债务利息支出和其他支出"等按照支出经济性质分类科目规定的核算内容。

13.2.2　现有政府性基金信息报告体系存在的问题与不足

从 2011 年起，我国政府性基金预算被正式要求提交同级人民代表大会审批，此外，2013 年，政府性基金首次出现在了部门预算公开的内容中。应该说，我国政府性基金信息公开在朝好的方面迈进，这在一定程度上为监督和管理政府性基金的使用提供了基础。然而，我们也发现，有关政府性基金信息公开的内容仍然比较粗略，其在财政信息的完全性和具体性等方面还存在着一些问题和不足。主要表现在：

第一，政府性基金总决算支出信息报告中缺少按部门分类和按经济性质分类的信息。完全性是公共预算编制的重要原则，也是财政透明的基本要求。财政信息的完全性原则要求支出信息的披露应按照部门、功能和经济性质对全部政府支出进行分类，三种分类方式缺一不可。其目的是使公众及其代表通过这三种分类方式能够了解政府在某个项目上花了多少钱，政府的每一部门花了多少钱，这些钱是如何被使用出去的。如前所述，我国现有的政府性基金总决算信息报告体系中只提供了支出按功能分类的信息，而没有提供按部门分类和按经济性质分类的信息，从而造成现有政府性基金总决算所报告的支出分类信息不完全。

第二，现有政府性基金部门决算中政府性基金预算财政拨款项目支出明细信息的展示不合理。财政透明的另一个非常重要的原则是财政信息公开的具体性，它要求政府披露的信息不能过于笼统，应该具体到每个项目的每项支出上，否则，立法部门和公众仍然不能获得公共资金使用的有效信息，从而无法判断和监督公共资金的使用是否有效率和效果。而根据前面的分析，我国现有政府性基金预算财政拨款项目支出决算明细表中的行是按支出功能分类科目填列的，栏是按支出经济性质分类填列的，从现有的这一信息展示中，我们仍然无法得知该部门本年度利用政府性基金预算财政拨款具体实施了哪些项目,各项目的支出情况如何,其资金使用是否合理。因此,现有政府性基金预算财政拨款项目支出决算明细表所展示的信息仍然不够具体,也不够合理。

第三,现有政府性基金信息报告体系中缺少每一项政府性基金信息的单独展示。根据《政府性基金管理暂行办法》的规定,我国政府性基金设立的目的概括来讲是支持特定公共基础设施建设和公共事业的发展,其资金使用具有专款专用的特点。尽管如此,每一项政府性基金的设立都有其特定目的,并且其具体征收内容,如缴费义务人、征收对象、征收比率、征收期限等及资金用途方面也各不相同。2012年,全国政府性基金项目仍然有30项,每项基金的征收依据和目的、征收期限及资金的使用和管理方式都不尽相同。因此,为了解每一项政府性基金的上述相关内容,我们有必要对每一项政府性基金进行单独预算,展示其具体信息。而遗憾的是,我国现有政府性基金信息报告体系中尚未提供这一信息。

13.2.3 完善我国政府性基金信息报告体系的建议

根据上述分析,我们认为,我国现有政府性基金信息报告体系所展示的信息还不够完全和具体,并且还缺少对每一项政府性基金信息的单独列示。为使政府性基金信息报告体系所公开的信息能够满足对其进行有效监督和管理的条件,我们建议:

第一,政府性基金总决算支出信息中增加按部门分类和按经济性质分类的信息。政府由众多部门组成,支出总量如何分配给各个部门,反映了"谁"在使用纳税人的钱,具体为纳税人提供公共服务。公共资金和公共服务的最终责任者是各个政府部门。没有部门分类信息,公众及其代表无法确定公共资金的具体使用者,更不能有效地行使监督资金的权利。因此,在政府性基金总决算支出信息中应增加按部门分类的信息。具体来讲,我们建议在政府性基金总决算中增加一张"政府性基金支出预算按部门列示的变动情况表",表中行按照部门填列,栏的设置则与现有政府性基金支出预算变动情况表一样。通过增加这张表格,公众及其代表可以从中看出政府性基金支出在各部门的分配情况(见附表13—11)。

此外,尽管对公众及其代表了解和监督政府部门使用公共资金的活动而言,功能、部门及经济性质三类信息都是重要的、不可缺少的,但比较来看,经济性质分类信息是最为重要的信息,因为它直接反映公共资金是如何使用的,是更为详细、具体的信息。支出的功能分类信息最终必须转换成经济分类信息,才能使公众及其代表真正了解政府性基金预算。一个公共项目只有提供充分详细的经济分类信息,公众及其代表才能判断该项目资金的使用是否合理,因此,政府性基金总决算支出信息中应增加按经济性质分类的信息。为此,我们建议在政府性基金总决算中再增加一张"政府性基金支出预算按经济性质分类的变动情况表",表中行分别按照"工资福利支出"、"商品和服务支出"、"对个人和家庭的补助"、"其他资本性支出"、"对企事业单位的补贴"、"债务利息支出和其他支出"等支出经济性质分类科目填列至款级科目,而栏的设计则也与现有的政府性基金支出预算变动情况表一致(见附表 13—12)。

第二,在现有政府性基金部门决算中增加一张按具体项目列示的政府性基金财政拨款项目支出明细表。如前所述,我国现有的政府性基金财政拨款项目支出明细表(财决 10—2 表)并没有真正展示每个项目支出的具体情况,其原因在于表中行是按功能分类预算科目展示的,而不是按每一个具体项目列示的。为使公众及其代表能够真正了解政府性基金预算财政拨款在每个项目上的具体支出情况,我们建议增加一张按具体项目列示的政府性基金财政拨款项目支出明细表,表中行按照每个具体项目列示,栏仍然按照"工资福利支出"、"商品和服务支出"、"对个人和家庭的补助"、"其他资本性支出"、"对企事业单位的补贴"、"债务利息支出和其他支出"等支出经济性质分类科目的规定列示(见附表 13—13)。

之所以不对原有表格进行修改,而是增加一张表格,主要考虑是为了使现有信息报告体系的框架不发生太大的变动,由于现有政府性基金预算财政拨款支出决算明细表(财决 10 表)是根据"政府性基金预算财政拨款基本支出决算明细表(财决 10—1 表)"和"政府性基金预算财政拨款项目支出决算明细表(财决 10—2 表)"自动生成得到,因此,若我们对现有政府性基金预算财政拨款项目支出决算明细表报告的内容进行修改的话,那么现有政府性基金预算财政拨款支出决算明细表也必然要随之改变,从而使现有政府性基金部门决算信息报告框架的变动过大。而增加一张按项目列示的项目支出明细表,一方面可以使公众及其代表了解每一项目支出的具体情况,另一方面也不至于使现有信息报告体系的变动过大。

第三,对每一项政府性基金进行单独预算,增加每一项政府性基金的信息展示。按照我们的设计,每一项政府性基金信息展示的形式和内容应统一规范,其内容应包括"概要"、"资金来源和使用规定"及"收支余预算"三部分内容。"概要"部分主要介绍该项政府性基金设立的依据和目的;"资金来源和使用规定"部分确定该项政府性基金的资金来源途径,包括缴费义务人、征收对象、征收比率、征收期限等以及规定资金所能使用的具体方面;"收支余预算"部分则是对该项政府性基金的收入、支出及结余信息进行展示,具体可用

"××政府性基金收支及结余情况表"、"××政府性基金收入明细表"、"××政府性基金基本支出明细表"及"××政府性基金基本项目支出明细表"来反映。其中,"××政府性基金收支及结余情况表"中行按照各政府性基金项目填列,栏按照"上年结转和结余"、"本年收入"、"本年支出"和"年末结转和结余"填列(参见财决 9 表);"××政府性基金收入明细表"中行按照各政府性基金收入科目分款、项、目填列,栏分为"合计"、"上年结余"、"本年收入"及"调入资金"填列;"××政府性基金基本支出明细表"中行按照各政府性基金项目填列,栏按照"工资福利支出"、"商品和服务支出"、"对个人和家庭的补助"、"其他资本性支出"、"对企事业单位的补贴"、"债务利息支出和其他支出"等支出经济性质分类科目的规定列示至款级科目;"××政府性基金基本项目支出明细表"中行则按照各具体项目填列,栏的列示与"×政府性基金基本支出明细表"相同,仍然按照经济性质分类科目的规定列示。

需要说明的是,为规范政府性基金信息的公开,除了应增加上述内容外,我们认为,政府性基金信息报告体系中还应增加政府性基金预决算要点与预决算的多年度信息。预决算要点通常出现在各项预决算的开始位置,它是政府性基金预算年度的收支重点以及与前一年度相比的变化情况及其说明,提供这一信息有助于纳税人及其代表更好地了解政府性基金预决算。多年度预决算信息的重要性在于,所有预算收支的编制、审批和监督都是以其历史数据为依据的,缺少了以前年度的预决算信息,公众及其代表不能判断预决算的发展走势,更无法判断其年度合理性。因此,多年数据是预决算的重要组成部分,不可缺少。此外,我们还认为,政府预决算信息的公布应符合便利性原则,为此我们建议政府性基金信息应由财政部门统一公布在其网站上。

13.3 部门财政信息公开的目标及框架体系

13.3.1 部门财政信息报告框架体系问题

透明财政是现代财政制度建设的重要内容,它对于国家治理能力的提升与治理的现代化建设具有重要的意义。中共十八届三中全会所通过的《中共中央关于全面深化改革若干重大问题的决定》将"实施全面规范、公开透明的预算制度"摆在了非常重要的位置。那么,我国未来的财政透明度究竟该如何建设?如何才能把财政信息公开工作落到实处?鉴于部门是政府职能的具体实施单元,而政府财政信息公开的意义恰在于向社会公众展示政府职能履行的情况,财政透明度的良性发展必须要以部门财政信息的有效公开为基础。

自 2000 年开始编制部门预算以来,我国部门预算信息的公开也在日益推进,并取得了显著的进步。以我们就省级行政收支及相关信息的透明度所作的评估为例,自 2010 年至 2014 年,部门预算信息的公开至少在以下几方面取得了明显的进步:其一,公开部门预算信息的单位数日益增加。在所评估的 341 家省级单位中,2010 年,公开其部门预算信息的单位数是 18 家,但到 2014 年,这一数字增加了 177 家,4 年间将近增加了 10 倍。其二,信息公开水平提升。2010 年,公开信息最多的单位(福建财政厅),其得分为 61.4 分,但到 2014 年,有 18 家单位的透明度得分为 100 分。其三,信息公开方式日益规范。起初,相关单位在公开信息时,往往只是公开相关的预算表格。最近以来,有部分单位已经开始公开预算表格以外的、对于预算信息公开起重要支撑作用的其他信息,如单位的职能与人员等。例如,广州自开始在全国率先公开部门预算以来,其部门预算公开已经形成了一些规范(见表 13-8),这些规范对全国其他地区及各层次政府部门的部门预算公开具有参考意义。

表 13-8　　　　　　　　　广州市 2013 年部门预算公开目录

部门预算公开内容	说　明
第一部分　广州市××局(部门)概况	
一、部门主要职能	介绍部门的主要职责,例如,财政局从 12 个方面来介绍其职能,教育局从 14 个方面来介绍其职能
二、部门预算单位构成	介绍部门所属各单位的数目、各自的名称及其性质(行政单位、参公事业单位、财政核拨事业单位、财政核补事业单位、经费自筹事业单位等)
三、部门人员构成	部门的编制数、在职实有人数及其具体组成(行政编制、事业编制等)
第二部分　2013 年部门预算安排情况说明	涉及部门预算收支总体情况、收入预算情况、支出预算情况(从支出预算总体情况、公共财政预算资金支出预算情况、部门预算"三公"经费情况、项目支出安排情况四个方面来说明)
第三部分　2013 年部门预算表	
一、收支预算总表(预算 01 表)	包括收入及其来源、支出及其项目(按功能分类)
二、收入预算总表(预算 02 表)	部门下属各单位的各类收入

部门预算公开内容	说明
三、支出预算总表(预算03表)	部门下属各单位的各类支出(同时按功能分类和按经济性质分类,其中按功能分类到项)
四、公共财政预算资金支出预算表(预算04表)	针对公共预算资金
五、财政拨款安排"三公"经费支出预算表(预算10表)	2011年决算与2013年预算
第四部分 2013年公共专项支出预算安排情况说明	对于公共专项支出的说明

然而,在为我国政府目前在部门预算编制与公开所取得的初步成功欣喜之余,我们应该看到更多可以改进的地方。实际上,每年的部门预算报告得以公开之后,很多人的反应就是"看不懂"。对于诸多的财政预决算报告,它们都无法清楚地回答政府用拿到的钱正在做什么,政府干预的最终目标是什么,政府是否实现了其最终目标,政府花了多少钱,所花的钱是否多于达成其目标所需要的钱,政府的收入是否足以满足支出,如不是,为什么,谁应对支出行为和成果负责,等等。因此,目前政府部门预算文件还不能很好地起到帮助群众监督政府履职情况的作用。

部门财政信息报告之所以存在"公众看不懂、专家道不清"的问题,其中固然有方方面面的原因,但部门财政信息报告本身的规范性问题无疑是最为基础性的。因为从逻辑上来说,如果每一个部门都能够恰当地告诉部门收入的各项来源,并恰当地告诉各项支出的目的、依据和结果,那么让公众读懂预算其实并不难。鉴于此,本部分将就我国部门财政信息报告框架体系作出研究,以此为部门预算信息的有效公开乃至整个的财政透明度建设提供制度保障和基础。

13.3.2 部门财政信息报告的基础说明

(1)部门职责

预算是政府职能履行在经济上的货币表现。财政收支安排是否恰当,需要联系部门本身的职能来加以考虑。相应地,在就财政收支的规范性进行评价时,一个必不可少的要件就是部门本身的职能。因此,部门在编制预算时,必须考虑本部门的基本职能,以保证财政的收支与本职能的履行密切相关;而部门在报告预决算时,为了方便社会公众对于部门预算报告的理解和把握,首先需要将本部门的法定职责告知社会公众。

　　在部门财政信息公开之初,相关单位所公开的主要是预决算的相关表格,而对于部门职责,相关的信息往往鲜有体现。最近以来,随着部门预算信息公开水平及其规范化的不断推进,对于部门职责的介绍已经开始体现在各单位所公开的财政报告当中。比如在广州,表 13-8 所给出的资料就表明,其部门预算报告的第一部分涉及对部门职能所作的介绍。应该说,将部门的职能同时公开在部门财政报告中,是部门预算规范化进步的具体体现。

　　然而,在肯定已有做法进步的同时,我们也发现,部门财政信息报告对部门职能所作的介绍还有一些可以改进的地方。一是部门职责权限的法律依据及其说明。在财政的具体安排上,收支的合理性与部门的职能有关,而部门职能的合法性,则是以特定的法律规范为基础的。因此,要有助于社会公众来理解和评价财政的信息,不仅需要告知部门的职能是什么,而且需要告知职能的法律依据何在? 二是关于部门职能的表述方式。由于各部门涉及不同性质的单位,在就部门职能进行表述时,一种合理的做法是基于单位来表述职能,而不应该是部门整体来表述职能。因为既然部门下存在不同的单位,而各单位的预算又具有一定的独立性,那各单位的职能是不一样的,为了便于理解各单位的职能及其预算安排,需要基于单位来介绍职能。但是,从目前的情况来看,对于那些能就各部门职能作出介绍的单位,其介绍也是整合性质的,因此,存在进一步的调整空间。

　　(2)部门的组织架构与人员问题

　　部门财政信息是由本部门来实施的,为了便于大家的理解,部门财政信息报告也有必要就部门基本情况作出简要的介绍。具体内容包括:第一,部门内部的职能分工问题。由于部分收入的取得是和部门内部的具体单位联系在一起的,而对于支出,往往也与具体的单位有关,因而对于部门内部的分工应该作出大致的介绍,并给出部门内部的组织架构图。特别地,在我国,部门所属的单位可能很多,在性质上也往往有不同的种类,具体有行政单位、参公事业单位、财政核拨事业单位、财政核补事业单位、经费自筹事业单位等,不同单位的性质不一样,其履行的职能也有很大差异,有关单位的构成需要有一个完整的说明,否则公众无法理解部门预算的内容并进行相应的评价和解读。第二,部门人员的规模及构成。关于部门人员的构成,这是部门人员支出的基础,为了便于对人员支出的评价,也需要有说明。

　　从目前的情况来看,对于那些能够就本身概况作出介绍的单位,对于本单位所涉及的下属单位情况,有的单位在公开部门预决算时,能够就其部门预算单位作出明确的介绍,并给出详细的名单。与此同时,对于部门的人员规模(包括编制数和实有人数),相关单位也能够对此作出说明。相关单位对于自身情况介绍所存在的问题是:其一,财政报告往往缺乏对单位内部分工情况的介绍;其二,有关人员的信息还比较笼统。这不利于社会公众对于此相关的财政信息作出判断。

(3)部门的年度工作重点及其目标

财政收支的合理性,在一般的层面,与部门的职能有关,而从具体年份的角度来看,则直接依赖于年度的工作目标及重点。其中,由于部门的工作只是政府工作的一部分,因而部门年度的工作目标和重点与政府的年度施政方案联系在一起。应该说,鉴于目标与任务本身的重要性,在就财政信息进行报告时,对部门年度的工作作出明确的说明是十分重要的。与此同时,为了对财政活动的合理性进行评价,在给出工作重点的同时,还需要给出活动所要达到的目标。因为在对预算进行审批时,特定的支出究竟应该多少合适,是直接依赖于政策目标的。而在预算的执行阶段,其运作的效果究竟如何,也离不开预算开始前所设定的目标。因此,如果财政信息报告要为预算审批与监督负责,那此方面的工作是不可或缺的。这一点对于项目支出尤为重要。从整体上来说,它涉及部门"要做什么事"、"什么单位来做事"、"什么(多少人)做事"、"如何做事"的问题,这是部门预算报告的前提和基础,在部门预算报告体系中需要充分的展示。

对于部门年度工作重点与预算绩效的确定问题,目前,很多部门在公布预决算报告时都将这一部分内容给省略了。有的部门虽然对此有所涉及,但在就预算安排进行介绍时,相关单位所侧重的是对资金安排的说明,包括各部分的比例及年度增长的情况。至于单位的年度工作重点是什么,如何将相关的支出与工作重点联系起来,相关的财政报告中还没有这方面的内容。与此同时,各项支出究竟应该要达到一个怎样的效果,如何表明本部门、本单位的职能,这也未能很好地体现,所以,也存在一定的可改进的空间。

至于工作重点与目标具体如何表述,在这方面,我国台湾地区的某些做法值得我们去借鉴。根据相关资料,在公布财政信息之前,台湾地区的相关部门首先会基于政府的施政纲领来公开本部门的年度工作施政目标与重点。然后,基于工作重点,确定各项工作的目标及关键性的绩效指标。以台湾的教育部门为例,表13—9所给出的资料表明:在这一年度,教育部门关键性的目标主要有9项。基于这9项目标,教育部门对其进行了进一步的分解,并确定了各子目标的具体绩效指标(包括指标的定性表述、评估体制、评估方式、衡量标准与年度目标值)。

关键策略目标	关键绩效指标				
	关键绩效指标	评估体制	评估方式	衡量标准	该年度目标值
一、深化人才培育,提升人力素质及竞争力	1. 学生出台进行交流、出席国际会议人数或参加国际竞赛获奖人数	1	统计数据	当年度学生出台进行交流、出席国际会议人数或参加国际竞赛获奖的人次	35 622人次
	2. 在台留学或研习的境外学生人数	1	统计数据	当年度在台留学或研习的境外学生人数总和	95 000人
	3. 高中职及五专面试入学比例	1	统计数据	免试入学招生人数占核定总招生人数的比例	75%
	4. 大专院校选送学生出台短期研习人数	1	统计数据	当年度大专院校选送学生出台短期研习人数总和	10 500人
二、建构优质教育环境,提升学生学习品质	1. 年满5周岁至入小学前幼儿入学率	1	统计数据	满5周岁幼儿之入园人数/全体满5周岁幼儿之人数×100%	95.1%
	2. 辅助下级政府设置专任专职辅导人员	1	统计数据	每年辅助下级政府聘用专任专职辅导人员数	400人
	3. 全台中小学电脑教室电脑设备更新	1	进度控管	当年更新的电脑教室电脑设备数/全台中小学电脑教室电脑设备数×100%（每年更新22%,5年达到全部更新100%）	50%
	4. 优质高中职比率	4	统计数据	最近1次学校平均成绩80分以上或相当优等以上之校数/全台高中职总数×100%	80%
	5. 设置乐龄学习中心数	3	统计数据	当年度设置乐龄学习中心数	275所
三、统合资源建构支持系统,维护弱势学生受教权益	1. 中小学办理补救教学筛选比率	1	统计数据	小学及中学参与补救教学筛选校数/全台中小学校数×100%	100%
	2. 加强身心障碍教育行政支持的服务网络实施计划	1	统计数据	身心障碍教育行政支持的服务网络服务人次	31 000人次
四、培育青年全方位发展能力,形塑青年价值	1. 台湾青年参与志工服务人次	1	统计数据	台湾青年参与志工服务人次	240 000人次

政府财政信息公开的目标及框架体系

181

2014中国财政透明度报告

关键策略目标	关键绩效指标				
	关键绩效指标	评估体制	评估方式	衡量标准	该年度目标值
五、完备优质运动环境,提升规律运动人口;强化运动竞技实力,提升国际竞赛成绩	1. 规律运动人口之年成长率	1	问卷调查	规律运动人口(系指每周至少运动3次,每次至少运动30分钟,且运动强度需达出汗或会喘),以前一年度完成调查数据为基础,逐年成长	0.8%
	2. 参加国际运动竞赛获得前3名总奖牌数	1	统计数据	本年度台湾(亚奥运项目)运动代表队参加国际性单项运动锦标赛夺得前3名的奖牌总数	510面
	3. 高级中等以下学校应届毕业生游泳检测合格率	1	统计数据	1. 合格率=应届毕业生通过检测学生数/应届毕业生总学生数 2. 游泳能力鉴定标准:小学毕业前能游15米,初中25米,高中50米。需会换气与水中自救技能(水母漂、仰漂等) 3. 以前一年度完成调查数据为基础,逐年每年增长3.25%	58.25%
六、行政作业e化提升效率	1. 行政作业e化提升行政效率	1	进度控管	(当年度各类表单线上申请数+公文线上签核数)/(各类表单申请数+纸本公文转线上签核数)×100%	60%
七、推广政府服务流程改造	1. 完成法规修正个数	1	统计数据	完成法规修正数	11个
	2. 达成免附户籍胜本的业务项目数	1	统计数据	完成免附户籍胜本的业务项目数	13项
八、活化运用资产空间及加强预算执行效能	1. 促进学产不动产活化及运用收益	1	统计数据	当年度本部学产土地租金总收入	7亿元
	2. 本部各主管司处年度预算保留数比率	1	统计数据	本部各主管司处年度预算保留数/本部各主管司处年度预算数×100%	2.4%
九、强化同仁教育专业、人文艺术涵养及国际观	1. 参与演讲人次	1	统计数据	当年度规划办理与教育专业、人文艺术涵养及国际观相关议题的专题演讲,本部同仁实际参与专题演讲总人次	1 250人次

注:评估体制中的数字代号意义如下:"1"指实际评估作业系运用既有的组织架构运行;"2"指实际评估作业系由特定的任务编组进行;"3"指实际评估作业系透过第三者方式(如由专家学者)进行;"4"指实际评估作业系运用既有之组织架构并邀请第三者共同参与进行;"5"是其他。

13.3.3 部门财政信息报告的规范要求

(1)预算的全面性

财政收支信息的公开是部门财政报告的核心内容。在规范意义上,对于具体收支信息的公开,第一项要求必然是全面性,即报告所涉及的资金应该涵盖本部门所拥有的所有的公共资金。其中的道理很简单,因为如果资金只是其中的一部分,还有部分资金没有体现在财政的报告体系中,那么,社会公众就无从看出该部门资金的全貌,就无法对其公开部分的合理与否作出恰当的评价。对于特定的项目,也许公开的支出并不多,单从这一方面看,支出也许是合理的。但是,受信息公开局限的影响,该项目也许还有其他额外的支出,并且支出的规模可能还很大,此时,基于所公开的支出信息来进行评价就有失偏颇。实际上,也正因为如此,中共十八届三中全会的政治报告在论及预算管理制度建设问题时,其目标是"实施全面规范、公开透明的预算管理制度"。在这一表述中,全面性是作为预算公开的前提而提出的。

对于财政信息的全面性诉求,应该说,其道理是显而易见的。在我国目前的具体实践中,有些单位也确实是按照这一规范来进行操作的。但现在的问题是,在我国,财政资金包括公共预算基金资金、政府性基金资金与财政专户资金,有的部门在公开其部门预算时,只公开了公共预算基金资金,对于政府性基金与财政专户所涉及的资金,则没有公开,同时也没有必要的说明。在此情况下,当社会公众就部门的财政报告进行评价时,就不清楚特定单位是没有政府性基金与财政专户,还是相关的信息没有向社会公开。因此,从规范的做法来说,对于特定的单位,不管它是否有政府性基金和财政专户,都应该公开这两张表格,如果没有,该表的各项收支信息均填零。

(2)关于部门收入的报告

部门的收入一般有多种类型,在进行报告时,除了收入总数外,相关收入都应该按来源进行列示。目前,从财政部国库司所给出的《2012年部门决算报表编制手册》来看,我国部门预算的收入也是需要按类型来报告的,具体涉及财政拨款、上级补助收入、事业收入、经营收入、附属单位缴款与其他收入等。就报告方法而言,在大的方面,应该说没什么问题。但问题是各项收入的具体信息及其征收的依据信息没有公开。因为对于部门来说,既然要报告收入,那就应该清楚地告知社会公众相关的收入具体是以何种方式、从哪里取得的,否则,部门公开收入信息的意义就十分有限。至于收入的信息具体应该如何公开,这有几方面的规范要求:

一是收入来源的具体化和明晰化。为了保证信息公开的有效性,每一项信息都应该能够从报告体系中知晓收入的直接来源,即通过财政信息报告,社会公众就能直接知晓这笔收入来自于哪里,从何人那里所获得。如教育部门的一些收费项目,从规范的角度看,就不能只笼统地公开收费总额,而是应该明确到具体的项目,如考试报名费等。

二是取得各项收入的法律依据与现实依据。对于法律依据,就是告知社会公众,相关收入是基于何种法律取得的。因为法律依据是部门取得相关收入的法律保障,是收入取得的合理性基础。对于现实依据,就是指相关收入具体是基于何种现实获得的。例如,关于报名费,应说明预计有多少人报名,每人收费多少;关于场地费,应说明是什么样的场地,场地租用的次数如何。显然,如果部门能够就这两方面的依据给出明确的报告,那社会公众就能理解收入的取得,并有利于社会审查各项收入征收的合法性与可靠性。

三是其他相关信息的报告。这主要涉及两个方面:一是取得收入的具体的承办单位。对于特定的收入,是由部门的哪个单位取得的,这也应该有一个说明。二是已有年度的收入信息,例如,在对本年度的预算收入进行报告和公开时,应该能够同时公开上一年度的预算数以及前一年度的决算数,并就预算本身的变化作出分析和说明,这样能够极大地降低社会公众读懂预算的难度。

(3)关于部门支出的报告

由于部门职能的具体履行主要是通过支出来实现的,因而与收入的报告和公开相比,有关支出信息的报告和公开更为重要。与此同时,由于支出所涉及的种类繁多,支出信息的报告和公开比收入信息的报告和公开要复杂得多。那么,部门在就其支出进行报告时,相关的支出信息究竟应该如何报告,才能清晰地反映部门职能履行的具体情况呢?关于这一问题,从财政部国库司《2012年度部门决算报表编制手册》所给出的编制说明可以看出,与支出有关的表格共涉及《收入支出决算总表(财决01表)》等十多个表格。而在对外的公开方面,不同单位存在很大的差异。相对而言,对于部门预算信息的公开,广州相对是走在全国前列的。在2013年的部门预算中,广州对于其支出的公开主要是基于支出预算总表来加以展示的。在具体的展示方面,正如表13—10所表明的,相关部门的报告信息同时做到了以下几点:其一,功能分类到项级科目;其二,在经济性质分类方面,各部门将支出分为基本支出和项目支出两大类,其中,基本支出分工资福利支出、商品和服务支出、对个人和家庭的补助支出;其三,对于上述分类,支出信息按单位列示,对于部门下属的各个单位,其预算都公开。另外,在支出预算的基础上,按同样的方式,就公共预算资金报告了相关的财务信息。应该说,通过分单位、分功能、分经济性质以及分预算资金来源来就部门预算进行报告,其框架是完全可取的。

表13—10

支出预算总表（样表）

部门名称：××局

单位：万元

科目编码			单位编码	单位名称（功能科目）	总计	基本支出				项目支出		
类	款	项				小计	工资福利支出	商品和服务支出	对个人和家庭的补助支出	小计	经常性专项	一次性专项
1	2	3	4	5	6	7	8	9	10	11	12	13
				合计								
				单位1								
				行政运行								
				一般行政管理事务								
				…								
				单位2								
				行政运行								
				一般行政管理事务								
				…								

　　然而,在肯定现有支出报告体系合理性的同时,我们发现,不管是部门财政信息的实际公开,还是国家现有的预算报告体系,其所存在的问题都是显而易见的,还有诸多有待改进和提升的地方。至于财政支出具体如何公开,与收入一样,在公开本年财政支出信息时,同时对前面年度的对应信息进行公开并就变化进行恰当的说明是十分必要的:对于支出的变化,社会公众可以基于其增加或减少来对其合理性进行评价。与此同时,在信息公开的具体性上,对于收入,其具体性应该以社会公众可以明确感受到收入的来源为止。而对于支出,其具体性则应该以社会公众可以明确感受到支出的具体对象为基本要求。至于具体如何公开,由于不同支出——一般行政支出、补助支出与项目支出所要求指向的对象有一定差异,其信息公开的要求往往也不一样。我们下面就按照上述支出类型来对信息公开的规范进行分析。

　　第一,关于一般行政支出中人员支出的报告与公开。人员支出在类型上涉及工资、奖金、加班费和福利等。就此类支出而言,部门的支出其实是给政府相关工作人员的报酬。从预算评估与审查的角度来说,其核心在于支出标准的合理性。因此,在就支出信息进行公开时,除了公开支出的总数外,还应该公开各类型支出的详细信息及相关的基础性说明。它有几方面的含义:其一,工资、奖金、加班费和福利应该分别公开。在我国部门预决算报告中,对于工资福利支出,基本上也是按类型分开的,具体涉及基本工资、津贴补贴、奖金、社会保障缴费、伙食费、伙食补助费、绩效工资与其他工资福利支出等10项。从大体上来看,鉴于支出的分类还是比较细的,基于此种方式来公开人员支出的信息并没有什么大的问题。唯一有问题的是其他工资福利支出。因为从制度上来说,一旦有"其他支出"这一项目,那么,相关的部门就很有可能将一些不规范的支出都纳入这一科目之中,而使得社会公众无法对支持的合理性进行评价。鉴于此,对于这一支出的公开方式就应该加以特别注意。这类支出的公开有两种可供选择的方式:一是保留这一科目,只是各部门在公开这一信息时,必须详尽而不能笼统;另外一种方式就是把这一科目完全取消,用其他用途明确的科目来加以替代。其二,对于各项人员支出所涉及的各类型的人数也应该公开。由于支出的合理性与人员数存在密切的关系,因此,在公开各类支出的信息时,应该公开本单位的人员数。与此同时,在人员组成上,在我国,部门的人员有行政人员、财政补助人员、经费自理人员以及离退休人员等。对于不同的支出项,它所适用的人群范围可能有所差异。因此,人员信息的公开不是笼统的,不同的支出应与其人群对应起来。

　　第二,关于一般行政支出中公用支出的报告与公开。关于公用支出,在现行的部门预算报告体系中,其具体的科目主要是通过"商品和服务支出"

这一项目来体现的,具体包括办公费、印刷费、咨询费、手续费、水费、电费、邮电费、取暖费、物业管理费、差旅费、因公出国(境)费用、维修(护)费、租赁费、会议费、培训费、公务接待费、专用材料费、被装购置费、专用燃料费、劳务费、委托业务费、公会经费、福利费、公务用车运行维护费、其他交通费、其他商品和服务支出等27项。对于此等报告体系,可以从几个方面来作出分析:其一,科目设置的合理性。就这27个子科目,其合理性在整体上没有大的问题,相关的科目是部门购买相关商品和服务的公用支出,值得讨论的主要是两个科目:福利费与其他商品和服务支出。因为这两个科目都存在是否需要设置的问题。其中,对于福利费,鉴于工资福利支出中已经包含了福利费,这里再增加一个科目并不恰当,容易把会计科目体系搞乱,且与"商品和服务支出"的内涵不一致。而对于其他商品和服务支出,其问题与其他工资福利支出的情况一样。另外,还有公务接待费这一项,其存在的合理性也存在一些问题。毕竟,各级政府的公用经费中都有差旅费这一项,其公务的开支都应该从这里去开支。当然,从短期来说,鉴于中国的国情,它仍有存在的必要性。但是,正如下面的分析所表明的,对于其信息的报告与公开应该具体详细,有一些规范要求。其二,各项信息具体的报告方式。这也是现行报告体系中所存在的最为重要的问题。从目前的情况来看,这一方面的普遍问题主要是信息公开的具体性不够。例如,对于办公费、印刷费、专用材料费与专用材料费,由于它们购买的是具体商品,因此,在报告公开时,应该对商品具体的名称、数量与价格作出说明。而对于水费、电费,这与使用的楼房有关系,因此,信息的公开应该能够具体到所使用的大楼。至于公用支出中的"三公"经费,由于其规模往往比较大,同时,其中可能引发的问题也更多,进而其信息公开的具体性应该更有讲究。对于因公出国(境)费用,应该给出每次出国的事由、地点(前往哪个国家和地区)、考察机构、主要内容、考察行程(时间段及天数)、人数以及各项费用的开支情况(交通费、生活费与办公费等)。同时,为了作出评价,还需要就以往几年内是否去同一机构考察作出说明(如果有,需要说明考察的内容)。对于公车,由于其使用和具体的车辆有关,其信息应该明确到每一辆车,包括车辆的类型(专用还是公务)、车辆的载客人数、车的性质(客车、货车还是特殊用途的车)、购置日期、排气量、油料费的计算(用油量、单价以及总金额)、养护费以及其他相关的说明(例如,有关使用油型的说明)。对于公务招待,事先无法明确确认,但需要根据前面几年的决算情况给出一个总数。具体的开支则通过决算的明细来体现。

第三,关于"基本建设支出"、"其他资本性支出"以及其他项目支出的公开

政府财政信息公开的目标及框架体系

透明。从规范的角度来说,应该给出各项目建设的依据、目标(包括可量化的绩效)以及支出的测算依据。在广州的报告体系中,第四部分涉及的是公共专项支出预算的说明,但一般只介绍各项目的资金安排,未能明确项目的依据、目标以及具体的绩效,因而还有提升的空间。

第四,关于"对个人和家庭的补助"以及"对企事业单位的补贴"等补贴支出的报告和公开。由于此类支出有明确的受益主体,因而支出的公开应该落实到具体的单位和个人。例如,教育部门对于高等院校的科研补贴就应该落实到下属各学校上,并说明项目的目的、缘由以及支出测算的具体依据。相应地,在下属各个学校的预算中,有对应的一笔收入,这样就可以相互印证。

13.3.4 部门财政信息报告的其他方面

(1)部门财政信息报告的整体性问题

部门预算所针对的是单个部门,如财政局、教育局、公安局等。但是,作为政府机构的组成部分,各个部门组合起来又是一个有机的整体。为了从整体上反映政府的全貌,在就各个部门的预算进行报告和公开时,首先应该有一个部门来就所有部门的预算给出一份清单,并就部门预算进行汇总(见表13-11)。特别地,在汇总预算时,汇总的报告必须给出此报告所涉及的部门的详细名单。与此同时,在部门预算与总预算的关系方面,在制度上需要保障各部门预算规模的加总恰好是总预算的规模,如果现实中未能保持两者的一致性,汇总的报告就必须要对差异有合理而详细的说明。

表 13-11 各部门预(决)算汇总网址

部门编号	部门名称	预算公开网址	决算公开网址
1	××	××	××
2	××	××	××
...	××	××	××

从我国目前的情况来看,由于在实践中坚持"谁制作谁公开的原则",很多时候,政府在公开部门预算时,往往缺乏一份整体的清单:相关的部门在公开预算时,往往是单独的、孤立的。即使是有文件将相关的报告放在一起,部门预算的汇总往往与总预算的数额不相符,这不仅使得社会公众难以从整体上理解政府预算的具体情况,同时也使公众无法认清特定部门在政府总预算中的位置。鉴于此,在部门财政信息的公开方面,为了确保信息公开的有效性,

必须要对部门预算的整体情况作出系统而明确的说明。这里有两种方式可供选择：其一，由财政部门提供完整的清单，并提供与具体部门相连接的网址以及相应的汇总说明；其二，由专门的政府信息公开办公室来提供清单和网址并提供相应的汇总说明。

（2）作为部门预算基础的部门职能定位问题

从目前情况来看，我国部门预算报告的支出科目体系有进一步完善的必要。在对现有部门预算报告进行分析时，我们发现：对于不同的部门，它们所涉及的支出的功能性科目有很多，比如广东省财政厅，它所涉及的科目有一般公共服务、教育、科学技术、社会保障和就业、医疗卫生、节能环保、农林水事务、交通运输、资源勘探电力信息等事务支出、商业服务业等事务、金融监管等事务支出、国土资源气象等事务、住房保障支出、其他支出14大项。就相关的项目支出而言，很多支出其实是应该属于其他部门的，这也就说明在部门预算方面，不同部门的职能是存在交叉重叠的。这影响了对于部门预算的编制以及对其结果的评价。鉴于此，作为一项基础性工作，在未来部门预算编制及其报告中，其一个前提性的工作是就各部门的职能进行明确的划分。教育局的工作应该侧重于教育方面的功能项目，而不应涉及环保和卫生方面；卫生局的工作应该放在卫生上，对于教育、社会保险等方面的支出及其支出责任则应该分别交给教育与社会保险部门。

13.3.5 部门财政信息报告框架体系总结

基于上面的分析，就部门预算的报告体系而言，我们的整体看法是：

其一，在公开部门预算之前，应该就部门的职能、部门的单位构成、部门成员的规模及组成、部门的工作重点及绩效、以前年度实施计划及实施情况作出说明（见表13－12的第一部分）。

其二，对于部门的收支信息，在收入方面，需要给出收入的来源及其计算依据。在支出方面，在大的层面上，应能同时按功能、按经济性质、按单位以及按资金性质来公开支出信息（见表13－12的第二部分）；而在具体的信息方面，公务用车信息应该按每一辆车来报告，出国费用应该按每一次出国的信息来报告，招待费在决算时应该报告每一次招待费的具体明细（见表13－12的第三部分）。

其三，作为信息报告的基础，一方面，应该由财政或信息公开办公室就所有部门的部门预算给出一个详尽的清单，并提供相应的网络链接；另一方面，需要就各部门的职责进行合理、科学的划分，避免部门之间职能的交叉重叠。

表 13—12　　　　　　　　　部门预算信息报告体系框架

内　容	要　求
第一部分　部门预算编制基础与说明	
一、部门主要职能	根据部门的单位数及各单位下属的具体科室来介绍部门的主要职责
二、部门预算单位构成	介绍部门所属各单位的数目、各自的名称及其性质(行政单位、参公事业单位、财政核拨事业单位、财政核补事业单位、经费自筹事业单位等)
三、部门人员构成	部门的编制数、在职实有人数及其具体组成(行政编制、事业编制等)
四、部门预算安排情况说明	介绍部门工作重点与绩效,并与以前年度的预决算数据进行比较
第二部分　部门预算主表	
一、收支预算总表	包括收入及其来源、支出及其项目
二、收入预算总表	部门下属各单位的各类收入(相应的收入应该给出其确定的法律与经济依据)
三、支出预算总表	部门下属各单位的各类支出(按功能分类,应该和工作重点联系起来)
第三部分　部门预算附表	
一、人员明细及其人员支出预算表	给出各类人员的数量、支出依据
二、专项支出预算安排情况说明	根据专项的目的给出专项支出的确定依据及绩效
三、公务用车明细表	每辆车的性能及其相关的开支(油费、保养等)
四、出国费用明细表	每一次出境、出国的事由、行程等
五、公务招待费	每一次招待的对象、事由等(由决算体现)
六、办公用房明细表	根据用途具体列示

13.4　国有企业基金信息公开的目标及框架体系

　　为保证公共资金有效率和有效果地使用,公共资金根据用途可划分为三种基金形式:政府基金、信托基金(在我国大致相当于社会保险资金)和经营性基金(在我国是指国有企业基金)。国有企业基金是指为公众所有、由政府代为经营和管理的经营性公共资金。与前两种基金一样,由于资金的所有权归属公众,因而公众对其使用过程和使用结果具有知情权。与政府基金和社会保险基金相比,一般国家的经营性基金规模都很小,因为它们的国有企业很少。但在我国,国有企业一直是经济发展的支柱,是关系国计民生的公共经济组织,因而我国拥有规模庞大的国有企业基金。但与其规模不相称的是,直至目前,我国国有企业基金公开的信息仍然寥若星辰。[1] 这不仅妨碍了民众对国有企业基金运营状况的知情权,也弱化了社会对国有企业的监控力度,从而严重损害了国有企业基金运营的效率和公平。[2]

　　虽然国有企业基金信息公开不是包治国有企业现存问题的灵丹妙药,但它是解决国有企业现存问题的先决条件。只有信息公开,公众及其代表才能了解国有企业的经营状况,才能知道投入国有企业基金的公共资金运行是否如事先设想的那样有效率或有效果,才能知道存在什么问题,以及问题出在哪里,也才能对国有企业的发展作出明智的判断和决策。

　　本文认为,我国国有企业基金当前至少应公开以下三方面信息,即国有企业基金的基础信息、国有企业基金的预算信息以及国有企业基金的主要财务信息(包括资产负债信息、利润信息、所有者权益信息和现金流量信息),见图13—2。

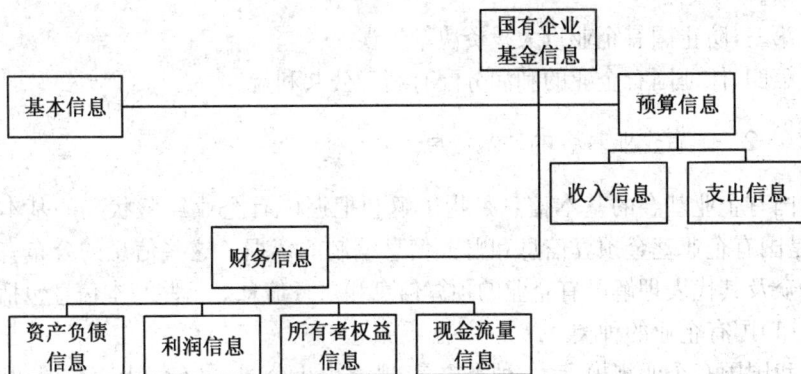

图13—2　国有企业信息框架

　　① 上海财经大学公共政策研究中心:《2009中国财政透明度报告》、《2010中国财政透明度报告》、《2011中国财政透明度报告》、《2012中国财政透明度报告》、《2013中国财政透明度报告》,上海财经大学出版社2009年、2010年、2011年、2012年、2013年版。

　　② 上海财经大学公共政策研究中心:《2012中国财政发展报告》,上海财经大学出版社2012年版。

13.4.1　国有企业基金信息公开的目标

国有企业因自身的特殊性,其信息公开的目标与私人企业(上市公司)相比,既有相同之处,也有独特之处。相同之处在于,所有企业信息披露的目的都在于保护投资者的利益。不同之处在于,国有企业的信息披露还是加强国有企业监督、保护国有资产、促进国有资产保值增值的重要机制。从根本上说,信息披露的目的就是使国有企业经营透明化,避免由于信息不对称形成的"暗箱"为企业管理者侵蚀所有者利益创造机会。因此,国有企业信息披露内容要充分反映国有企业的经营状况和成果,使作为所有者的社会公众、政府部门以及其他利益相关者能够通过披露内容对国有企业的经营状况作出判断,达到提升国有企业管理者违约成本、保护国有资产的目的。具体来说,国有企业信息公开应足以使公众及其代表了解国有企业的经营管理过程和经营绩效以及重大经营决策,监督国有企业经营者的行为,以达到以下目标:

第一,保证国有企业资金和财产的安全,防止偷窃、蚕食、挪用、贪污国有资产的机会主义行为的发生。

第二,促使国有企业管理者加强经营管理,提高企业效率,取得良好的经营业绩。

第三,防止国有企业重大投资决策失误。

第四,保证国有企业的利润分配有利于公共利益。

13.4.2　国有企业基金的基本信息

国有企业基金的基本信息是指了解和把握国有企业经营状况的基本信息,是国有企业基金预算信息和财务信息编制的依据。这些信息的公布有助于公众及其代表理解国有企业的预算信息和财务信息。这些基本信息包括:

(1)国有企业的种类

我国国有企业规模庞大,种类繁多,既有上市公司,也有未上市公司;既有国资委管理的公司,也有国资委之外的部门管理的公司,如教育部、中国国际贸易促进委员会、农业部、文化部、国家广播电影电视总局、中国邮政集团公司、中国出版集团公司、中国对外文化集团公司等;既有国家独资公司,也有国家参股的和租赁管理的公司。根据国际经验,企业应该分类管理。分类方法多种多样,但以下分类不容忽视:

一是按企业经营目标分类。国有企业可分为商业性运作企业和非商业性运作企业。这种分类对国有企业的管理而言至关重要。从国际经验看,对完全商业化、市场化或纯粹竞争性的国有企业,一般要求企业以财务回报作为主要目标,要求企业市场化经营,追求利润,如新西兰政府一般要求竞争性企业自主参与国内外竞争,法国政府和瑞典政府要求竞争领域的市场化经营企业的主要目标是价值最大化。对于垄断性、承担特定任务或公共服务责任的国有企业,一般要求以社会、产业或文化目标为主,追求社会利益,如芬兰政府要求承担特定任务的国有企业以实现社会目标为主,同时要求企业在财务上能够独立。对于有战略意义的商业化企业或兼有商业化和特定目标的国有企业,政府一般要求其兼顾商业目标和特定社会目标,并按照商业化、市场化原则开展经营,如瑞典对于公益性的社会公共服务企业,赋予追求股权价值和社会利益双重目标,挪威对于商业化目标且总部须在挪威以及兼有商业化和其他特定目标的企业,在商业化目标之外增加了总部和研发功能留在挪威、公共服务承诺等特定目标。

二是按是否上市分类。上市公司一般是那些经营情况较好的商业性运作国有企业,而非上市的国有企业一般规模较小、经营较差。公布上市企业和非上市企业信息能够使公众及其代表了解国有企业的经营水平、筹资来源及筹资能力,把握国有企业的运作趋势,同时也有利于提高整体企业的管理水平。

三是按国家持有的股权比例分类。我国众多的国有企业虽然都笼统被称为国有企业,但国有股在企业总股份中的比重是不同的。有些是国有独资企业,有些是国有控股企业,有些是国有参股企业等。此种分类信息之所以重要,是因为国有股比重的大小直接关乎公众在该企业中利益的大小。此类信息的公开有助于公众对企业中公共利益的知情权。

四是按规模大小分类。我国国有企业的规模差距很大,按规模大小分类不仅有助于公众及其代表更好地了解企业的经营状况,而且也是改善国有企业管理所不可缺少的做法。

五是按所属部门分类。如前文所述,我国国有企业分属多个部门管理,由此造成国有企业信息公开的障碍。公开此类信息,一方面可以使公众及其代表了解国有企业当前的管理主管部门,另一方面也便于发现企业管理中存在的问题及责任归属,有利于改善企业管理。

六是按业绩好坏分类。按这一标准,可以将国有企业分为盈利的、亏损的和盈亏相抵的三类,从而使公众及其代表直接了解国有企业经营绩效的好坏。

(2)国有企业信息公开的范围

理论上,国有企业基金信息公开内容应该是所有国有企业的合并信息,而不论企业属于哪一种类。然而,现实中公布的国有企业基金信息并不完整,只是总体中的一部分。无论国有企业基金信息公布的是部分企业的合并信息,还是全部企业的合并信息,企业信息的公开范围必须清楚界定并明确公布,以利于公众及其代表了解国有企业基金的完整性。

(3)国有企业的运行目标信息

根据国有企业的性质确定不同种类的国有企业目标,如商业性运作公司的运作目标是财务回报率,非商业性运作企业的目标则包括某些社会责任。清晰地公布各种企业的运营目标,有利于公众及其代表了解国有企业存在的意义,更有利于对国有企业经营活动的监督和管理。

(4)国有企业建立和运行的法律依据(制度)信息

任何经济组织或实体的建立和运作都必须依法进行,这是管理规范化和法治化的要求。国有企业管理部门应在公布的国有资本经营预算、国有企业年报等资料中说明我国国有企业建立和运作的法律依据,并对其中的例外作出说明。

(5)国有企业的治理结构和股权结构信息

国有企业的治理结构和股权结构信息是企业重要的基本信息,反映的是谁对国有企业的运作结果负责,并与问责机制相联系。国有企业的治理结构信息包括主管部门及其责任、监督机构及其责任、企业董事会成员构成及基本信息、企业的股权结构信息等。

(6)纳入国有企业基金的国有企业税后利润的收取比例分类信息

我国目前对不同种类的国有企业实行不同的利润收取比例。第一类为烟草、石油石化、电力、电信、煤炭等具有资源垄断型特征的行业企业,收取比例为15%;第二类为钢铁、运输、电子、贸易、施工等一般竞争性行业企业,收取比例为10%;第三类为军工企业、转制科研院所、中国邮政集团公司和2011年新纳入中央国有资本经营预算实施范围的企业,收取比例为5%;第四类为政策性公司,包括中国储备粮总公司、中国储备棉总公司,免交国有资本收益。这些不同的利润收取比例安排直接影响国有企业对财政的贡献,因而是应该向公众公布的信息。

(7)国有企业经营环境变化及其对企业经营业绩的影响分析

企业的经营状况与国际国内经营环境的变化有直接关系。公开这类信息有助于公众及其代表更好地了解国有企业经营业绩发生变化的原因。

(8)国有企业重大决策及其对企业经营业绩的影响

由于国有企业具有公共性,因而其任何决策变化都关乎公共利益,尤其是重大决策对公共利益影响深远。因此,在企业预算和年报中公开国有企业重大决策及其对经营业绩或公共利益的影响,是公共利益的诉求。

13.4.3 国有企业基金预算信息公开内容

目前,全国已有一些政府开始主动公布国有企业基金的预算信息,如中央政府、湖北省政府等。本文以中央政府公布的国有资本经营预算为例说明国有企业基金预算信息公布的内容,见表13—13。

表 13—13　　　　　　　　　中央政府国有资本预算信息公布情况

1. 国有资本预算的编报范围	包括国资委、教育部、中国国际贸易促进委员会、农业部、文化部、国家广播电影电视总局、中国邮政集团公司、中国出版集团公司、中国对外文化集团公司等。
2. 纳入国有资本经营预算实施范围的国有企业税后利润的收取比例分类	第一类为烟草、石油石化、电力、电信、煤炭等具有资源垄断型特征的行业企业,收取比例为15%;第二类为钢铁、运输、电子、贸易、施工等一般竞争性行业企业,收取比例为10%;第三类为军工企业、转制科研院所、中国邮政集团公司和2011年新纳入中央国有资本经营预算实施范围的企业,收取比例为5%;第四类为政策性公司,包括中国储备粮总公司、中国储备棉总公司,免交国有资本收益。
3. 收入项目	包括利润收入、股利、股息收入、产权转让收入、清算收入、其他国有资本经营预算收入。
4. 支出项目	包括教育、科学技术、文化体育与传媒、社会保障和就业、节能环保、采掘勘探电力信息等事务、商业服务业等事务、其他支出。

从表13—13中可以看出,我国国有资产经营预算主要公布了收支的大类信息。一方面,这些信息分类不合理,如支出信息仍然沿用政府功能分类方法,即资金大致用到了什么地方,而对于如何使用这些资金的信息,如资本性支出、费用性支出等,则没有公布。另一方面,信息公布得太笼统。由于国有资本预算支出使用政府预算功能分类方法,因此,公布的预算信息不仅不知所云,而且极不详细,如2013年国有资本预算支出中用于教育方面的支出为4亿元,其中用于产业升级与发展支出2亿元,用于境外投资及对外经济技术合作支出2亿元。这种信息非常笼统。产业升级和发展都包括哪些项目?这些项目是否必要?每个项目都花了多少钱?每个项目上的钱都是怎么花的?预算中都没有任何说明。最后,预算中缺失了一些重要信息。如收入项目中的债务收入、特许权收入、转移支付收入以及国有中小企业的管理费和租金收入等信息,支出项目中的资本性支出、费用性支出、亏损补贴等信息都未列入。

本报告认为,从加强公众及其代表对国有企业基金的监管角度看,国有企业基金应公开如下预算信息:

(1)国有资本经营预算编制的依据信息

①国有资本经营预算的编报范围。编报范围直接影响国有企业的收支情况,而且通过编报范围,管理者和监督者可以了解国有资本经营预算是否完整。编报范围信息分为两类:一类是以管理部门分类的国有资本经营预算的编制范围信息,包括国资委监管企业、教育部所属企业、中国国际贸易促进委

员会、农业部直属企业、文化部直属企业、国家广播电影电视总局直属企业、中国邮政集团公司、中国出版集团公司、中国对外文化集团公司等；另一类是以企业性质分类的国有资本经营预算的编制范围信息，包括国有独资、控股、参股、租赁管理等类型以及各类企业的数量。这两类信息都应该在国有资本经营预算中进行反映。

②纳入国有资本经营预算实施范围的国有企业税后利润的收取比例分类。由于我国实行不同行业的国有企业上缴财政利润占其实现利润总额的比率不同的制度，而这些不同的比率会直接影响国有企业对财政的贡献率，因而此类信息应该公布。

第一类为烟草、石油石化、电力、电信、煤炭等具有资源垄断型特征的行业企业，收取比例为15%；第二类为钢铁、运输、电子、贸易、施工等一般竞争性行业企业，收取比例为10%；第三类为军工企业、转制科研院所、中国邮政集团公司和2011年新纳入中央国有资本经营预算实施范围的企业，收取比例为5%；第四类为政策性公司，包括中国储备粮总公司、中国储备棉总公司，免交国有资本收益。

(2)国有资本经营预算的收入信息

根据目前我国国有企业的收入来源，国有资本预算应公布以下收入信息：

①经营性收入，包括上缴利润收入(国有独资)、股息和股利收入(国有股份制)、管理费与租金收入(国有小企业)、利息收入(政府性贷款)。

②资产转让性收入，包括产权转让收入(国有企业出售或股权转让收入、资源性资产的转让或有价开发)，归还贷款收入。

③信用性收入(债务收入)。信用性收入是指债务收入。一般而言，经营中的债务不能视为收入，因为债务不仅需还本，还要付息。但是，如果是政府作为债务人，那么债务收入的确是一种收入，这似乎是世界惯例。债务之所以成为预算中收入，原因有两点：一是政府意义上的收入泛指一切政府可以使用的资金流量，与之相对应的可能是经费性支出，也可能是投资性支出。二是与债务关联的资产具有不确定性。由于政府发行债券并不提供资产负债表，因而债务在这里可以理解为是有代价的收入，从而区别于税收收入等。

国有资产经营预算收支表中的债务收入只能是以政府名义向国内外发行的专项国债，不能把国有企业作为独立法人自行借债的债务列入进来，即使是国有独资企业也不例外。此外，从举债等于创造资产上理解，如果用债务收入安排的支出是有收益的项目，并且收益大于或等于利息，那么举债投资对国家的资产净值就不会产生负影响。举债等于创造资产是资本预算成立的基本理论，也是我们将债务收入列入收入项目的依据之一。

④特许权收入。特许权收入意味着收入来源的控制性。前面我们所列的收入类别都具有互换性,政府取得这些收入不具有强制性,因此这三类收入具有互利性。然而,特许权收入的取得内含一定的强制性。如能交基金收入,由于能源交通是基础设施,具有可经营性,而且能交基金是直接用于能源交通建设,因此,能交基金是国有资产经营预算的一项收入。又如专项基金收入,是指一切用于经营性国有资产建设的各类基金收入。

⑤转移性收入(上下级、同级之间的拨款:特指用于经营性国有资产建设)。

(3)国有资本预算的支出信息

①资本性支出。资本性支出是一种经济行为,是指为获得一定利润或其他方面的利益如占有市场份额等而预先投放一定数量资金的行为。资本性支出实际上是一种投资,形式上分为金融投资和实物投资,具体包括股本支出、固定资产投资支出、流动资金支出、挖潜改造资金支出、债券投资支出。

②费用性支出。费用性支出是消耗支出,不产生财富积累。对经营性国有资产而言,之所以发生费用性支出,是因为市场经营下资产运作存在代价,而且此种代价在某一特定时期内应该能得到补偿,从而区别于资本性支出。从某种意义上讲,经营性国有资产在运用中发生费用所涉及的领域极广,如人员工资、原材料费、管理费用等,但是,从国有资产经营预算看,费用却是有限定的,其理由主要是匹配问题。生产销售领域的费用确定以收入承认为前提,也就是说,如果取得的营业收入在某时期内予以承认,那么与之相联系的费用也必须在该时期内予以承认。然而,国有资产经营预算中的费用支出不是指管理当局所发生的费用,而是指支出领域内的消耗性支出,是经营性国有资产运作过程中本身所发生的费用,比如利息。利息在生产经营领域是与收入相匹配的费用,但在这里,我们认为是经营性国有资产运作所发生的费用,是否需要与收入相匹配并不需要严格界定。如果我们过分强调收入、费用的匹配问题,那么国有资产经营预算收支表便成了财务的损益表。

③债务利息支出。以政府名义或政府名义担保的债务,由此而发生的利息也是此类债务利息。

④亏损补贴支出。亏损补贴只能是政策性补贴。如果是经营性亏损,其补贴应通过资本性支出等方式解决。

⑤贴息支出。当经营性国有资产的经营实体以债权人身份对外借债时,为了鼓励其发展,利息可能由政府或授权单位负担。一旦发生这种情况,那么利息支出便是以贴现形式出现,具有费用支出的特性。

⑥债务性支出。

⑦转移性支出。

⑧亏损补贴支出。

⑨其他支出。

国有资本经营预算的公开信息见表13－14。

表13－14　　　　国有企业基金预算信息公开内容

收入项目	一、经营性收入
	上缴利润收入(国有独资)
	股息和股利收入(国有股份制)
	管理费与租金收入(国有小企业)
	利息收入(政府性贷款)
	二、产权转让收入(资产转让收入)
	国有企业出售或股权转让收入
	资源性资产的转让或有价开发
	归还贷款收入
	三、信用性收入(债务收入)
	四、特许权收入
	五、转移支付收入
	六、清算收入
	七、其他国有资本经营预算收入
支出项目	一、资本支出
	股本支出
	固定资产投资支出
	流动资金支出
	挖潜改造资金支出
	债券投资支出
	二、费用性支出
	三、债务利息支出
	四、亏损补贴支出

13.4.4 国有企业基金的资产负债信息

国有企业基金的资产负债信息是国有企业财务运营状况的重要信息。它表明的是企业资产、负债、所有者权益的实际状况,反映了企业经营活动的规模及发展潜力。通过资产负债信息,我们可以了解企业某一日期所拥有或控制的各种资源的构成及其分布情况,分析资源的配置是否节约、合理;了解某一日期企业的负债总额及其结构以及企业负担的长期债务和短期债务数额及偿还时间,并联系有关的资产项目进行对比分析,了解企业的偿债能力和支付能力;了解投资者在企业资产中所占的份额,以及所有者权益的构成情况,将所有者权益与负债进行对比,以分析企业财务结构的优劣和负债经营的合理程度,以及企业所面临的财务风险。通过对前后资产负债信息的对比分析,我们还可以了解企业资金结构的变化情况,预测企业未来的财务发展趋势。

目前,我国各级政府几乎都没有公布合并的国有企业资产负债信息。其实,编制这类信息并不困难。从我们调查的情况看,很多政府都拥有这类信息,有的政府甚至依我们的申请提供了完整的国有企业基金资产负债信息。根据现有可查的我国国有企业的资产负债信息,本报告认为,各级政府合并的国有企业资产负债信息应包括以下内容:流动资产和非流动资产,流动负债和非流动负债以及所有者权益。其中每一部分内容都应进一步细化,见表13-15。

表 13-15　　　　　　　　国有企业基金资产负债信息公开内容

流动资产:	流动负债:
货币资金	短期借款
结算备付金*	向中央银行借款*
拆出资金*	吸收存款及同业存放*
交易性金融资产	拆入资金*
应收票据	交易性金融负债
应收账款	应付票据
预付款项	应付账款
应收保费*	预收款项
应收分保账款*	卖出回购金融资产款*
应收分保合同准备金*	应付手续费及佣金*

应收利息		应付职工薪酬
其他应收款	其中:应付工资	
买入返售金融资产*		应付福利费
存货		
其中:原材料		应交税费
库存商品(产成品)		其中:应交税金
一年内到期的非流动资产		应付利息
非流动资产:		其他应付款
发放贷款及垫款*		应付分保账款*
可供出售金融资产		保险合同准备金*
持有至到期投资		代理买卖证券款*
长期应收款		代理承销证券款*
长期股权投资		一年内到期的非流动负债
投资性房地产		非流动负债:
固定资产原价		长期借款
减:累计折旧		应付债券
固定资产净值		长期应付款
减:固定资产减值准备		专项应付款
固定资产净额		预计负债
在建工程		递延所得税负债
工程物资		其他非流动负债
固定资产清理		其中:特准储备基金
生产性生物资产		所有者权益(或股东权益):
油气资产		实收资本(股本)
无形资产		国家资本
开发支出		集体资本
商誉		法人资本
长期待摊费用		其中:国有法人资本

递延所得税资产	集体法人资本
其他非流动资产	个人资本
其中:特准储备物资	外商资本
	实收资本(或股本)净额
	资本公积
	减:库存股
	专项储备
	盈余公积
	其中:法定公积金
	任意公积金
	一般风险准备*
	未分配利润
	外币报表折算差额
	归属于母母公司所有者权益合计
	少数股东权益

注:标有 * 号的项目为金融类企业专用。

13.4.5 国有企业基金利润信息

利润信息提供的是企业在一定时期内的经营成果信息,反映企业在一定会计期间的收入实现情况,包括主营业务收入、其他业务收入、投资收益、营业外收入等,同时反映企业实现收入所耗费的费用情况,包括主营业务成本、主营业务税金、营业费用、管理费用、财务费用和营业外支出等。通过利润信息的公布,公众及其代表可以判断国有资本的保值、增值情况。不仅如此,通过利润信息,公众及其代表还可以对企业财务进行分析,如将赊销收入净额与应收账款平均余额进行比较,计算出应收账款周转率;将销货成本与存货平均余额进行比较,计算出存货周转率;将净利润与资产总额进行比较,计算出资产收益率等,从而了解企业的资金周转情况以及企业的盈利能力和水平,对企业未来的发展趋势进行判断,从而更好地监督国有企业基金的运作,并有利于个人和组织作出各种经济决策。利润信息主要通过企业利润表来反映。

利润表分项列示了企业在一定会计期间因销售商品、提供劳务、对外投资等所取得的各种收入以及与各种收入相对应的费用、损失,并将收入与费用、损失加以对比结出当期的净利润。利润表将企业的收入与相关的费用、损失进行对比,结出净利润,其目的是为了衡量企业在特定时期或特定业务中所取得的成果,以及为取得这些成果所付出的代价,为考核经营效益和效果提供数据。

国有企业基金需要公开一级政府所有的单个国有企业和汇总的国有企业利润表上的所有信息,见表13-16。

表13-16　　　　　　　　国有企业基金利润信息公开内容

一、营业总收入
其中:营业收入
其中:主营业务收入
其他业务收入
利息收入*
已赚保费*
手续费及佣金收入*
二、营业总成本
其中:营业成本
其中:主营业务成本
其他业务成本
利息支出*
手续费及佣金支出*
退保金*
赔付支出净额*
提取保险合同准备金净额*
保单红利支出*
分保费用*
营业税金及附加
销售费用
管理费用
其中:业务招待费

研究与开发费	
财务费用	
其中:利息支出	
减:利息收入	
汇兑净损失(净收益以"-"号填列)	
资产减值损失	
加:公允价值变动收益(损失以"-"号填列)	
投资收益(损失以"-"号填列)	
其中:对联营企业和合营企业的投资收益	
汇兑收益(损失以"-"号填列)*	
三、营业利润	
加:营业外收入	
其中:非流动资产处置利得	
非货币性资产交换利得	
政府补助	
债务重组利得	
减:营业外支出	
其中:非流动资产处置损失	
非货币性资产交换损失	
债务重组损失	
四、利润总额	
减:所得税费用	
五、净利润	
归属于母公司所有者的净利润	
少数股东损益	
六、每股收益	
基本每股收益	
稀释每股收益	

七、其他综合收益
八、综合收益总额
归属于母公司所有者的综合收益总额
归属于少数股东的综合收益总额

注:标有＊号的项目为金融类企业专用。

13.4.6 国有企业基金的所有者权益信息

所有者权益是指企业资产扣除负债后由所有者享有的剩余价值,是企业在一定时期所拥有或可控制的具有未来经济利益资源的净额,也是反映企业经营绩效的主要指标,是企业财务报表的重要组成部分。国有资产监督管理委员会应公布单个国有企业和汇总国有企业的所有者权益信息,这些信息包括实收资本、资本公积和留存收益等,而且要分列归属母公司的所有者权益信息和少数股东权益信息。所有者权益信息具体内容见表13—17。

表 13—17 　　　　　　　　　　　所有者权益信息

一、上年年末余额
二、本年年初余额
三、本年增减变动金额
(一)净利润
(二)直接计入所有者权益的利得和损失
1. 可供出售金融资产公允价值变动净额
2. 权益法下被投资单位其他所有者权益变动的影响
3. 与计入所有者权益项目有关的所得税影响
(三)所有者投入和减少资本
1. 所有者投入资本
2. 股份支付计入所有者权益的金额
(四)专项储备提取和使用
1. 提取专项储备
2. 使用专项储备
(五)利润分配

1. 提取盈余公积
其中:法定公积金
任意公积金
2. 提取一般风险准备
3. 对所有者(或股东)的分配
(六)所有者权益内部结转
1. 资本公积转增资本(或股本)
2. 盈余公积转增资本(或股本)
3. 盈余公积弥补亏损
四、本年年末余额

13.4.7　国有企业基金现金流量信息

　　现金流量信息是企业在一定时期内现金流入和流出动态状况的信息,反映了企业的经营活动、投资活动和筹资活动对现金流入、流出的影响。通过企业的现金流量信息,可以分析和了解企业的短期生存能力,特别是缴付账单的能力,即短期内有没有足够的现金去应付开销,因而现金流量是判断企业经营是否健康的主要财务指标体系。如果一家企业的经营活动产生的现金流无法支付股利与保持股本的生产能力,而需要依靠借款满足这些需要,则可以判断这家企业从长期来看无法维持正常情况下的支出。现金流量信息通过现金流量表反映。现金流量表一般包括以下三部分内容:经营活动产生的现金流量信息、投资活动产生的现金流量信息以及筹资活动产生的现金流量信息。每一类信息又包括若干详细项目信息。而所有这些信息,无论是指单个国有企业还是指汇总的国有企业,都应该公开,具体公开内容如表13－18所示。

表13－18　　　　　　　**国有企业基金现金流量信息公开内容**

一、经营活动产生的现金流量
销售商品、提供劳务收到的现金
客户存款和同业存放款项净增加额*
向中央银行借款净增加额*

向其他金融机构拆入资金净增加额*	
收到原保险合同保费取得的现金*	
收到再保险业务现金净额*	
保户储金及投资款净增加额*	
处置交易性金融资产净增加额*	
收取利息、手续费及佣金的现金*	
拆入资金净增加额*	
回购业务资金净增加额*	
收到的税费返还	
收到其他与经营活动有关的现金	
购买商品、接收劳务支付的现金	
客户贷款及垫款净增加额*	
存放中央银行和同业款项净增加额*	
支付原保险合同赔付款项的现金*	
支付利息、手续费及佣金的现金*	
支付保单红利的现金*	
支付给职工以及为职工支付的现金	
支付的各项税费	
支付其他与经营活动有关的现金	
二、投资活动产生的现金流量	
收回投资收到的现金	
取得投资收益收到的现金	
处置固定资产、无形资产和其他长期资产所收回的现金净额	
处置子公司及其他营业单位收回的现金净额	
收到其他与投资活动有关的现金	
购建固定资产、无形资产和其他长期资产所支付的现金	
投资支付的现金	
质押贷款净增加额*	

取得子公司及其他营业单位支付的现金净额
支付其他与投资活动有关的现金
三、筹资活动产生的现金流量
吸收投资收到的现金
取得借款收到的现金
发行债券收到的现金 *
收到其他与筹资活动有关的现金
偿还债务支付的现金
分配股利、利润或偿付利息所支付的现金
支付其他与筹资活动有关的现金
四、汇率变动对现金及现金等价物的影响
五、现金及现金等价物净增加额
加:期初现金及现金等价物余额
六、期末现金及现金等价物余额

注:标有 * 号的项目为金融类企业专用。

13.5 社会保险基金信息公开的目标及框架体系

社会保险基金信息披露的目标是指从社会保险基金的属性本身出发,社会公众应当知晓的所有信息。目前,《政府信息公开条例》规定,如果该项信息不存在,那么政府相关部门可以不答复。这里就出现了一个大问题:有些信息涉及社会保险基金的重大事项,例如个人账户资金被挪用至统筹基金,到底被挪用了多少资金,还剩下多少资金。由于报表设计的缺陷,这些信息没有被正式制作和统计,社会公众就没有权利来要求公开。因此,建立健全的社会保险信息报告体系,是提高社会保险基金透明度的前提条件。

总的来看,社会保险基金信息报告的框架应由四部分组成:财务信息,参保人员信息,缴费、给付与投资管理的决策与管理信息,社会保险基金未来50年或70年收支精算报告。

13.5.1　社会保险基金的财务信息

（1）社会保险基金收入、支出和结余明细信息

众所周知，我国的养老保险和医疗保险基金均采取统筹账户与个人账户相结合的模式。根据现行制度模式，应公布：养老保险个人账户缴费额、支出额和累计结余额；养老保险统筹账户缴费额、支出额和累计结余额；医疗保险个人账户缴费额、支出额和累计结余额；医疗保险统筹账户缴费额、支出额和累计结余额。

需要引起注意的是，我国养老保险基金在运行中，大量基金"被挪为他用"，偏离了制度设计的初衷。从图13-3中我们可以看出，我国养老保险的目标模式是"统账结合"：（由单位缴费形成的）基础养老金采取现收现付制，（由个人缴费形成的）个人账户养老金采取完全积累制。然而，我国的"中人"和"老人"在1997年之前并没有建立养老保险个人账户，这就导致了我国养老保险基金出现了庞大的资金缺口需要弥补。显然，这样巨额的债务是目前已非常紧张的财政所无法负担的。在政府无力承担养老保险改革成本的情况下，只能通过"挪用"养老保险个人账户基金来解决。这就产生了新的问题：养老保险个人账户本应实施完全积累制，在运行中却差不多被掏空了。为解决这一新问题，各级政府将部分财政资金拨入养老保险个人账户，部分弥补了被掏空的养老保险个人账户。在这样的制度环境中，社会上容易出现"养老金被政府挪用"或"个人账户里面没有钱"之类的看法，造成企业和职工对缴费出现抵触心理，甚至造成社会恐慌。因此，我国的养老保险基金信息披露需要详细界定各类收支和财政补贴的口径，并明确资金的收支和积累额，避免社会出现恐慌情绪。

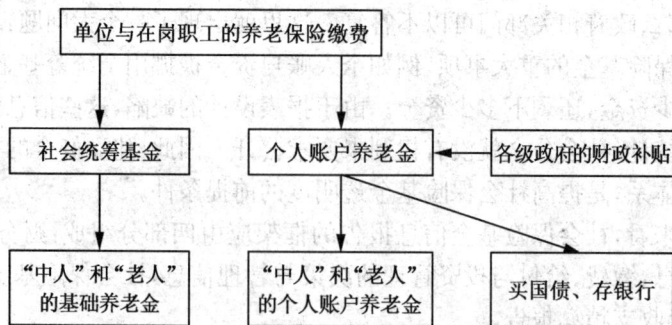

图13-3　我国城镇职工基本养老保险基金的运行

（2）社会保险基金的资产负债明细信息

目前，财政和社会保险部门已经编制了"社会保险基金资产负债表"（社决01表），但这还远远不够。社决01表的明细仅达到款级科目，例如在资产明细方面，仅列出现金、支出户存款、财政专户存款、暂付款、债券投资等，对存款的期限、利率、债券投资的品种等都没有交待。我们认为，社会保险基金应该标出每一笔资产的详细情况。如果是银行存款，应注明存款所在的商业银行、存款利率和期限；如果是债券投资，则应标明每一只债券的购入价格、债券品种及票面利率。同样，在"社会保险基金资产负债表"（社决01表）的负债方，报表设计也十分粗糙，仅达到款级科目。

特别需要指出的是，参照国外社会保险基金的管理经验，社会保险基金在资本市场进行投资，要同时以历史成本计价法、市场现值计价法分别计算出社会保险基金的资产负债。一方面，仅采用历史成本计价法，不考察其投资对象的市场价格波动，是非常危险的。例如，2008年全球金融危机导致许多国家的社会保险基金出现巨额亏损，需要及时出台增收减支措施渡过难关。另一方面，如果仅以市场现值计价法计算社会保险基金的资产负债，往往会因资本市场的短期波动而产生判断错觉。例如，美国一些州政府的社会保险基金长期以来采用市场现值计价法。在资本市场出现泡沫时，政府官员和社会公众会认为社会保险基金盈利可观，从而提高给付额；可当资本市场恢复常态以后，社会保险基金又出现了亏损，社会保险给付额却难以削减，因而非常被动。

（3）社会保障基本词汇的名词解释

社会保障面向全体社会公众，而非专业人士，因此，社会保险基金的信息披露还应附有专业词汇的解释。

13.5.2 社会保险基金的参保人员信息

社会保险基金的参保人员主要有两类：一是在职参保人员；二是已经退休但根据缴费记录具有养老金领取资格的人员。参保人员的信息是非常重要的，因为我们要判断缴费率是不是适宜，养老金水平是否够用，养老基金是否具有可持续性等，都需要有参保人员的总体信息。目前，我国社会保险基金已设计了参保人员信息的统计表格（详见本书附录），但统计表格设计过粗，信息质量不高。

参保人员的信息主要包括：

（1）在职人员的薪酬与年龄分布

具体信息包括在职人员的平均薪酬、薪酬中位数、各档薪酬的分布情况

（例如社会平均工资的 50%～100%、100%～200%、200%～300%、300%以上的人群分布情况），在职人员的年龄及其所占比重等。

（2）退休人员的平均养老金水平、年龄分布以及预期寿命

目前有些省份公布了平均养老金水平，但未公布最高的养老金水平和最低的养老金水平；退休人员的年龄分布以及预期寿命未见公布。

13.5.3　社会保险基金的缴费、给付与投资管理的决策与管理信息

社会保险基金的财务信息是透明度的基本要求，但如果仅仅要求财务信息透明，社会公众往往会陷入"信息的汪洋大海"，知其然，不知其所以然，因此，公布社会保险基金的缴费、付给与投资管理的决策与管理信息非常重要。

（1）决策者与决策机构

以美国联邦政府社会保险基金为例，该社会保险基金每年的年报上签署了基金理事会 6 位理事的名字，表明这 6 位理事受托管理基金，其中有 2 位来自胡佛研究所和城市研究所的专家，代表社会公众的利益。社会公众可以从这 6 位理事的背景、学历等来判断其是否具备管理社会保险基金的能力。

（2）决策的依据

一般而言，社会保险基金的缴费率和给付水平都是由法律规定的，政府部门在操作时有法可依，社会公众也可以形成较为稳定的预期，企业也能够根据自己的盈利能力和社会保险缴费成本进行雇工和薪酬筹划。然而，我国目前社会保险的缴费率和给付水平并没有在法律中体现，缴费率的调整、养老金待遇的提高以及失业金标准都是以一纸通知的方式下达，在调整时间、调整程序等方面都缺乏透明度。社会保险基金的决策和管理机制不透明，社会公众不知道其中的规则，缺乏安全感。例如，政府提高养老金给付水平的决策机制不透明。每年年初，退休老人们都在翘首以待养老金的上调方案出台，增幅高了，觉得是应该的，增幅低了，怨声载道；一些地方调整机关事业单位的养老金标准时，口口相传，连文件都不敢下发，如同秘密活动。

（3）管理的流程

管理的流程与社会保险基金的收益率是有紧密关系的。社会保险部门由谁来管理社会保险基金？ 流程与标准是怎样的？

在我国，社会保险基金大量存放于商业银行，少量进行协议存款招标和债券投资。社会保险部门应该公布由哪家银行来管理社会保险基金，是否进行了招投标，选择这些银行的依据是什么，以及对管理社会保险资金的银行有没

有考核程序。

值得注意的是,目前我国地方政府大量向商业银行借款,在资金需求上有求于商业银行,地方政府会不会把社会保险基金存款作为回报,换取地方政府的贷款呢？只有明确了管理流程,才能让社会公众进行有效监督,避免灰色交易。

13.5.4 社会保险基金未来 50 年或 70 年收支精算报告

如前所述,社会保险基金是长期营运的资金,不等同于一般的财政资金,需要着眼于长期的资金筹措与安排,否则将导致整个社会忽视社会保险基金的潜在危机,贻误改革时机。

首先,养老金、医疗保险待遇、失业金的给付等在一定程度上是政府应予以兑现的承诺。对财政资金的透明度,也许公开花钱的细节即可;而对于社会保险基金的透明度而言,要求远远不止于此。现收现付型社会保险基金的给付就像我们买房子支付按揭贷款,从表面上看,每个月向银行支付几千元贷款本息并不是很重的负担,但贷款人一旦失业,几千元的还贷额度就成为极其沉重的负担。因此,社会保险基金必须有一个长期性的精算报告,避免即收即支带来的支付风险。

其次,社会保险基金的长期精算报告通过展示较为清晰的未来场景(养老金的大致水平、基金的可持续能力等),让参保人有信心去消费和合理安排晚年财务规划。

因此,社会保险基金的精算报告也是提高基金透明度不可或缺的一部分。我们从网上下载一份美国联邦社会保险基金的年报,可以看到年报用了几十页测算未来美国养老金的收支缺口及可能的改革方案。反观我国的社会保险基金报告,什么测算都没有,就是一直强调"没有缺口"。是当期没缺口还是长远没缺口？是没有显性缺口还是隐性缺口？是财政弥补以后无缺口,还是社会保险基金收支本身无缺口？含糊的报告将造成社会公众对社会保险改革的必要性缺乏认识,增加社会保险改革的阻力。

特别需要指出的是,社会保险基金的长期收支精算报告必须聘请具有社会公信力的权威机构进行测算,不能仅由社会保险管理部门自行测算,原因在于各国行政部门都倾向于把支出责任后移,得出较为乐观的精算报告,易导致改革良机被贻误。

政府财政信息公开的目标及框架体系

政府性基金收支决算总表

决算 09 表

单位:万元

预算科目	调整预算数	决算数	预算科目	调整预算数	决算数
政府性基金收入			一般公共服务		
			教育		
			文化体育与传媒		
			社会保障和就业		
			城乡社区事务		
			农林水事务		
			交通运输		
			资源勘探电力信息等事务		
			商业服务业等事务		
			其他支出		
本年收入合计			本年支出合计		
上级补助收入			上解上级支出		
其中:地震灾后恢复重建补助收入					
省补助计划单列市收入			计划单列市上解省支出		
上年结余			调出资金		
调入资金			年终结余		
1. 一般预算调入			其中:本级		
2. 财政专户管理资金调入					
3. 其他调入					
收入总计			支出总计		

　　　　　　　政府性基金收入预算变动情况表

　　　　　　　　　　　　　　　　　　　　　　　　单位:万元

预算科目	年初预算数	增加(减少)预算指标	调整预算数
农网还贷资金收入			
地方农网还贷资金收入			
山西省煤炭可持续发展基金收入			
山西省电源基地建设基金收入			
福建省铁路建设附加费收入			
海南省高等级公路车辆通行附加费收入			
转让政府还贷道路收费权收入			
转让政府还贷公路收费权收入			
转让政府还贷城市道路收费权收入			
港口建设费收入			
散装水泥专项资金收入			
新型墙体材料专项基金收入			
文化事业建设费收入			
地方文化事业建设费收入			
地方教育附加收入			
江苏省地方教育基金收入			
新菜地开发建设基金收入			
新增建设用地土地有偿使用费收入			
地方新增建设用地土地有偿使用费收入			
育林基金收入			
地方育林基金收入			
森林植被恢复费			
地方森林植被恢复费			
地方水利建设基金收入			
地方水利建设基金划转收入			
地方其他水利建设基金收入			

2014中国财政透明度报告

预算科目	年初预算数	增加（减少）预算指标	调整预算数
南水北调工程基金收入			
山西省水资源补偿费收入			
残疾人就业保障金收入			
政府住房基金收入			
上缴管理费用			
计提廉租住房资金			
廉租住房租金收入			
公共租赁住房租金收入			
其他政府住房基金收入			
城市公用事业附加收入			
国有土地收益基金收入			
农业土地开发资金收入			
国有土地使用权出让收入			
土地出让价款收入			
补缴的土地价款			
划拨土地收入			
教育资金收入			
农田水利建设资金收入			
缴纳新增建设用地有偿使用费			
其他土地出让收入			
大中型水库库区基金收入			
地方大中型水库库区基金收入			
彩票公益金收入			
福利彩票公益金收入			
体育彩票公益金收入			
城市基础设施配套费收入			
小型水库移民扶助基金收入			

预算科目	年初预算数	增加(减少)预算指标	调整预算数
国家重大水利工程建设基金收入			
省级重大水利工程建设资金			
车辆通行费			
船舶港务费			
体育部门收费			
外国团体来华登山注册费			
贸促会收费			
证书工本费			
认证费			
涉外(台)经济贸易争议调解费			
无线电频率占用费			
其他政府性基金收入			
合　计			

附表 13—3　　　　政府性基金支出预算变动情况表

决算 11 表　　　　　　　　　　　　　单位:万元

预算科目	年初预算数	变动项目								增加(减少)预算指标	调整预算数	决算数
		小计	专项补助	其中:地震灾后恢复重建补助	动用上年结余	本年超、短收安排	调入资金	补助下级专款	其中:地震灾后恢复重建补助下级			
一般公共服务												
商贸事务												
贸促会收费安排的支出												
教育												
地方教育附加安排的支出												

预算科目	年初预算数	变动项目								调整预算数	决算数
		小计	专项补助	其中：地震灾后恢复重建补助	动用上年结余	本年超、短收安排	调入资金	补助下级专款	其中：地震灾后恢复重建补助下级	增加（减少）预算指标	
农村中小学校舍建设											
农村中小学教学设施											
城市中小学校舍建设											
城市中小学教学设施											
中等职业学校教学设施											
其他地方教育附加安排的支出											
江苏省地方教育基金支出											
农村中小学校舍建设											
农村中小学教学设施											
城市中小学校舍建设											
城市中小学教学设施											
中等职业学校教学设施											
其他江苏省地方教育基金支出											
文化体育与传媒											
体育											
外国团体来华登山注册费安排的支出											
文化事业建设费安排的支出											
精神文明建设											
人才培训教学											
…											
合　计											

附表 13-4　　　　　　　　　政府性基金收支及结余情况表

决算 12 表　　　　　　　　　　　　　　　　　　　　单位:万元

预算科目	合计	上年结余	本年收入	上级补助收入	其中：地震灾后恢复重建补助	调入资金	预算科目	合计	本年支出	上解上级支出	调出资金	项目	年终结余
							一般公共服务						
							商贸事务						
贸促会收费							贸促会收费安排的支出					贸促会收费	
证书工本费													
认证费													
涉外(台)经济贸易争议调解费													
							教育						
地方教育附加收入							地方教育附加安排的支出					地方教育附加	
							农村中小学校舍建设						
							农村中小学教学设施						
							城市中小学校舍建设						
							城市中小学教学设施						
							中等职业学校教学设施						
							其他地方教育附加安排的支出						
江苏省地方教育基金收入							江苏省地方教育基金支出					江苏省地方教育基金	

2014中国财政透明度报告

预算科目	合计	上年结余	本年收入	上级补助收入	其中：地震灾后恢复重建补助	调入资金	预算科目	合计	本年支出	上解上级支出	调出资金	项目	年终结余
							农村中小学校舍建设						
							农村中小学教学设施						
							城市中小学校舍建设						
							城市中小学教学设施						
							中等职业学校教学设施						
							其他江苏省地方教育基金支出						
							文化体育与传媒						
体育部门收费							体育					体育部门收费	
外国团体来华登山注册费							外国团体来华登山注册费安排的支出					外国团体来华登山注册费	
文化事业建设费收入							文化事业建设费安排的支出					文化事业建设费	
中央文化事业建设费收入							精神文明建设						
地方文化事业建设费收入							人才培训教学						
							文化创作						
							文化事业单位补助						
…							…					…	
收入合计							支出合计					结余合计	

附表 13－5　　　　　　　　政府性基金收支决算分级表

决算 13 表　　　　　　　　　　　　　　　　　　　　　单位:万元

项目	决算数合计	省级	地级	其中:地级直属乡镇	县级	乡镇级	项目	决算数合计	省级	地级	其中:地级直属乡镇	县级	乡镇级
地方教育附加收入							地方教育附加安排的支出						
新增建设用地土地有偿使用费收入							新增建设用地有偿使用费安排的支出						
地方水利建设基金收入							地方水利建设基金支出						
残疾人就业保障金收入							残疾人就业保障金支出						
政府住房基金收入							政府住房基金支出						
城市公用事业附加收入							城市公用事业附加安排的支出						
国有土地收益基金收入							国有土地收益基金支出						
农业土地开发资金收入							农业土地开发资金支出						
国有土地使用权出让收入							国有土地使用权出让收入安排的支出						
彩票公益金收入							彩票公益金安排的支出						
城市基础设施配套费收入							城市基础设施配套费安排的支出						
车辆通行费							车辆通行费安排的支出						
其他各项政府性基金收入							其他各项政府性基金支出						
本年收入合计							本年支出合计						

政府财政信息公开的目标及框架体系

附表 13－6　　　　　　　　　**政府性基金收支及平衡情况表**

决算 14 表　　　　　　　　　　　　　　　　　单位:万元

地区	收入合计	收入												支出合计	支出											
		地方教育附加收入	新增建设用地土地有偿使用费收入	残疾人就业保障金收入	地方水利建设基金收入	政府住房基金收入	城市公用事业附加收入	国有土地收益基金收入	农业土地开发资金收入	国有土地使用权出让收入	彩票公益金收入	城市基础设施配套费收入	车辆通行费	其他各项政府性基金收入		地方教育附加安排的支出	新增建设用地土地有偿使用费安排的支出	地方水利建设基金支出	残疾人就业保障金支出	政府住房基金支出	城市公用事业附加支出	国有土地收益基金支出	农业土地开发资金支出	国有土地使用权出让收入安排的支出	彩票公益金安排的支出	城市基础设施配套费安排的支出	车辆通行费安排的支出	其他各项政府性基金支出

政府性基金收支及平衡情况表(续表)

决算 14 表　　　　　　　　　　　　　　　　　单位:万元

地区	平衡部分											
	收入						支出					
	收入总计	本年收入	上年结余	补助收入	其中:地震灾后恢复重建补助收入	省补助计划单列市收入	调入资金	支出总计	本年支出	上解支出	计划单列市上解省支出	调出资金	年终结余

附表 13—7

编制单位：   金额单位：元

政府性基金预算财政拨款收入支出决算表

财决 09 表

支出功能分类科目编码	科目名称（项目）	上年结转和结余 合计	上年结转和结余 基本支出结转和结余	上年结转和结余 项目支出结转和结余 小计	上年结转和结余 项目支出结转和结余 其中：基本建设资金结转和结余	本年收入 合计	本年收入 其中：基本建设资金收入	本年支出 合计	本年支出 基本支出 合计	本年支出 基本支出 其中：工资福利支出	本年支出 基本支出 其中：商品和服务支出	本年支出 基本支出 其中：对个人和家庭的补助	本年支出 项目支出 小计	本年支出 项目支出 其中：基本建设资金支出	年末结转和结余 合计	年末结转和结余 基本支出结转和结余	年末结转和结余 项目支出结转和结余 小计	年末结转和结余 项目支出结转和结余 其中：基本建设资金结转和结余
栏次		1	2	3	4	5	6	7	8	9	10	11	12	13	14	15	16	17
合计																		

附表 13—8

编制单位：   金额单位：元

政府性基金预算财政拨款支出决算明细表

财决 10 表

支出功能分类科目编码	科目名称	合计	工资福利支出 小计	基本工资	津贴补贴	奖金	社会保障缴费	伙食补助费	伙食费	绩效工资	其他工资福利支出	商品和服务支出 小计	办公费	印刷费	咨询费	手续费	水费	电费	邮电费	取暖费	物业管理费	差旅费	因公出国（境）费用	维修（护）费	租赁费	会议费	培训费	公务接待费	专用材料费	被装购置费	专用燃料费	劳务费	委托业务费	工会经费	福利费	公务用车运行维护费	其他交通工具运行维护费	其他商品和服务支出
栏次		1	2	3	4	5	6	7	8	9	10	11	12	13	14	15	16	17	18	19	20	21	22	23	24	25	26	27	28	29	30	31	32	33	34	35	36	37
合计																																						

哈报财政透明度报告 2014中国财政透明度报告

政府性基金预算财政拨款支出决算明细表（续1）

财决 10 表

编制单位：　　　　　　　　　　　　　　　　　　　金额单位：元

项目	支出功能分类科目编码	科目名称	对个人和家庭的补助															基本建设支出											其他资本性支出						
			小计	离休费	退休费	退职（役）费	抚恤金	生活补助	救济费	医疗费	助学金	奖励金	生产补贴	住房公积金	提租补贴	购房补贴	其他对个人和家庭的补助支出	小计	房屋建筑物购建	办公设备购置	专用设备购置	基础设施建设	大型修缮	信息网络购建	物资储备	公务用车购置	其他交通工具购置	其他基本建设支出	小计	房屋建筑物购建	办公设备购置	专用设备购置	基础设施建设	大型修缮	信息网络购建
		栏次	38	39	40	41	42	43	44	45	46	47	48	49	50	51	52	53	54	55	56	57	58	59	60	61	62	63	64	65	66	67	68	69	70
		合计																																	

编制单位：　　　　　　　　　　　　　　　　　　　　　　　　　　　　　　　　　　　　　　　金额单位:元

政府性基金预算财政拨款支出决算明细表（续2）
财决 10 表

项目		其他资本性支出								对企事业单位的补贴					债务利息支出							赠与			贷款转贷及产权参股				其他支出
		物资储备	土地补偿	安置补助	地上附着物和青苗补偿	拆迁补偿	公务用车购置	其他交通工具购置	其他资本性支出	小计	对企业补贴·企业政策性补贴	对事业单位的补贴·事业单位补贴	财政贴息	其他对事业单位的补贴支出	小计	国内债务付息	向国家银行借款付息	其他国内借款付息	向国外政府借款付息	向国际组织借款付息	其他国外借款付息	小计	对国内的赠与	对国外的赠与	小计	国内贷款	产权参股	其他贷款转贷及产权参股	其他支出
支出功能分类科目名称	科目编码																												
栏次		71	72	73	74	75	76	77	78	79	80	81	82	83	84	85	86	87	88	89	90	91	92	93	94	95	96	97	98
合计																													

附表 13—9

编制单位：　　　　　　　　　　　　　　　　　　　　　　　　　　　　　　　　　　　　　　　金额单位:元

政府性基金预算财政拨款基本支出决算明细表
财决 10—1 表

项目		工资福利支出									商品和服务支出																											
		小计	基本工资	津贴补贴	奖金	社会保障缴费	伙食补助费	伙食费	绩效工资	其他工资福利支出	小计	办公费	印刷费	咨询费	手续费	水费	电费	邮电费	取暖费	物业管理费	差旅费	因公出国(境)费用	维修(护)费	租赁费	会议费	培训费	公务接待费	专用材料费	被装购置费	专用燃料费	劳务费	委托业务费	工会经费	福利费	公务用车运行维护费	其他交通工具运行维护费	其他商品和服务支出
支出功能分类科目编码	科目名称																																				
栏次		1	2	3	4	5	6	7	8	9	10	11	12	13	14	15	16	17	18	19	20	21	22	23	24	25	26	27	28	29	30	31	32	33	34	35	36	37
合计																																						

政府性基金预算财政拨款基本支出决算明细表（续1）

财决 10—1表

编制单位: 金额单位:元

项目		对个人和家庭的补助														基本建设支出										其他资本性支出						
支出功能分类科目编码	科目名称	小计	离休费	退休费	退职(役)费	抚恤金	生活补助	救济费	医疗费	助学金	奖励金	生产补贴	住房公积金	提租补贴	购房补贴	其他对个人和家庭的补助支出	小计	房屋建筑物购建	办公设备购置	专用设备购置	基础设施建设	大型修缮	信息网络购建	物资储备	公务用车购置	其他交通工具购置	其他基本建设支出	小计	房屋建筑物购建	办公设备购置	专用设备购置	基础设施建设	大型修缮	信息网络购建
栏次		38	39	40	41	42	43	44	45	46	47	48	49	50	51	52	53	54	55	56	57	58	59	60	61	62	63	64	65	66	67	68	69	70
合计																																		

政府性基金预算财政拨款基本支出决算明细表（续 2）

财决 10—1 表

编制单位：　　　　　　　　　　　　　　　　　　　　　　　　　　　　　　　　　金额单位：元

项目	其他资本性支出								对企事业单位的补贴					债务利息支出							赠与			贷款转贷及产权参股				其他支出
支出功能分类科目编码／科目名称	物资储备	土地补偿	安置补助	地上附着物和青苗补偿	拆迁补偿	公务用车购置	其他交通工具购置	其他资本性支出	小计	企业政策性补贴	事业单位补贴	财政贴息	其他对企事业单位的补贴支出	小计	国内债务付息	向国家银行借款付息	其他国内借款付息	向国外政府借款付息	向国际组织借款付息	其他国外借款付息	小计	对国内的赠与	对国外的赠与	小计	国内贷款	国内产权参股	其他贷款转贷及产权参股支出	其他支出
栏次	71	72	73	74	75	76	77	78	79	80	81	82	83	84	85	86	87	88	89	90	91	92	93	94	95	96	97	98
合计																												

附表 13—10

政府性基金预算财政拨款基本支出决算明细表

财决 10—2 表

编制单位：　　　　　　　　　　　　　　　　　　　　　　　　　　　　　　　　　金额单位：元

项目	合计	工资福利支出									商品和服务支出																										
支出功能分类科目编码／科目名称		小计	基本工资	津贴补贴	奖金	伙食补助费	社会保障缴费	绩效工资	其他工资福利支出		小计	办公费	印刷费	咨询费	手续费	水费	电费	邮电费	取暖费	物业管理费	差旅费	因公出国（境）费用	维修（护）费	租赁费	会议费	培训费	公务接待费	专用材料费	被装购置费	专用燃料费	劳务费	委托业务费	工会经费	福利费	公务用车运行维护费	其他交通工具运行维护费	其他商品和服务支出
栏次	1	2	3	4	5	6	7	8	9	10	11	12	13	14	15	16	17	18	19	20	21	22	23	24	25	26	27	28	29	30	31	32	33	34	35	36	37
合计																																					

政府性基金预算财政拨款项目支出决算明细表（续1）

财决 10—2 表

金额单位:元

编制单位:

项目	对个人和家庭的补助															基本建设支出											其他资本性支出						
支出功能分类科目名称	小计	离休费	退休费	退职（役）费	抚恤金	生活补助	救济费	医疗费	助学金	奖励金	生产补贴	住房公积金	提租补贴	购房补贴	其他对个人和家庭的补助支出	小计	房屋建筑物购建	办公设备购置	专用设备购置	基础设施建设	大型修缮	信息网络购建	物资储备	公务用车购置	其他交通工具购置	其他基本建设支出	小计	房屋建筑物购建	办公设备购置	专用设备购置	基础设施建设	大型修缮	信息网络购建
支出功能分类科目编码 栏次	38	39	40	41	42	43	44	45	46	47	48	49	50	51	52	53	54	55	56	57	58	59	60	61	62	63	64	65	66	67	68	69	70
合计																																	

政府性基金预算财政拨款项目支出决算明细表（续2）

财决 10-2表

编制单位： 金额单位:元

项目	其他资本性支出							对企事业单位的补贴					债务利息支出							赠与			贷款转贷及产权参股				其他支出
支出功能分类科目名称 支出功能分类科目编码	物资储备	土地补偿	安置补助和青苗补偿	地上附着物和青苗补偿	拆迁补偿	公务用车购置	其他交通工具购置	其他资本性支出	小计	企业政策性补贴	事业单位补贴	财政贴息	其他对企事业单位的补贴支出	小计	向国内债务付息	向家银行借款付息	其他国内借款付息	向国外政府借款付息	向国际组织借款付息	其他国外借款付息	小计	对国内的赠与	对国外的赠与	小计	国内贷款	产权参股	其他贷款转贷及产权参股支出	其他支出
栏次	71	72	73	74	75	76	77	78	79	80	81	82	83	84	85	86	87	88	89	90	91	92	93	94	95	96	97	98
合计																												

附表13—11 政府性基金支出预算按部门列示的变动情况表

单位:万元

部门	年初预算数			本年超、短收安排	动用上年结余	调入资金	补助下级专款			增加(减少)预算指标	调整预算数	决算数
	小计	专项补助	其中:地震灾后恢复重建补助				小计	专项补助	其中:地震灾后恢复重建补助下级			
××部门												
××部门												
××部门												
××部门												
……												
合计												

附表13—12

政府性基金支出预算按经济性质分类列示的变动情况表

单位:万元

预算科目	年初预算数	变动项目							调整预算数
		小计	专项补助		动用上年结余	本年超、短收安排	调入资金	补助下级专款	
				其中:地震灾后恢复重建补助					其中:地震灾后恢复重建补助下级	增加(减)少预算指标
工资福利支出									
基本工资									
津贴补贴									
……									
合计									

附表13—13

政府性基金预算财政拨款项目支出决算明细表

金额单位:元

项目	合计	工资福利支出									商品和服务支出																										
		小计	基本工资	津贴补贴	奖金	社会保障缴费	伙食补助费	伙食费	绩效工资	其他工资福利支出	小计	办公费	印刷费	咨询费	手续费	水费	电费	邮电费	取暖费	物业管理费	差旅费	因公出国(境)费用	维修(护)费用	租赁费	会议费	培训费	公务接待费	专用材料费	被装购置费	专用燃料费	劳务费	委托业务费	工会经费	福利费	公务用车运行维护费	其他交通工具运行维护费	其他商品和服务支出
支出功能分类科目编码 科目名称																																					
栏次	1	2	3	4	5	6	7	8	9	10	11	12	13	14	15	16	17	18	19	20	21	22	23	24	25	26	27	28	29	30	31	32	33	34	35	36	37
合计																																					
×项目																																					
×项目																																					

编制单位:

附　录

附录1

财政信息调查提纲

　　我们申请提供贵省(自治区、直辖市)下列各表所包含的信息,其中:

　　(1)"决算01表"至"决算27表"来自财政部统一规定并要求编报的《2012年度财政总决算报表》。所列表格的电子版可在公共邮箱下载(old_age@si-na.com,密码777111510),也可发送电子邮件向我们索取。

　　(2)"附表1"至"附表3"是本项目设计的表格,按附页中所提供的格式和内容填写。

　　(3)"社决01表"至"社决附08表"来自财政部、人力资源和社会保障部统一规定并要求编报的《2012年度社会保险基金决算》报表,各信息的统计口径请按已有规定办理。所列表格的电子版可在公共邮箱下载(old_age@si-na.com,密码777111510),也可发送电子邮件向我们索取。

调查项目编号	表号	表名	分类
1	决算01表	公共财政收支决算总表	第一部分 公共财政决算
2	决算04表	公共财政收入决算明细表	
3	决算05表	公共财政支出决算功能分类明细表	
4	决算06表	公共财政收支决算分级表	
5	决算08表	公共财政收支及平衡情况表	

2014中国财政透明度报告

调查项目编号	表号	表名	分类
6	决算 09 表	政府性基金收支决算总表	第二部分政府性基金决算
7	决算 12 表	政府性基金收支及结余情况表	
8	决算 13 表	政府性基金收支决算分级表	
9	决算 14 表	政府性基金收支及平衡情况表	
10	决算 15 表	国有资本经营收支决算总表	第三部分国有资本经营决算
11	决算 16 表	国有资本经营收支决算明细表	
12	决算 17 表	国有资本经营收支决算分级表	
13	决算 18 表	国有资本经营收支及平衡情况表	
14	决算 19 表	财政专户管理资金收支总表	第四部分财政专户管理资金
15	决算 20 表	财政专户管理资金收入明细表	
16	决算 21 表	财政专户管理资金支出功能分类明细表	
17	决算 22 表	财政专户管理资金收支分级表	
18	决算 23 表	财政专户管理资金收支及平衡情况表	
19	决算 24 表	社会保险基金收支决算表	第五部分补充资料
20	决算 25 表	预算资金年终资产负债表	
21	决算 26 表	财政专户管理资金年终资产负债表	
22	决算 27 表	基本数字表	
23	补充 01 表	公共财政支出决算经济分类明细表（表式见附表 1）	公共财政决算
24	补充 02 表	公共财政支出决算部门分类明细表（表式见附表 2）	
25	补充 03 表	本级政府国有企业资产负债表	国有资产情况
26	补充 04 表	本级政府国有企业利润表	
27	补充 05 表	本级政府国有企业现金流量表	
28	补充 06 表	本级政府国有企业所有者权益变动表	
29	补充 07 表	本级政府直属企业主要指标表（表式见附表 3）	

调查项目编号	表号	表名	分类
30	社决 01 表	社会保险基金资产负债表	
31	社决 02 表	企业职工基本养老保险基金收支表	
32	社决 03 表	失业保险基金收支表	
33	社决 04 表	城镇职工基本医疗保险基金收支表	
34	社决 05 表	工伤保险基金收支表	
35	社决 06 表	生育保险基金收支表	
36	社决 07 表	居民社会养老保险基金收支表	
37	社决 08 表	城乡居民基本医疗保险基金收支表	
38	社决 09 表	新型农村合作医疗基金收支表	社会保险基金决算
39	社决 10 表	城镇居民基本医疗保险基金收支表	
40	社决 11 表	社会保障基金财政专户资产负债表	
41	社决 12 表	社会保障基金财政专户收支表	
42	社决附 01 表	财政对社会保险基金补助资金情况表	
43	社决附 02 表	企业职工基本养老保险补充资料表	
44	社决附 03 表	失业保险补充资料表	
45	社决附 04 表	城镇职工医疗保险、工伤保险、生育保险补充资料表	
46	社决附 05 表	居民社会养老保险补充资料表	
47	社决附 06 表	居民基本医疗保险补充资料表	
48	社决附 07 表	其他养老保险情况表	
49	社决附 08 表	其他医疗保障情况表	

附表 1 公共财政支出决算经济分类明细表 单位：万元

预算科目	决算数	预算科目	决算数	预算科目	决算数
一、工资福利支出		三、对个人和家庭的补助		地上附着物和青苗补偿	
基本工资		离休费		拆迁补偿	
津贴补贴		退休费		公务用车购置	

预算科目	决算数	预算科目	决算数	预算科目	决算数
奖金		退职(役)费		其他交通工具购置	
社会保障缴费		抚恤金		其他资本性支出	
伙食费		生活补助		小计	
伙食补助费		救济费		六、对企事业单位的补贴	
绩效工资		医疗费		企业政策性补贴	
其他工资福利支出		助学金		事业单位补贴	
小计		奖励金		财政贴息	
二、商品和服务支出		生产补贴		其他对企事业单位的补贴支出	
办公费		住房公积金		小计	
印刷费		提租补贴		七、债务利息支出	
咨询费		购房补贴		国内债务付息	
手续费		其他对个人和家庭的补助支出		向国家银行借款付息	
水费		小计		其他国内借款付息	
电费		四、基本建设支出		向国外政府借款付息	
邮电费		房屋建筑物购建		向国际组织借款付息	
取暖费		办公设备购置		其他国外借款付息	
物业管理费		专用设备购置		小计	
差旅费		基础设施建设		八、赠与	
因公出国(境)费用		大型修缮		对国内的赠与	
维修(护)费		信息网络购建		对国外的赠与	
租赁费		物资储备		小计	
会议费		公务用车购置		九、贷款转贷及产权参股	
培训费		其他交通工具购置		国内贷款	
公务接待费		其他基本建设支出		产权参股	

预算科目	决算数	预算科目	决算数	预算科目	决算数
专用材料费		小计		其他贷款转贷及产权参股支出	
被装购置费		五、其他资本性支出		小计	
专用燃料费		房屋建筑物购建		十、其他支出	
劳务费		办公设备购置			
委托业务费		专用设备购置			
工会经费		基础设施建设			
福利费		大型修缮			
公务用车运行维护费		信息网络购建			
其他交通工具运行维护		物资储备			
其他商品和服务支出		土地补偿			
小计		安置补助		本年支出合计	

附表2　　　　　　　　　　公共财政支出决算部门分类明细表　　　　　单位:万元

预算科目	决算数	预算科目	决算数	预算科目	决算数
公安厅		发改委		南水北调办	
检察院		统计局		国资委	
司法局		国土资源管理局		……	
外交厅		建设局			
工商局		知识产权部门			
商委		环保局			
财政厅		旅游局			
税务局		海洋部门			
海关部门		测绘部门			
审计厅		交通运输局			
人口和计划生育办		经信委			

预算科目	决算数	预算科目	决算数	预算科目	决算数
国管局		农委			
外专局		林业局			
保密局		水利局			
质量监督检验检疫局		卫生厅			
出版局		民政厅			
安全生产监督管理局		人力资源和社会保障局			
档案局		证监会			
港澳办		银监会			
贸促会		保监会			
宗教办		电力监管委			
人防办		仲裁委			
中直管理局		编办			
文广局		党校			
教育厅		监察局			
体育局		外文局		本年支出合计	

附表3　　　　　　　　省(直辖市、自治区)政府直属企业主要指标表　　　　单位:亿元

企业名称	资产总额	负债总额	所有者权益总额	国有资本及权益总额	营业总收入	利润总额	净利润总额	归属母公司所有者权益的净利润
××集团有限公司								
××集团有限公司								
××集团有限公司								
××集团有限公司								
...								

附录 2

行政收支及相关信息调查提纲

我们申请提供贵部门下列各表所包含的信息,其中"财决 01 表"—"财决附 06 表"来自财政部统一规定并下发的《2012 年度部门决算报表编制手册》,各项信息的统计口径请按已有规定办理。补充表为本项目设计的表格,请按下文中所提供的格式和内容填写。

除补充表以外,调查所列表格的电子版可到财政部网站下载(网址:http://gks. mof. gov. cn/zhengfuxinxi/guizhangzhidu/201211/t20121121_700254. html),也可发送电子邮件向我们索取。

调查项目号	表格号码	表格名称
1	财决 01 表	收入支出决算总表(自动生成)
2	财决 04 表	支出决算表
3	财决 05 表	支出决算明细表(自动生成)
4	财决 05—1 表	基本支出决算明细表
5	财决 05—2 表	项目支出决算明细表
6	财决附 03 表	资产情况表
7	财决附 05 表	基本数字表
8	财决附 06 表	机构人员情况表
9	补充表	各项目支出按经济分类的决算明细表(样表见下)

附表 1　　　　　　　　补充表各项目支出按经济分类的决算明细表

编制单位:　　　　　　　　2012 年度　　　　　　　　金额单位:

项目名称			项目 1	项目 2	…	
合计		1				
工资福利支出	小计	2				
	基本工资	3				
	津贴补贴	4				
	奖金	5				

2014中国财政透明度报告

项目名称			项目1	项目2	...	
工资福利支出	社会保障缴费	6				
	伙食费	7				
	伙食补助费	8				
	绩效工资	9				
	其他工资福利支出	10				
商品和服务支出	小计	11				
	办公费	12				
	印刷费	13				
	咨询费	14				
	手续费	15				
	水费	16				
	电费	17				
	邮电费	18				
	取暖费	19				
	物业管理费	20				
	差旅费	21				
	因公出国(境)费用	22				
	维修(护)费	23				
	租赁费	24				
	会议费	25				
	培训费	26				
	公务接待费	27				
	专用材料费	28				
	被装购置费	29				
	专用燃料费	30				
	劳务费	31				
	委托业务费	32				

项目名称			项目1	项目2	…	
商品和服务支出	工会经费	33				
	福利费	34				
	公务用车运行维护费	35				
	其他交通费用	36				
	其他商品和服务支出	37				
对个人和家庭的补助	小计	38				
	离休费	39				
	退休费	40				
	退职（役）费	41				
	抚恤金	42				
	生活补助	43				
	救济费	44				
	医疗费	45				
	助学金	46				
	奖励金	47				
	生产补贴	48				
	住房公积金	49				
	提租补贴	50				
	购房补贴	51				
	其他对个人和家庭的补助支出	52				
基本建设支出	小计	53				
	房屋建筑物购建	54				
	办公设备购置	55				
	专用设备购置	56				
	基础设施建设	57				
	大型修缮	58				
	信息网络购建	59				

2014中国财政透明度报告

项目名称			项目1	项目2	...	
基本建设支出	物资储备	60				
	公务用车购置	61				
	其他交通工具购置	62				
	其他基本建设支出	63				
其他资本性支出	小计	64				
	房屋建筑物购建	65				
	办公设备购置	66				
	专用设备购置	67				
	基础设施建设	68				
	大型修缮	69				
	信息网络及软件购置更新	70				
	物资储备	71				
	土地补偿	72				
	安置补助	73				
	地上附着物和青苗补偿	74				
	拆迁补偿	75				
	公务用车购置	76				
	其他交通工具购置	77				
	其他资本性支出	78				
对企事业单位的补贴	小计	79				
	企业政策性补贴	80				
	事业单位补贴	81				
	财政贴息	82				
	其他对企事业单位的补贴支出	83				
债务利息支出	小计	84				
	国内债务付息	85				
	向国家银行借款付息	86				

项目名称			项目1	项目2	…	
债务利息支出	其他国内借款付息	87				
	向国外政府借款付息	88				
	向国际组织借款付息	89				
	其他国外借款付息	90				
赠与	小计	91				
	对国内的赠与	92				
	对国外的赠与	93				
贷款转贷及产权参股	小计	94				
	国内贷款	95				
	产权参股	96				
	其他贷款转贷及产权参股支出	97				
其他支出		98				

参考文献

[1]郑春荣．三十一个省级人大推进财政信息公开调查报告[J]．决策与信息，2011 (9)。

[2]郑春荣．社会保险基金信息的透明公开是必由之路[N]．第一财经日报，2013－09－10(5).

[3]Musalem A R，Palacios R J. *Public pension fund management：governance，accountability，and investment policies* [M]．World Bank，2004.

[4]贾康．非税收入规范化管理研究[J]．财政监督，2006，19.

[5]朱柏铭．厘定"政府性基金"的性质[J]．行政事业资产与财务，2012 (2).

[6]冯俏彬、郑朝阳．规范我国政府性基金的运行管理研究[J]．财经科学，2013(4).

[7]熊伟．专款专用的政府性基金及其预算特质[J]．交大法学，2012(1).

[8]财政部．政府性基金管理暂行办法[EB/OL]．http://www.mof.gov.cn/zhengwuxinxi/caizhengwengao/2010nianwengao/wengao8/201011/t20101117-349215.html.

[9]财政部．财政部关于公布2012年全国政府性基金项目目录的通知．

[10]国际货币基金组织．财政透明度手册[M]．北京：人民出版社，2001.

[11]上海财经大学公共政策研究中心．2009中国财政透明度报告[M]．上海：上海财经大学出版社，2009.

[12]上海财经大学公共政策研究中心．2010中国财政透明度报告[M]．上海：上海财经大学出版社，2010.

[13]上海财经大学公共政策研究中心．2011中国财政透明度报告[M]．上海：上海财经大学出版社，2011.

[14]上海财经大学公共政策研究中心．2012中国财政透明度报告[M]．上海：上海财经大学出版社，2012.

[15]上海财经大学公共政策研究中心．2013中国财政透明度报告[M]．上海：上海财经大学出版社，2013.

[16]杨丹芳，曾军平，温娇秀．中国财政透明度评估(2012)[J]．上海财经大学学报(哲学社会科学版)，2012(8).

[17]杨丹芳．深度解读2010年中国"省级财政透明度"[J]．清风，2010(8).

[18]财政部网站，http://www.mof.gov.cn.

[19]中国共产党十八大报告．坚定不移沿着中国特色社会主义道路前进为全面建成小康社会而奋斗[EB/OL]．[2012－11－19]．http://www.xj.xinhuanet.com.

[20]中共中央关于全面深化改革若干重大问题的决定[EB/OL].[2013-11-18].中国经济网,http://www.ce.cn.

[21]国务院.当前政府信息公开重点工作安排[EB/OL].[2013-7-10].http://people.com.cn.

[22]国务院办公厅关于进一步加强政府信息公开回应社会关切提升政府公信力的意见(国办发〔2013〕100号)[EB/OL].[2013-10-15].http://www.gov.cn.

[23]最高人民法院关于推进司法公开三大平台建设的若干意见(法发〔2013〕13号)[EB/OL].[2013-11-21].http://chinacourt.org.

[24]最高人民法院关于人民法院在互联网公布裁判文书的规定[EB/OL].[2013-11-21].http://chinacourt.org.

[25]中国市级政府财政透明度研究课题组.2013年中国市级政府财政透明度研究报告.www.sppm.tstinghua.edu.cn.

[26]中国检察日报社.2013中国法治蓝皮书[M].北京:中国检察出版社,2014.

[27]"透明中国"网,http://www.ogichina.org.

后 记

    《2014 中国财政透明度报告》课题是由高校、科研机构和政府部门通力合作进行的一项在我国具有开创性的调研活动,希冀它能够为推动我国政府信息公开的事业贡献微薄之力。本课题的顺利完成,得到了各方的支持与帮助。

    上海财经大学党委书记丛树海教授以及学校其他相关领导对本课题的整个过程给予了高度关注和支持。丛教授还多次参与了本课题的重大讨论,其真知灼见给予课题组极大的启发,并对课题的拓展和完善起到了至关重要的作用。

    财政透明度的调查牵涉到 31 个省(自治区、直辖市)几百个政府部门的依申请公开的信函申请、网站信息搜索、财政年鉴和统计年鉴的信息搜索以及各地政府部门的信函、传真和邮件回复等多项非常繁琐的工作。所幸课题组得到了大量学生志愿者的无私帮助,有博士生、硕士生和本科生,他们是:博士生周子涵、吕旭辉、王聪、吕凯波,硕士生马涛、朱王林、詹璐君、吴晨,本科生周安琪、刘全杰、吴洛颉、王羽佳、单蕾、黄镠玉、何星星、张佳琳、程兆豪、宋文扬。

    这些学生对课题工作的热情,对工作认真负责的态度深深地感动着课题组的每一位成员。

    上海财经大学出版社的领导、编辑江玉老师为本课题报告的及时出版和不断完善给予了极大的支持,付出了辛勤的劳动。

    在本课题即将完成之际,课题组全体成员在此对各方的支持和帮助表示最诚挚的谢意!

《中国财政透明度报告》课题组全体成员

2014 年 9 月 30 日